新结构经济学丛书

智库·报告·致用

林毅夫　付才辉　陈　曦◎主编

Methods and
Applications of
New Structural
Economics

中国经济的
转型升级

新结构经济学方法与应用

U0361650

北京大学出版社
PEKING UNIVERSITY PRESS

图书在版编目(CIP)数据

中国经济的转型升级：新结构经济学方法与应用/林毅夫，付才辉，陈曦主编. —北京：北京大学出版社，2018.10

（新结构经济学丛书）

ISBN 978-7-301-29941-8

Ⅰ．①中…　Ⅱ．①林…　②付…　③陈…　Ⅲ．①结构经济学—案例　Ⅳ．①F014.6

中国版本图书馆 CIP 数据核字(2018)第 229123 号

书　　　　名	中国经济的转型升级：新结构经济学方法与应用
	ZHONGGUO JINGJI DE ZHUANXING SHENGJI
著作责任者	林毅夫　付才辉　陈　曦　主编
责任编辑	任雪崟
标准书号	ISBN 978-7-301-29941-8
出版发行	北京大学出版社
地　　　址	北京市海淀区成府路 205 号　　100871
网　　　址	http://www.pup.cn
电子信箱	em@pup.cn　　QQ:552063295
微信公众号	北京大学经管书苑(pupembook)
电　　　话	邮购部 010-62752015　发行部 010-62750672　编辑部 010-62752926
印刷者	涿州市星河印刷有限公司
经销者	新华书店
	787 毫米×1092 毫米　16 开本　15.75 印张　327 千字
	2018 年 10 月第 1 版　2020 年 6 月第 2 次印刷
定　　　价	49.00 元

未经许可，不得以任何方式复制或抄袭本书之部分或全部内容。

版权所有，侵权必究

举报电话：010-62752024　电子信箱：fd@pup.pku.edu.cn

图书如有印装质量问题，请与出版部联系，电话：010-62756370

作者简介

（按本书文章排序）

林毅夫,北京大学新结构经济学研究院教授、院长

付才辉,北京大学新结构经济学研究院研究员

申广军,中央财经大学经济学院助理教授

王丽莉,清华大学经济管理学院博士研究生

文 一,美国联邦储备银行(圣路易斯分行)助理副行长,北京大学新结构经济学研究院访问教授

吴 垠,西南财经大学经济学院教授、经济系主任

阮建青,浙江大学中国农村发展研究院教授

石 琦,浙江大学管理学院博士研究生

张晓波,北京大学国家发展研究院教授

胡晨光,浙江工业大学经贸管理学院教授

程惠芳,浙江工业大学经贸管理学院教授,全球浙商发展研究院院长

俞 斌,浙江工业大学经贸管理学院副教授,全球浙商发展研究院副院长

姚耀军,浙江工商大学金融学院教授、金融研究中心主任

郑 涛,燕山大学经济管理学院教授、经济系主任

左 健,中国人民大学经济学专业博士研究生

韩 楠,燕山大学经济管理学院讲师

罗仲伟,中国社会科学院中小企业与创新创业研究室研究员、主任

黄阳华,中国社会科学院工业经济研究所助理研究员

目 录
Contents

导　　论[*]

　　近年来,林毅夫教授不但积极倡导新结构经济学的新理论,还力行"知成一体"的新学风。[①] 中国的知识分子大多秉承王阳明的"知行合一"作为人生信条。然而,这只是在道德哲学范畴中,比如你要孝顺父母,你要友爱兄弟,你知道应该这样做,你做了,你就成了。所以,王阳明讲"知为行之始,行为知之成"。林毅夫教授却认为在现代社会科学里,仅有"知行合一"还不够。比如,许多经济问题,好像按照流行的理论也可以讲清楚。然而事实是,按照这些流行观点做,非但没有解决问题,反而使问题变得更糟、更复杂。这就要求我们不仅要探究"知"的问题,还要最终以"成"来检验这个"知",社会科学家的责任是"唯成乃真知"。因此,在王阳明的基础上,林毅夫教授提出新结构经济学的哲学是"知成一体",其内涵包括:"因行获知",任何理论都是来自于现象,现象是行动的结果,因为有这些"行",可以得到"知";"用知践行",知识分子获得知识的目的是要在实践上指导行为;但是"行"本身不是目的,"成"才是目的,所以要"以成证知",按照这个理论指导去做能成功,才证明你的认识是对的,最后才能"知成一体"。新结构经济学虽然是一个初生的学派,但正在"知成一体"的过程中不断地完善。

　　林毅夫教授也身体力行"知成一体"的学风,不遗余力地将新结构经济学转化为实践,在实践中完善新结构经济学,在国内外产生了重要影响。对中国经济学界来说,2008 年林毅夫教授成为首位来自发展中国家的世界银行首席经济学家是一个标志性事件,因为这一职位被认为是经济学家在国际上的最高职位,历来由发达国家的大师级经济学家担任。在世界银行任职期间,林毅夫教授充分利用该平台积极推动新结构

---

　　[*]　关于近年来新结构经济学的应用研究进展的详细综述可参见:付才辉. 新结构经济学的应用研究进展:工具与案例[J]. 制度经济学研究,2017,4.

　　[①]　"新结构经济学"(New Structural Economics)一词由林毅夫教授提出和倡导,2009 年 6 月林毅夫在其出任世界银行高级副行长兼首席经济学家一周年的内部研讨会上,以他与蔡昉和李周于 1994 年出版的《中国的奇迹:发展战略与经济改革》和 2007 年的马歇尔讲座的理论框架为基础,反思了自第二次世界大战以后发展经济学成为一门学科以来的理论进展和发展中国家发展与转型的成败经验,指出第一版的"结构主义"发展经济学重视政府而忽视市场作用,以及第二版的"新自由主义"发展经济学重视市场而忽视政府作用的偏颇,提出以"新结构经济学"作为发展经济学的第三版。新结构经济学认为一个国家的经济发展是一个作为经济基础的产业、技术不断升级,和作为上层建筑的制度安排不断完善的结构变迁过程,并以此作为研究的切入点,强调在这个过程中既需要"有效的市场"在资源配置上起决定性作用,也需要"有为的政府"来克服结构变迁过程中必然存在的市场失灵,弥补市场发育不足的缺陷,主张"市场的有效以政府的有为为前提,政府的有为以市场的有效为依归"。关于新结构经济学理论体系的详细综述可参考:付才辉. 创建我国自主创新的新结构经济学学科:综述、架构与展望[J]. 制度经济学研究,2015,4.

经济学在全球范围内的实践,以帮助世界银行实现其"没有贫困的世界"这一使命,推动了世界银行这个重要的多边发展机构反思自身的发展思想与政策导向。例如,在林毅夫教授出任世界银行首席经济学家之前,基础设施和产业政策在世界银行都是新自由主义发展思潮笼罩下的禁区。就在全球金融危机爆发伊始,刚刚到任世界银行首席经济学家的林毅夫教授根据新结构经济学对全球金融危机根源与世界发展本质进行深入分析后,提出了一套超越凯恩斯主义兼顾短期反周期与长期发展的"全球基础设施投资计划"方案,以应对全球金融危机。时至今日,国际货币基金组织(IMF)等已经接受了此方案,以基础设施互联互通建设为抓手的"一带一路"倡议也已经得到半个地球的响应。这些新思想、新方案被总结在林毅夫教授的《从西潮到东风》一书中,标志着全球发展思潮已经开始向东转移。[①] 林毅夫教授和王燕教授在《超越发展援助》一书中提出了可操作性很强的建议,即利用中国在基础设施建设和劳动力密集型产业转移上的比较优势来帮助非洲及"一带一路"沿线等发展中经济体发展,重塑南南合作新模式。[②] 林毅夫教授与非洲银行首席经济学家孟加合著的《战胜命运》一书也为非洲等发展中经济体"战胜命运"提供了理论和实践指导。[③] 林毅夫教授和付才辉还发布了新结构经济学关于世界经济结构转型升级的智库旗舰报告。[④] 基于这些源自理论创新的新理念,林毅夫教授不但担任了北京大学南南合作与发展学院首任院长,在三尺讲台上培养发展中国家的人才,而且不辞辛劳深入世界各国的发展政策实践第一线为各国领导人出谋划策。目前,新结构经济学的发展思想、理论及政策工具已经被广泛应用到我国各地区、非洲和"一带一路"沿线国家等发展与转型经济体之中。例如,在国内,林毅夫教授出任国家"十三五"规划专家委员会副主席,新结构经济学也得到河北、西藏、吉林、广东、新疆、山西、浙江等地方经济结构转型升级政策实践的借鉴应用。在其他发展中国家,林毅夫教授也推动在埃塞俄比亚、卢旺达和吉布提等非洲国家设立工业园克服基础设施的瓶颈,用一站式服务改善营商环境,通过招商引资来发展具有潜在比较优势的产业。这些试点政策取得了立竿见影的效果,改变了过去世人认为非洲那些落后的,尤其是内陆的国家不可能成为现代化制造业的加工出口基地的看法,为非洲和其他发展中国家推动产业多样化、创造就业、减少贫困、实现包容可持续的工业化现代化提供了一条新的道路。在一些转型经济体,2016年波兰副总理莫拉维茨基(现任总理)代表政府推出被称为"莫氏计划"的"波兰长期发展规划",公开将新结构经济学称为其规划的理论基础。新结构经济学在波兰这一东欧剧变后转型最

---

① 林毅夫.从西潮到东风——我在世行四年对世界重大经济问题的思考和见解[M].北京:中信出版社,2012.

② 林毅夫,王燕.超越发展援助——在一个多极世界中重构发展合作新理念[M].北京:北京大学出版社,2016.

③ 林毅夫,塞勒斯汀·孟加.战胜命运:跨越贫困陷阱,创造经济奇迹[M].北京:北京大学出版社,2017.

④ 林毅夫,付才辉.世界经济结构转型升级报告——新结构经济学之路[M].北京:北京大学出版社,2018.

成功的世界银行标准里的高收入国家的应用,显得不同寻常。[①] 这标志着新结构经济学开始在发展中经济体与转型经济体中逐步取代新自由主义的"华盛顿共识"。2016年9月16日至17日,包括4位前世界银行首席经济学家在内的13位经济学家,于瑞典斯德哥尔摩举行了为期两天的会议,讨论当今经济政策制定者面临的挑战,在会议结束时与会者发布了他们达成的共识,即"斯德哥尔摩陈述"——被视为"华盛顿共识"关于政策制定原则的替代版,而林毅夫教授正是"斯德哥尔摩陈述"的起草人之一。

深受林毅夫教授"知成一体"学风的影响,近年来不少学界同仁也开始应用新结构经济学去研究迫切需要解决的现实问题。这些研究尽管不像林毅夫教授那样深入政策实践一线,但也体现出强烈的应用特征。应用研究与一般的基础理论研究有所不同,后者主要以揭示客观规律为主,而前者主要是确定后者的可能用途,以及寻找特定问题的解决途径。[②] 因此,应用研究的成果主要以应用工具和应用案例的研究成果为主。当然,理论研究和应用研究也并非泾渭分明。目前新结构经济学的应用研究也主要以这两类成果为主。在经济学和管理学中也有不少关于经济发展的应用工具研究,例如"大推进"理论、营商环境、增长诊断、产品空间、随机试验、SCP模型、竞争力模型、价值链、波士顿矩阵、SWOT分析、战略地图、微笑曲线等。这些应用工具不但有理论基础,而且有很强的经验特征及可操作性,也因此为应用提供了便利。这些应用工具不但本身就蕴含和浓缩了诸多开创性的理论思想,而且直接面向政策实践。在管理学中,案例研究作为建构与验证理论的一种重要方法已被广泛接受和运用。事实上,在经济学中,案例研究也是发现与检验理论的重要途径,尽管相对于管理学中规范的案例研究而言,经济学的案例研究从形式上看有些天马行空。以大家耳熟能详的两个例子来说,在经济学入门教科书中的"吉芬商品"的例子[③],"经济学中的

---

① Lin, J. Y., Nowak, A. Z. *New Structural Economics for Less Advanced Countries*[M]. Poland: University of Warsaw Facty of Management Press, 2017.

② 按照国家统计局的统计指标的术语解释,基础研究指为了获得关于现象和可观察事实的基本原理的新知识(揭示客观事物的本质、运动规律,获得新发现、新学说)而进行的实验性或理论性研究,它不以任何专门或特定的应用或使用为目的,其成果以科学论文和科学著作为主要形式,用来反映知识的原始创新能力。应用研究指为获得新知识而进行的创造性研究,主要针对某一特定的目的或目标。应用研究是为了确定基础研究成果可能的用途,或是为达到预定的目标探索应采取的新方法(原理性)或新途径,其成果形式以科学论文、专著、原理性模型或发明专利为主,用来反映对基础研究成果应用途径的探索。试验发展指利用从基础研究、应用研究和实际经验中所获得的现有知识,为产生新的产品、材料和装置,建立新的工艺、系统和服务,以及对已产生和建立的上述各项作实质性的改进而进行的系统性工作,其成果形式主要有专利、专有技术、具有新产品基本特征的产品原型或具有新装置基本特征的原始样机等。在社会科学领域,试验发展是指把通过基础研究、应用研究获得的知识转变成可以实施的计划(包括为进行检验和评估实施示范项目)的过程。人文科学领域除了个别学科的特定领域如艺术学的乐器方向等外,一般来说没有对应的实验发展活动。主要反映将科研成果转化为技术和产品的能力,是科技推动经济社会发展的物化成果。

③ 1845年,爱尔兰发生大饥荒。英国著名经济学家罗伯特·吉芬研究了当时土豆价格与人们土豆消费量之间的关系,发现土豆价格提高,人们的需求量反而增加了。罗伯特·吉芬由此观察到必需品在一定条件下价格上升时需求不降反升的现象,得出必然存在一种需求量和价格同方向变化的商品的结论,后人将其称作"吉芬之谜"和"吉芬商品"。

灯塔"的例子①,都开创了重要的经济学理论。事实上,新结构经济学的雏形之作《中国的奇迹:发展战略与经济改革》②就是一部中国案例。因此,应用工具开发和案例研究构成了新结构经济学应用研究的主体,成为新结构经济学的学科建设与智库建设的重要组成部分,而学科建设与智库建设则是新结构经济学"知成一体"的两翼。

近年来,除了基础理论研究,新结构经济学在应用型研究层面也得到广泛推进,相关议题涉及新结构经济学的应用工具及其应用案例。自 Lin 和 Monga(2011)首次开发出一款新结构经济学操作工具"增长甄别与因势利导框架"(GIFF)以来③,后续的新结构经济学应用工具研究在此基础上得到不断推进,主要的进展方向可以概括为:GIFF 模型→五类产业模型④→新结构经济学转型升级模型⑤→具体的新结构经济学应用模型(例如,新结构经济学投资模型⑥、新结构经济学企业选址模型⑦、新结构经济学资源城市转型模型⑧、新结构经济学产业集群升级模型⑨等)。新结构经济学的应用研究覆盖了中国及其区域和世界各个地方的经济结构转型升级⑩、少数民族地区与革命老区的经济发展与扶贫⑪、资源型地区的转型发展⑫、经济开发区的建设⑬、特定行业结构的转型升级⑭、

---

① 《经济学中的灯塔》是新制度经济学之父科斯的名著,科斯倡导的学风严厉地批评了不了解现实的黑板经济学。在该文中,科斯认为:"如果没有关于英国灯塔制度的知识,就很难确切理解穆勒、西奇威克和庇古的意思,因为虽然这些作者可能不熟悉英国灯塔制度如何运行的细节,毫无疑问,他们知道它的一般性质,而且在写作有关灯塔的内容时,他们心中肯定意识到这一点。有关英国灯塔制度的知识不仅能使我们更好地理解穆勒、西奇威克和庇古,而且可以为评价萨缪尔森有关灯塔的论述提供背景材料。"

② 林毅夫,蔡昉,李周. 中国的奇迹:发展战略与经济改革[M]. 上海:上海三联出版社,1994.

③ Lin, J. Y., and Monga, C. Growth identification and facilitation:The role of state in the process of dynamic growth [J]. *Development Policy Review*, 2011, 29(3): 264—290.

④ 参见本书第一章。

⑤ 参见本书第二章。

⑥ 参见本书第五章。

⑦ 参见本书第三章。

⑧ 例如,胡春生和莫秀蓉(2015)构建了一个资源型城市产业转型的新结构经济学分析框架,以要素禀赋及其结构为分析起点,通过市场决定的比较优势,配合政府、市场,架构了一个系统的、操作性强的促进资源型城市产业转型的 I-EIC 决策和行动框架。

⑨ 参见本书第六章。

⑩ 参见本书第四、五、六、七、八、十二章。

⑪ 例如,郑长德基于新结构经济学视角讨论了民族地区产业结构的变迁和升级问题(郑长德,2013)。

⑫ 例如,卢心洁运用增长甄别与因势利导框架(GIFF)研究了山西省晋城市这一颇具代表性的资源型城市的案例,甄别出晋城市接续产业选择菜单以及对应地提出了当地政府发展接续产业选择的政策建议列表(卢心洁,2013)。

⑬ 例如,李力行和申广军利用工业企业数据库和城市统计数据发现设立经济开发区可以有效地推动城市制造业内部的产业结构变动,尤其是开发区所设置的目标行业的各项经济指标有显著提升。他们也进一步发现,当设置的目标行业符合当地的比较优势时,经济开发区的积极作用尤为明显。他们还通过对比设立于 2006 年的分别位于河南省新乡市的延津县和长垣县的河南延津小店工业园区和长垣起重工业园区两个省级经济开发区的发展案例,来证实比较优势在目标行业增长中的作用(李力行和申广军,2015)。

⑭ 例如,向云、祁春节和陆倩(2017)运用新结构经济学对长江流域种植业生产结构的区域差异及转型升级进行了研究,他们借助动态偏离份额分析法和农业要素禀赋结构指数,利用 2004—2014 年的统计数据,发现长江流域种植业生产结构和种植业内部生产结构均表现出明显的区域差异;各省市种植业发展极不平衡,无论是种植业整体还是种植业内部都面临着生产结构调整优化和提高区域竞争力的双重压力,长江流域种植业发展已处于亟须转型升级的重要节点;农业要素禀赋结构的区域差异,是形成各省市种植业及其内部生产结构区域差异的主

企业的转型升级[①]、"一带一路"与国别研究[②]等现实经济发展面临的迫切问题。这些文章有的翔实,有的简略,有的是直接应用与拓展新结构经济学某些观点,有的则是争论甚至是质疑新结构经济学的某些观点。这些从不同角度与层面的应用模型开发和案例分析讨论对促进新结构经济学的发展大有裨益,能够积沙成塔,尽管有的文章的观点本身可能不一定正确,其对新结构经济学的理解和应用可能也存在一定的偏差。这些学界同仁对新结构经济学的关注与应用是对新结构经济学的鼓励和期许;他们的质疑、批评有些是源于新结构经济学作为一个新框架有待充实完善之处,有些是因为新结构经济学已发表的论述不够充分、清晰,有些则是仍以旧的视角来看新结构经济学所讨论的问题,有必要进一步交流、澄清。[③] 尽管如此,这些丰富多彩的应用研究不但有益于新结构经济学的学科建设,还可为智库研究提供借鉴。新结构经济学之所以得到广泛的应用,主要得益于其将结构引入经济学之后的理论原创性和系统性,使其更适合具有结构多样性的现实。然而,目前的应用进展相对于新结构经济学的应用潜力而言还只是冰山一角,需要继续深入推进。本书作为新结构经济学案例研究选编第一辑,无法全部收录这些应用研究的大量成果[④],只侧重选录了几篇新结构经济学的应用方法及其在中国和区域经济转型升级宏观层面与微观企业层面的应用文章,以飨读者。

参 考 文 献

[1] 付才辉.创建我国自主创新的新结构经济学学科:综述、架构与展望[J].制度经济学研究,2015,4.

要原因。他们也基于新结构经济学视角提出长江流域种植业生产结构转型升级的具体思路。采取类似的思路,向云、祁春节和陆倩(2014)也利用2002—2012年的相关数据,采用综合比较优势指数模型和资源禀赋系数,测算了主产区及湖北省16个市州柑橘的区域比较优势,并分析了比较优势的影响因素。他们的结果表明:与其他主产区相比,湖北省具有柑橘生产的效率比较优势、规模比较优势和综合比较优势;资源禀赋优势主要集中于鄂西地区的宜昌市和十堰市;资源禀赋条件是影响湖北省柑橘区域比较优势的内生性因素,比较优势还受到产业化经营、科技进步和市场环境等外生性因素的综合影响。向云和祁春节(2015)还利用2003—2013年新疆水果种植面积、产量、农业产值等相关数据,测算了新疆14个地区水果生产的区域比较优势指数和资源禀赋系数,据此分析了各地区主要水果生产的区域比较优势及其变动趋势,并探讨了各品种水果在新疆不同地区种植的资源禀赋差异。他们的结果表明:新疆水果生产的效率比较优势、规模比较优势和综合比较优势存在明显的区域差异和品种差异;梨和葡萄的生产具有较强的区域比较优势,且近年来这两种水果的比较优势呈上升势头,苹果和桃的生产缺乏区域比较优势;东疆的吐鲁番地区和哈密地区具有生产葡萄和红枣的优势,北疆的伊犁地区在梨和桃的生产上具有较强的资源禀赋优势,南疆是新疆水果生产区域比较优势最明显的地区。向云、祁春节和陆倩等的这三篇文章很好地运用了量化的方法研究了新结构经济学视角下的种植业以及水果等经济作物的结构问题。

① 参见本书第十、十一章。

② 例如,钟飞腾运用GIFF对"一带一路"沿线的重点国家和重点产业选择进行了案例分析(钟飞腾,2015)。孙瑾和刘文革(2014)利用GIFF对世界215个国家进行了禀赋结构相似性分组,重点讨论了德法日韩发达国家禀赋组、美国与北欧富裕国家禀赋组、亚洲劳动密集型国家禀赋组、亚洲落后国家禀赋组中的相应经济体的结构升级的"指南针"选择案例及其对中国的启示。

③ 这与对新结构经济学理论层面的争鸣是一样的道理(林毅夫,2013;1098)。

④ 关于新结构经济学应用研究的一个详细综述可参考:付才辉.新结构经济学的应用研究进展:工具与案例[R].北京大学新结构经济学研究院工作论文,2018.

[2] 付才辉.新结构经济学的应用研究进展：工具与案例[J].制度经济学研究，2017,4.

[3] 胡春生,莫秀蓉.资源型城市产业转型的新结构经济学分析框架[J].经济问题探索,2015,7.

[4] Lin, J. Y., and Monga, C. Growth identification and facilitation：The role of state in the process of dynamic growth[J]. *Development Policy Review*, 2011, 29(3).

[5] Lin, J. Y., Nowak, A. Z. *New Structural Economics for Less Advanced Countries*[M]. Poland：University of Warsaw Facty of Management Press, 2017.

[6] 李力行,申广军.经济开发区、地区比较优势与产业结构调整[J].经济学(季刊),2015,3.

[7] 林毅夫,蔡昉,李周.中国的奇迹：发展战略与经济改革[M].上海：上海三联出版社,1994.

[8] 林毅夫,从西潮到东风——我在世行四年对世界重大经济问题的思考和见解[M].北京：中信出版社,2012.

[9] 林毅夫,付才辉.世界经济结构转型升级——新结构经济学之路[M].北京：北京大学出版社,2018.

[10] 林毅夫,塞勒斯汀·孟加.战胜命运：跨越贫困陷阱,创造经济奇迹[M].北京：北京大学出版社,2017.

[11] 林毅夫,王燕.超越发展援助——在一个多极世界中重构发展合作新理念[M].北京：北京大学出版社,2016.

[12] 林毅夫.《新结构经济学》评论回应[J].经济学(季刊),2013,12(3).

[13] 卢心洁.资源型城市产业转型研究——以晋城市为例[D].大连：东北财经大学,2013.

[14] 孙瑾,刘文革.国家竞争优势产业甄别与升级——基于新结构主义经济学方法[J].国际贸易,2014,4.

[15] 向云,祁春节,陆倩.长江流域种植业生产结构的区域差异及转型升级[J].经济地理,2017,2.

[16] 向云,祁春节,陆倩.湖北省柑橘生产的区域比较优势及其影响因素研究[J].经济地理,2014,11.

[17] 向云,祁春节.新疆水果生产的区域比较优势分析[J].干旱区资源与环境,2015,10.

[18] 郑长德.基于新结构经济学视角的民族地区产业结构调整与升级研究[Z].西南民族大学学报,2013,12.

[19] 钟飞腾."一带一路"产能合作的国际政治经济学分析[J].山东社会科学,2015,8.

方　法　篇

第一章 产业政策与我国经济的发展：新结构经济学的视角

林毅夫

虽然许多国家的产业政策失败，但是尚未见不用产业政策便能成功追赶发达国家的发展中国家或能保持持续发展的发达国家。对发达国家和发展中国家的经济发展，产业政策之所以必要是因为推动经济发展的技术创新和产业升级既需要企业家的个人努力，也需要政府帮助企业家解决企业家自身难以克服的外部性问题和相应软硬基础设施完善的协调问题。无论是发达国家还是发展中国家，政府所能使用的资源都是有限的，不能为任何技术创新和任何产业升级都提供帮助，因此只能策略性地使用其有限资源，优先帮助能对经济持续发展做出最大贡献的产业。这种有选择性地使用资源帮助某些产业的企业家克服外部性和协调问题的措施就是产业政策。由于没有产业政策的国家经济发展必然失败，许多实施了的产业政策也未能成功，因此，作为经济学家的责任不是因为怕产业政策失败而凡产业政策都一概反对，或是因为产业政策是经济发展的必要条件就无条件地支持一切产业政策，而是要研究清楚产业政策成功和失败的道理，以帮助政府在运用产业政策时，减少失败，提高成功的概率。本文从新结构经济学的视角分析我国如何才能制定有效的产业政策以推动经济发展。

一个国家经济发展的本质是人均收入的不断增加，其前提则是越来越高的劳动生产率水平。劳动生产率水平的提高有两个途径：一是通过技术创新，提高现有产业中产品的质量和生产效率；二是通过产业升级，将现有劳动力、土地、资本等生产要素配置到附加价值更高的产业中。根据新结构经济学的分析，这两者的实现需要"有效的市场"和"有为的政府"共同作用。

"有效的市场"的重要性在于，引导企业家按照要素禀赋的比较优势来选择技术和产业，生产出来的产品与国内国际市场的同类产品相比，成本才会最低，才会最有竞争力，企业才能获得最大的利润，整个经济才可以创造最大的剩余和资本积累，使得比较优势从劳动或自然资源密集逐渐向资本密集提升，为现有产业、技术升级到资本更为密集、附加价值更高的新产业、新技术提供物质基础。企业家会按照比较优势发展经济的前提，则是必须有一个能够很好地反映各种要素相对稀缺性的价格体系，如果有这样的价格体系,企业为了自己的利润和竞争力,就会按照要素禀赋所决定的比较优势来选择合适的技术和产业,这种价格体系只有在充分竞争的市场中才会存在。所以,按比较优势发展产业、选择技术的前提是,要有一个"有效的市场"。

在经济发展过程中,"有为的政府"也不可或缺。首先,这是因为经济发展是一个资源必须随着要素积累、比较优势变化,不断从现有技术和产业配置到新的效率更高的技术和附加价值更高的产业的结构变迁过程。在技术创新和产业升级过程中,必须要有"第一个吃螃蟹的企业家",如果没有其他必要的安排,第一个吃螃蟹的企业家倘若失败,将承担所有成本,并让后来者知道螃蟹不可吃,不去犯同样的错误;倘若成功,后来者将会随之涌进,第一个吃螃蟹的企业家不会有垄断利润。也就是说,如果没有其他必要的安排,对于第一个吃螃蟹的企业家而言,失败的成本和成功的收益是不对称的;而从社会的角度看,不管失败或成功都给后来者提供了有用的信息。因此,政府需要给第一个吃螃蟹的企业家一定的激励,企业家才会有积极性去冒这个风险。发达国家的专利制度发挥的就是这种功能。发展中国家的技术创新和产业升级,一般是在国际的技术和产业链内部进行,多数情况下不能给予专利,但是,仍然需要给第一个吃螃蟹的企业家以必要的激励。当然,这种激励需要找到其他合适的替代方式。

其次,第一个吃螃蟹的企业家成功与否,并不完全取决于企业家个人的勇气、智慧和企业家才能。例如,要进入一个新的产业,所要求的从业人员的技能,和以往的产业不尽相同,第一个吃螃蟹的企业家如果完全靠自己培训员工,后来的企业可以以稍高的工资聘走拥有新技术的员工,而使第一个吃螃蟹的企业家蒙受损失。新产业所需的资本规模和风险也通常会比原有的产业大,需要有新的能够动员更多资本、有效分散风险的金融制度安排与其匹配,这也不是第一个吃螃蟹的企业家自己可以解决的问题。随着技术创新、产业升级,资本密集程度和规模经济水平的提高,市场的范围和交易的价值会不断扩大,交通、电力、港口等硬的基础设施和法律、法规等软的制度环境,也必须随之不断完善,这些完善显然超出第一个吃螃蟹的企业家的能力之所及。随着一个国家的发展,技术和产业会越来越接近国际的前沿,新的技术创新和产业的升级需要与这些新技术和新产业相关的基础科学的突破,基础科学的研发属于公共产品范畴,其发现不能申请专利,企业家便不会有积极性持续地从事这方面研究。凡此种种困难,均需要一个"有为的政府"来协调不同的企业加以克服,或是由政府自己直接提供相应的服务。只有这样,技术创新和产业升级才能顺利进行。

在经济发展过程中,发展中国家的政府可动员和配置的资源有限,不可能满足各种可能的技术创新和产业升级所需的外部性补偿,达到所有相应条件的要求。因此,和企业一样,发展中国家的政府也必须对可能的技术创新和产业升级的经济和社会回报做出甄别,按"伤其十指不如断其一指"的精神,以产业政策集中有限资源,协助企业家从事那些回报最高的技术创新和产业升级,只有这样才能促进经济最好最快地发展,避免陷入"低收入陷阱"或"中等收入陷阱"。同样,发达国家的政府也必须对其企业家所要从事的新一轮的技术创新和新产业发展所需要的基础科研给予支持,由于发达国家可以用来支持基础科研的经费并非无限,因此,也和发展中国家一样必须根据可能的回报来配置有限的科研资源,这种配置也就是一种产业政策。

许多发展中国家的政府采用产业政策时经常失败,究其原因是发展中国家的政府容易出于赶超的目的,而去支持违反比较优势的产业,结果这些产业中的企业在开放竞争的市场中缺乏自生能力,只能靠政府永无止境的保护和补贴来生存。成功的产业政策必须是针对有潜在比较优势的产业,所谓有潜在比较优势的产业指的是该产业的要素生产成本在开放竞争的市场中有优势,但是由于软硬基础设施不完善,交易费用太高,使得总成本在开放竞争的市场中没有竞争力的产业。政府若能针对这些产业中的先行企业给予外部性补偿并帮助完善软硬基础设施,则这样的产业政策能够使具有潜在比较优势的产业迅速变成具有竞争优势的产业。

在我国当前经济发展进入新常态之后,如何在"有效的市场"环境中发挥"有为的政府"的作用,推动产业从中低端向中高端,以及将来从中高端向高端升级,实现可持续的中高速增长?从新结构经济学的视角,根据现有产业和国际前沿的差距,可将我国的产业分成五种不同类型,政府因势利导的作用各有差异。

第一种是追赶型产业。2014 年我国人均 GDP 为 7 500 美元,同年美国的人均GDP 是 57 101 美元,德国是 44 999 美元,日本是 38 491 美元,韩国是 24 329 美元。这种人均 GDP 的差距反映的是劳动生产率水平的差距,代表我国现有产业的技术和附加值水平比发达国家同类产业的水平低,处于追赶阶段。我国的汽车、高端装备、高端材料即属于这种类型。

对于追赶型产业,我国各地政府和金融机构可以在资金融通和外汇获取上支持所在地的合适企业像吉利汽车、三一重工那样,到海外并购同类产业中拥有先进技术的企业,作为技术创新、产业升级的来源。发达国家自 2008 年的国际金融危机以来,经济发展乏力,很多拥有先进技术的企业经营不好,低价求售,出现了许多好的并购机会。

在没有合适的并购机会时,各地政府也可以提供方便,支持所在地的企业像华为、中兴那样,到海外设立研发中心,直接利用国外的高端人才来推动技术创新。

另外,各地政府也可以筛选我国每年从发达国家大量进口的高端制造业产品,根据其地区比较优势,创造这些产业所需的基础设施,改善营商环境,到海外招商引资,把那些高端制造业产品的生产企业吸引到国内来设厂生产。我国现在的 GDP 规模约占世界的 14%,在新常态下,每年 6.5% 以上的增长意味着我国每年对世界贡献将近一个百分点的增长,现在世界每年的经济增长在三个百分点左右,也就是说,我国每年对世界市场容量扩张的贡献率达到 30%。如果地方政府能够根据这些高端制造业的需要提供合适的基础设施、人才培训、营商和法制环境,国外许多高端生产企业会有很高的积极性到国内设厂生产,以满足我国不断扩大的需求,并以我国为基地生产供应世界各地市场之所需。江苏省太仓市的中德企业合作园区 2012 年被工信部授予"中德中小企业合作示范区"称号,截至 2014 年年底吸引了 220 家德国企业入园,投资总额达 20 亿美元,就是一个很好的案例。在中高端产业的招商引资上我国仍处于大有作为的机遇期。

第二种是领先型产业。 我国作为中等偏上收入国家,有些产业,像白色家电、高铁、造船等,其产品和技术已经处于国际领先或已接近国际最高水平。领先型产业必须依靠自主研发新产品、新技术,才能继续保持国际领先地位。

自主研发包括两种不同性质的活动:新新产品、新技术的"开发"和新产品、新技术开发所需的"基础科研突破"。企业开发的新产品、新技术可以申请专利,这类活动理当由企业自己来进行。但是,基础科研不仅投入大、风险高,而且其产品是论文,属于社会公共知识,企业没有从事基础科研的积极性。

美国这样的发达国家的产业,绝大多数属于领先型产业,技术创新和产业升级所需的基础研究,绝大多数是由美国国家科学基金会资助高校,或是由美国国家健康研究院等政府支持的科研机构来进行;欧洲、日本等发达国家也以政府的资金支持类似的机构来进行这方面的基础研究。我国自然也必须采取同样的方式来支持领先型产业的新技术和新产品开发所需的基础科研。

我国的中央和地方政府可以用财政拨款的方式设立科研基金,支持所在地领先型产业的企业与科研院校协作进行基础科研,支持企业开发新产品、新技术。中央和地方政府也可以以资金支持相关行业的企业组成共用技术研发平台,突破共同的技术瓶颈,在此突破的基础上再各自开发新产品、新技术。在企业新技术和产品开发取得突破后,中央和地方政府也可以通过采购,帮助企业较快地形成规模化生产,以降低单位生产成本,提高产品的国际竞争力。

领先型产业需要到世界各地建立销售、加工生产、售后服务等网络,以开发市场,中央和各地政府也需要在人才培训、资金、法律、领事保护、投资保护上给予相关企业的海外拓展必要的支持。

第三种是转进型产业。 这类产业有两种细分类型,一类是丧失比较优势的产业,另一类是在我国还有比较优势,但是产能有富余的产业。

劳动密集型的出口加工业是最典型的第一类产业。这类产业最主要的成本是工资成本。目前,我国一线工人的月工资是 3 000—4 000 元人民币,相当于 500—600 美元。到 2020 年"十三五"结束,实现十八大提出的两个"翻一番"目标,加上人民币升值,普通工人的月工资至少会上升到 1 000 美元。这类产业在我国失去比较优势是不可逆转的趋势。

面对这种挑战,我国劳动密集型出口加工产业中的一部分企业可以升级到品牌、研发、品管、市场渠道管理等高附加值的微笑曲线两端。从事生产加工的多数企业则只能像 20 世纪 60 年代以后的日本和 80 年代以后的"亚洲四小龙"的同类产业中的企业那样,利用其技术、管理、市场渠道的优势,转移到海外工资水平较低的地方去创造"第二春",把对我国 GDP 的贡献变为 GNP,否则必然会因竞争力丧失、海外订单流失而被淘汰。这些加工企业在海外的成功也将给我国相关产业中附加价值较高的中间部件和机器设备的生产企业提供海外市场,成为我国产业转型升级的拉动力。

我国各种劳动密集型出口加工产业,绝大多数在一些市县形成产业集群,这些产业集群所在地的地方政府可以采取以下两种因势利导的政策:一是提供设计、营销方面的人才培训、展销平台等,鼓励一部分有能力的企业转向"微笑曲线"的两端,经营品牌的企业则可以对其新产品开发的费用给予和高新产业研发费用一样在税前扣除的待遇;二是协助所在地加工企业抱团出海,提供信息、海外经营人才培训、资金支持,以及与承接地政府合作设立加工出口园区等,帮助企业利用当地廉价劳动力资源优势来提高竞争力,创造企业的"第二春"。

根据这一思路,我国劳动密集型加工出口业应向何处转移?我国是一个 13 亿人口的大国,第三次工业普查显示,整个制造业的从业人数高达 1.25 亿。对于人口规模相对较小的越南、柬埔寨、老挝、孟加拉国等国而言,我国的劳动密集型加工产业只要稍微往这些国家转移,马上就会带动其工资和我国一样迅速上涨,实际上这正是近些年来已经出现的情形。

从人口和劳动力供给角度来看,非洲现在有 11 亿人口,其中有大量富余的农村年轻劳动力,和我国 20 世纪 80 年代初的状况一样,目前,非洲的工资水平仅为我国的 10%—25%,是承接我国劳动密集型出口加工产业最合适的地方。但一个地方要成为现代制造业加工出口基地,除了工资水平低以外,当地的生产企业还必须具备比较现代化的管理和技术能力,以及国际买家对当地企业的产品质量和按时交货的信心。非洲国家现在遇到的发展瓶颈是,基础设施薄弱,国际买家对非洲企业的管理、技术、产品质量和按时交货的能力缺乏信心。如果我国中央政府和劳动密集型产业所在地的地方政府在"一带一路"和"中非命运共同体"的合作框架下,能够帮助非洲国家学习和吸取中国在招商引资方面的经验,设立工业园区改善基础设施,提供一站式服务,以发展产业集群的方式将我国劳动密集型加工企业吸引过去,非洲也能快速发展起来。

2012 年东莞的华坚鞋业在埃塞俄比亚投资设厂迅速获得成功就是一个很好的实例。华坚在国内的工资占总成本的 22%,埃塞俄比亚工人的工资水平只有国内的 10%,工人生产效率是国内的 70%,工资总额实际上只有国内总成本的 3%,下降了 19 个百分点。华坚所有的原材料来自国内,产品全部出口,物流成本从在国内生产时占总成本的 2%增加到 8%,扣除物流成本高出的 6 个百分点,华坚在埃塞俄比亚设厂和国内相比成本还节省 13 个百分点。埃塞俄比亚和其他许多非洲国家目前处于工业化的早期,大量剩余年轻劳动力滞留在劳动生产率水平极低的农业和服务业,劳动密集型加工制造业在未来十年或更长的时间里工资水平基本能够维持不变,去的企业多了,生产规模扩大,物流成本将下降,所以,我国企业到那里投资的利润水平还会随着生产规模扩大而上升。

随着我国国内工资水平的上涨,许多 20 世纪 80—90 年代转移到我国内地的台资、港资、韩资等劳动密集型加工出口企业已经转移出去,我国自己的劳动密集型加工出口企业则因为不熟悉国外投资环境,缺乏海外经营管理人才仍滞留国内。劳动密集型加工出口产业集群所在地的政府,可以给企业提供适合发展加工出口产业的国家信息,和承接地政府做好对接,帮助他们学习中国的招商引资经验,设立工业园区,营造良好的投资和经营环境,会同行业协会因势利导,协助我国的企业抱团到那里投资。我国的商务、外交等中央部门和中国进出口银行、国家开发银行、中非发展基金等金融机构也要在投资保护、签证便利和金融服务上给予走出去的企业必要的支持。

转进型的第二类产业则包含钢筋、水泥、平板玻璃、电解铝等建材行业。这些产业近些年在我国发展很快,机器设备很新,技术相当先进,生产能力是按满足过去高速增长所需的投资的需要形成的。我国经济进入新常态以后,增长速度从过去 36 年年均 9.7% 的高速回落到现在 7.0% 左右的中高速,这些产业在国内也就出现了不少过剩产能。但是,这些产业的产品在非洲、南亚、中亚、拉丁美洲等发展中国家还严重短缺,我国政府可以像支持劳动密集型加工出口产业向非洲转移那样,以同样的方式支持这些富余产能产业中的企业以直接投资的方式将产能转移到"一带一路"沿线、和我国友好、基建投资需求大的发展中国家,这样的投资既能使这些企业摆脱困境,也能帮助那些发展中国家发展,是一个双赢的选择。

第四种是"弯道超车型"产业。此类产业多为新兴产业,其特征是人力资本需求高、研发周期短。一种新药的研发周期可能历时 10 年以上,成本投入高达 10 亿美元,相对而言,信息、通信产业的软件、手机等,研发周期仅为几个月或一年,则属于人力资本需求高、研发周期短的"弯道超车型"新兴产业。在这类产业的发展上,我国拥有国内市场巨大、科技人才众多、能够把概念迅速变成产品的完备的生产加工能力等优势,并已经出现了华为、阿里巴巴、腾讯等成功企业。各地政府可以针对这类企业发展的需要,提供孵化基地,加强知识产权保护,鼓励风险投资,制定优惠的人才和税收政策,支持国内和国外的创新性人才创业,利用我国的优势,推动"弯道超车型"产业在当地的发展。

第五种是战略型产业。这类产业通常资本非常密集,研发周期长,投入巨大,我国尚不具有比较优势,但是,其发展关系到我国的国防安全,例如大飞机、航天、超级计算机产业等均属于这种类型。战略型产业有一个特性,即它不能完全依靠市场,需要有政府的保护补贴才能发展起来。过去,政府的保护补贴主要是通过对各种要素价格的扭曲和直接配置来实现。十八届三中全会提出全面深化改革,让市场在资源配置中发挥决定性作用,要素价格的人为扭曲将会被消除,今后应由财政直接拨款来补贴这类企业。在美欧等发达国家,国防安全型战略产业不论是民营还是国有都由政府财政直接拨款来支持其新产品新技术开发,并以政府采购和推广到其他国家来支持其产品的生产。

对战略型产业的扶持是国家行为,应该由中央而不是由地方财政来承担。但是,这类产业落户在哪个地方,会间接地促进那个地方军民融合的配套产业的技术进步和产业升级,所以,各地政府可以支持鼓励配套产业的发展,并改善基础设施、子女教育、生活环境等软硬条件,来争取战略型产业落户当地,以实现战略型产业和当地产业转型升级的双赢。

在经济新常态下我国仍然处于大有可为的战略机遇期,根据各种产业的特征,发挥好"有效的市场"和"有为的政府"两只手的作用,推动产业转型升级,即使在相对不利的国际外部环境下,我国的经济在"十三五"期间也仍能保持 6.5% 以上的中高速增长,2020 年前后跨过人均 GDP 12 615 美元的门槛,进入高收入国家行列,为实现中华民族伟大复兴的中国梦立下一个重要的里程碑。

第二章 新结构经济学理论及其在转型升级中的应用[*]

付才辉

摘 要

新结构经济学是关于经济结构及其变迁的新古典分析方法,各种经济结构安排是其研究对象,新古典分析方法是其研究方法,禀赋结构是其分析的出发点,由禀赋结构内生的生产结构与其他结构安排之间的逻辑关系是其理论体系的主要内容。在理论进阶方向上,新结构经济学可以与被称为"选择的科学"的新古典经济学和被称为"缔约的科学"的新制度经济学相提并论,可以称之为"结构的科学"。运用新结构经济学的基本原理可以构建一个非常实用的有助于我国各个地区进行经济结构转型升级的"地区—产业—企业—政府"多级嵌套的转型升级诊断模型,其核心是任何产业需要与其所在地的禀赋结构相匹配才有发展潜力,以及政府需要帮助企业解决行业层面共同面临的转型升级制约才能推动产业不断壮大。

关键词

新结构经济学 转型升级 智库应用

一、新结构经济学的理论体系

(一) 新结构经济学的形成过程

基于中国经验的新结构经济学雏形是林毅夫、蔡昉和李周于 1994 年出版的《中国

---

   * 本文根据作者在吉林省调研转型升级期间于 2016 年 11 月 7 日在吉林大学经济学院所做讲座的内容整理而成。感谢吉林大学经济学院的邀请,感谢李政教授主持了讲座并提供了宝贵建议。本文关于新结构经济学在转型升级中应用的一些想法也在 2016 年复旦大学产业政策研讨会及北京大学的一些讨论会上做了交流,感谢相关参与者的意见和建议。感谢国家社科基金项目"新结构经济学的视角下新常态经济发展的动力与机制研究"(项目编号:15CJL025)的支持。感谢我的导师林毅夫教授的悉心指导,本文也是为庆祝林毅夫教授回国任教三十周年而作。

的奇迹:发展战略与经济改革》一书。对于林毅夫老师等写作该书的缘由,2014 年我参加由上海世纪出版集团举办的该书出版 20 周年纪念研讨会时才得知:那时的林毅夫老师与现在的我一样年少气盛——不满于国际学术界对"中国奇迹"的有意忽视。①《中国的奇迹》一书系统阐述了中华人民共和国成立以后我国重工业赶超战略与当时中国人多资本少的禀赋特征之间的政府干预矛盾,揭示了扭曲价格的宏观经济政策、资源计划配置和剥夺微观主体自主权三位一体的计划经济体制的内生形成机制,用比较优势战略对东亚奇迹进行了重新解释,分析了改革开放之后发展战略转轨为比较优势战略与当时劳动力相对资本富裕的禀赋特征之间的相容,总结了发展战略渐进式转型的经验。可以说,《中国的奇迹》这本书基本上构建了关于发展与转型以及政府作用的新结构经济学基本理论框架。基于全球经验的新结构经济学雏形是根据林毅夫教授 2007 年英国剑桥大学的马歇尔讲座出版的《经济发展与转型:思潮、战略和自生能力》一书,该书以《中国的奇迹》的理论框架为基础,将基于中国经验提炼的理论推广到全球历史背景下,以发展战略遵循还是违背比较优势为出发点提出了发展与转型一系列可验证的假说,如发展战略对经济增长、经济波动、收入分配、制度扭曲等的影响,并用第二次世界大战以来发展中国家的经验数据对各个假说进行了经验检验,绝大部分实证结果符合理论预期。新结构经济学的一般理论成形之作产生于 2009 年 6 月林毅夫教授于其出任世界银行高级副行长兼首席经济学家一周年的一个内部研讨会上,以他 1994 年出版的《中国的奇迹》和 2007 年出版的《经济发展与转型》两本书的理论框架为基础,反思了第二次世界大战以后发展经济学成为一门学科以来的理论进展和发展中国家发展与转型的成败经验,指出第一版的"结构主义"发展经济学重视政府而忽视市场作用和第二版的"新自由主义"发展经济学重视市场而忽视政府作用的偏颇,提出以"新结构经济学"作为发展经济学的第三版,强调经济发展是一个产业、技术、基础设施、制度结构不断变迁的过程,在这个过程中既要有"有效的市场"也要有"有为的政府"。2011 年 3 月,林毅夫应邀到耶鲁大学做著名的库茨涅茨年度讲座,以"新结构经济学:反思发展问题的一个理论框架"为题阐述了新结构经济学理论的基本框架和主要观点,演讲全文发表于 2011 年出版的《世界银行研究观察》第 26 卷第 2 期,向经济学界正式宣告了新结构经济学的诞生。2012 年林毅夫教授在世界银行的工作结束前将新结构经济学的有关论文结集为《新结构经济学:反思经济发展与政策的理论框架》一书,系统论述了新结构经济学的基本理论分析框架、所依赖的经验特征事实、政府在结构变迁动态机制中的因势利导作用及其应用案例等新结构经济学的核心内容。基于世界银行的工作经验,以及对广大发展中国家的观察,林毅夫教授又出版了《繁荣的求索:发展中经济如何崛起》及《超越发展援助:在一个多极世界中重构发展合作新理念》等书,对新结构经济学的理论和应用进行了深入浅出的阐述。林毅夫等著的《新结构经济学文集》和《新结构经济学新在何处》等则系统探讨了新结构经济学各个子领

---

① 参考《中国的奇迹:发展战略与经济改革》出版 20 周年序言。

域的相关研究。过去三年以来,我和林毅夫教授一直在编写的《新结构经济学导论》一书则试图构建起整个新结构经济学体系的理论大厦。正如新制度经济学的命名者威廉姆森所言,契约多样性可谓"资本主义经济制度研究无数谜团的起源"。并且,相对于新古典经济学的"选择的科学"(the sciences of choice),威廉姆森也将新制度经济学称为"缔约的科学"(the sciences of contract)。同样,在新结构经济学看来,结构多样性可谓发展中经济体或地区经济发展与转型,以及政府作用研究无数谜团的起源。顺理成章,在我看来,新结构经济学可以被称为"结构的科学"(the sciences of structure),并不仅仅局限于发展经济学一隅,更不限于关于发展战略的比较优势学说,而是有着极其重要的理论范式突破。

(二)为何说现有的主流理论其实只是新结构经济学的退化特例

新结构经济学的理论出发点遵循了经济学之父亚当·斯密在《国民财富的性质和原因的研究》一书中所倡导的研究方法,也就是从现代经济增长的本质和它的决定因素入手,即人均收入水平提高的不断加速,而这主要取决于技术不断创新和产业不断升级所推动的劳动生产率的不断提高。[①] 随着生产结构(产业结构与技术结构)的升级,对应的金融结构、人力资本结构、区域结构(包括城市化)、开放结构(国际金融与国际贸易)、周期结构、制度结构、人口资源环境结构及相应降低交易费用的软硬基础设施结构等结构安排也需要随之升级。任何经济体的经济结构变迁都是一个连续的动态过程,每一发展阶段都是这条连续谱上的一点。尽管人类社会经济发展的本质相同,但是处于不同发展阶段的国家,由于禀赋结构不同,相应也会有不同的生产结构及其对应的其他经济结构安排。例如,处于初级发展阶段的国家,其要素禀赋结构一般会呈现出劳动力或自然资源相对丰裕,但同时资本相对稀缺的特点,因而生产也多集中于劳动力或资源密集型产业(主要有维持生存的农业、畜牧业、渔业和采矿业),采用传统的、成熟的技术,生产"成熟的"和"绿色的"产品。除了矿业和种植业,这些生产活动很少有规模经济。这些国家的企业规模一般而言相对较小,市场交换往往也不正规,通常仅限于在当地市场上跟熟人进行交易。这种生产和交易对硬件和软件基础设施的要求不高,只需要相对来说比较简单、初级的基础设施就可以了。与之相反,位于发展阶段谱线另一端的高收入国家,则呈现出一幅完全不同的禀赋结构图景。这些国家相对丰裕的要素不是劳动力,也不是自然资源,而是资本;因而在资本密集型产业中具有比较优势,这些产业具有规模经济的特征。各种硬件(电力、通信、道路、港口等)和软件(法律法规体系、文化价值系统等)等基础设施也必须与全国性乃至全球性的市

---

① 经济快速增长的现象是在 18 世纪以后才出现的。根据经济史学家麦迪森的研究,18 世纪以前西欧国家人均收入的年平均增长率只有 0.05%,人均收入需要 1400 年的时间才能翻一番。18 世纪以后到 19 世纪中叶,其人均收入年平均增长率提高到 1%,人均收入翻一番所需要的时间缩短到 70 年。从 19 世纪中叶到现在,人均收入年平均增长率为 2%,人均收入翻一番的时间降至 35 年。上述增长加速的现象是 18 世纪中叶开始的工业革命的结果。

场活动相适应,这种情形下的市场交易是远距离、大容量、高价值的。人类社会的经济发展就是这些经济结构不断变迁的过程。因此,处于全球结构变迁前沿的发达经济体的结构安排实际上只是全球整个连续谱的一个经验特例。

现有的主流理论大都来自发达国家的经验总结,而从工业革命以后发达国家的技术和产业都处于世界的最前沿,对于它们来说技术创新和产业升级都只能自己发明,而发展中国家的产业和技术大多处于世界的前沿之内,它们的技术创新和产业升级可以有后发优势。并且,发达国家和发展中国家可以动员的资源、面对的各种要素价格、风险因素和软硬件基础设施的瓶颈限制也不一样,适用于发达国家的产业结构、技术结构及基础设施结构也不一样,不同的产业结构和技术结构由于其特性不同,适宜的金融结构、人力资本结构、区域结构(包括城市化)、开放结构(包括国际金融与国际贸易)、周期结构、制度结构、人口资源环境结构等各种结构安排也不相同。所以,适用于前沿发达经济体的经济结构安排不见得适用于发展中国家。忽视了这些环环相扣的结构性差异,是从第二次世界大战以后按西方主流理论来制定发展政策的国家没有一个成功,而极少数能够成功的国家的发展政策从西方主流理论来看也是错误的原因。① 如结构主义与"华盛顿共识",都因忽视了经济体的禀赋结构、生产结构及对应的其他结构安排环环相扣的内生差异性而失败。所以说,单单基于处于人类社会整个连续谱结构变迁前沿的发达经济体的结构安排这一经验特例的西方主流理论,对于处在整个连续谱结构变迁不同阶段的广大发展中经济体而言是理论陷阱。一个国家陷入低收入陷阱或中等收入陷阱是由于其结构未能有动态的变迁。按照新结构经济学的基本主张,遵循一国每一时点的要素禀赋结构所决定的比较优势来选择技术、发展产业是升级该国的要素禀赋结构,进而升级产业结构,促进收入增长,消除贫困的最好办法。发展中国家的适宜性目标不一定非得是最前沿发达经济体的经济结构,以后者为标杆反而可能适得其反。既然结构变迁是一个连续的动态过程,每一阶段都是这条连续谱上的一点,基于整个连续谱结构变迁前沿的发达经济体这一特例的西方主流理论不具有普遍性,那么新结构经济学就试图构建一门具有普遍意义的结构科学,来理解人们在结构变迁过程中观察到的、关于持续增长的各种特征事实背后的因果关系。因此,可以说基于经济结构前沿的发达经济体经验(如卡尔多特征事实)的主流理论其实只是基于整个世界经济结构变迁谱系经验特征的新结构经济学的理论退化特例。换言之,新结构经济学在理论上更为高阶。②

---

① 从第二次世界大战结束后到 2008 年全世界有两百多个发展中经济体,只有我国台湾地区和韩国两个经济体从低收入进入到中等收入再进一步发展成为高收入经济体;只有 13 个经济体从中等收入经济体发展成为高收入经济体,其中只有日本和"亚洲四小龙"不是原本与发达国家差距不大的西欧周边国家或地区;28 个经济体人均收入和美国的差距缩小了 10 个百分点或更多,其中不少是石油等资源输出国家;另外,有 18 个经济体人均收入和美国的差距不仅没有缩小,反而扩大了 10 个百分点以上。

② 可进一步参考林毅夫,付才辉和王勇(2016)。

（三）新结构经济学的基本原理[①]

新结构经济学的理论体系非常庞大,涉及经济发展过程中经济结构问题的方方面面,但其逻辑体系围绕发展、转型与政府作用的论述却惊人地自洽并一以贯之。新结构经济学的中心思想,亦即新结构经济学的基本原理可以概括为旨在揭示结构变迁规律、结构转型规律、结构变迁与转型中政府作用规律的十大原理。

首先,在发展层面上,新结构经济学认为经济发展的本质是经济结构持续不断地升级所推动的劳动生产率及人均收入水平不断提高的过程。所以,新结构经济学最重要的原理就是结构变迁原理,即解释经济结构及其变迁的决定规律的基本理论。如前所述,经济结构安排是新结构经济学的分析对象,新古典分析方法是其研究工具。运用新古典的标准分析方法和概念构建的基本新结构经济学的分析工具包括:禀赋结构的供给、禀赋结构的需求、禀赋结构的相对价格、禀赋结构的供求均衡、自生能力、生产结构的竞争性均衡(即比较优势)、禀赋结构相对价格弹性、生产结构的禀赋结构弹性、禀赋结构动态变化、生产结构动态变化、禀赋结构与生产结构的稳态、结构转移动态等基本的静态一般均衡与动态一般均衡分析工具。[②] 应用这些结构均衡分析工具得到的基本结论便是新结构经济学关于结构变迁的基本原理,包括:(1) 禀赋结构的供给原理——在给定时点,任何分析单位的禀赋要素及其结构是给定的,但会随时间而变化。这一原理看似简单,却道出了经济发展最重要最根本的约束条件。(2) 禀赋结构的需求原理——不同生产结构(产业结构与技术结构)会产生不同的禀赋要素及其结构需求,例如资本相对劳动更密集的产业结构,以及发明创新相对模仿创新更多的技术结构对资本的需求比对劳动的需求更多。这一原理也看似简单,却道出了不同产业与技术最重要的经济属性差异。(3) 禀赋结构的相对价格原理——禀赋结构的供求均衡决定了禀赋结构的相对价格,其是禀赋结构与生产结构的函数(更一般地说应称之为泛函或算子)。禀赋结构水平越低、生产结构越是资本相对劳动密集,禀赋结构的相对价格就越高。因此,从本质上讲,新结构经济学还是根植于标准竞争性市场经济的价格理论的,只是其价格体系更加高阶,可以称之为经济结构及其变迁的价格理论。[③] (4) 最优生产结构原理——生产结构水平越高,边际产出越高,但是边际成本也越高,最优生产结构的条件是生产结构选择的边际价值等于其边际成本。这一原理也可以称为新结构经济学的比较优势原理。这一原理决定了新结构经济学与目前新古典经济学的根本不同之处——新结构经济学内生了新古典经济学外生给定的生产函数。(5) 生产结构的供求原理——除了不同生产结构对禀赋结构的需求不同之外,由于不同生产结构的金融需求特征(如风险特征、资金规模、投资期限等)、人力资本需求

---

① 更多更详细的综述可参考付才辉(2015);林毅夫和付才辉(2016,2017)。
② 类似于新古典经济学的选择均衡和市场均衡及博弈论的纳什均衡等均衡概念,这些结构均衡是新结构经济学中所定义的均衡概念。
③ 我的博士后出站报告题目就是《经济结构及其变迁的价格理论》。

特征(如教育、经验、技能等)、空间布局需求特征(如城市化、集群、区域布局等)、开放需求特征(如国际贸易结构、国际资本流动等)、周期需求特征(如不同产业的波动特征不同、模仿创新与发明创新的随机冲击不同)、制度需求特征(如不同产业或技术的资产专用特征或契约密度不同)、人口资源环境需求特征(如劳动与闲暇、生育、污染排放等)等不同生产结构性质维度是不同的,从而对对应的结构安排的需求也是不同的,因此只有当这些供给面的结构安排与生产结构的需求特征相匹配并随其变化而变化时才是最有利于经济发展的。这便产生了最优金融结构、最优人力资本结构、最优区域结构、最优开放结构、最优周期结构、最优制度结构、最优人口资源环境结构等最优的结构安排。因此,对应地,我们可以分别称这些最优结构理论为最优金融结构理论、最优人力资本结构理论、最优区域结构理论、最优开放结构理论、最优周期结构理论、最优制度结构理论、最优人口资源环境结构理论。这些最优结构理论便构成了新结构金融学、新结构劳动经济学、新结构区域经济学、新结构国际经济学、新结构周期理论、新结构制度经济学、新结构人口资源环境经济学的核心内容。上述五条原理可以得到最优经济结构安排的结论,但是静态的,而下面这条原理可将其动态化。(6)结构变迁循环累积因果原理——禀赋结构与生产结构互为循环累积关系,禀赋结构促进生产结构,生产结构促进禀赋结构,如此不断循环累积就是经济发展的密码——禀赋结构与生产结构相辅相成的结构变迁推动劳动生产率不断提高的过程。在快速的结构变迁阶段,即生产结构对禀赋结构富有弹性时,禀赋结构的回报率不会随禀赋结构的积累而降低,从而出现高储蓄高投资高速推进禀赋结构升级,进一步推进生产结构升级,快速的循环累积实现超高增长。这些原理的要点是充分发挥比较优势,利用后发优势循序渐进小步快跑地实现最优的结构变迁,这便是少数成功经济体的秘诀,也是绝大多数失败经济体的病根。

其次,在转型或改革的层面上,新结构经济学也承认任何经济体在任何时间内,其结构变迁过程不可能严格遵循上述新结构经济学关于结构变迁基本原理所描述的最优结构变迁轨迹,违背比较优势结构变迁的情景是普遍存在的。有许多因素影响一个经济体采取违背比较优势的战略,比如历史因素(被殖民、战争经历)、思潮与意识形态、领导人的偏好、国家的大小等主客观原因。同时,过去最优的结构安排在新的禀赋结构条件下已经不是最优安排了,均需要转型调整。结构变迁违背比较优势就不可避免产生扭曲,结构扭曲阻碍结构升级,成为发展的根本障碍。这就延伸出至关重要的结构转型原理:(7)自生能力原理——违背比较优势(或偏离最优生产结构)的生产结构中的生产者不具备自生能力,即能够在开放、自由的完全竞争市场上获得正常利润的生产者具备自生能力。生产结构中缺乏自生能力的生产者的多寡是结构转型最重要的约束条件,也是各种扭曲产生的根本原因。因此,这就延伸出转型规律最基本的一条原理:(8)最优转型速度原理——消除结构扭曲便是转型的收益,然而由于扭曲的生产结构与技术结构,以及其他结构安排中的生产者是没有自生能力的,消除扭曲会迫使其破产并引发相关代价,这便是转型的成本。最优的转型速度是转型的边际成本等于其边际收益。这实际上是新结构经济学关于如何认识并消除扭曲抑或关于改革的一般原理:首先,结构变迁要时刻遵循比较优势才能避免结构扭曲,但这很难做到;其次,如果偏离了最优结构变迁路径,那么需要采取渐进转型方式消除扭曲。这便是转型"休克疗法"破产的根本原因,也是新结构转型经济学与华盛顿共识下的转型经济学的不同之处。

最后,在政府作用层面,新结构经济学认为政府应该在结构变迁与转型过程中发挥因势利导作用。在一个完全竞争的自由市场里,任何违背比较优势的政府干预均会对结构变迁产生扭曲。然而,在存在具有外部性的公共禀赋结构、具有溢出效应和协调困难的生产结构与技术结构的结构变迁过程中,市场自身难以处理这些问题,甚至市场本身都需要政府发挥作用来构建和推动。[①] 如果这些问题不能有效解决,就会成为结构变迁的障碍。因此,政府需要发挥因势利导的作用来有效解决这些问题,促进结构变迁与转型,这就是:(9)结构变迁与转型中政府作用的定位原理——与前述结构变迁不可能自始至终按照最优结构变迁轨迹行事一样,由于市场自身不能够在每一阶段都充分利用连续但不一定平滑的结构变迁的后发优势,现实中政府往往需要越过在结构变迁与转型过程中的理想定位,激励市场充分利用后发机会,但这也可能引起不良后果。因此,这便得到:(10)结构变迁与转型中政府作用的最优干预原理——与前述消除扭曲的新结构经济学结构转型原理一样,最优的政府干预程度和最优干预结构也是其边际收益与边际成本权衡取舍的结果。现实中的政府在结构变迁中的行为是复杂的,不能够想当然地判断其该还是不该,需要弄清楚政府在决策时面临的具体约束条件和权衡取舍问题,尤其是结构变迁与转型不同阶段的特殊情况。

(四)新结构经济学对更新经济学学科的潜在可能贡献

上述旨在揭示"结构变迁规律、结构转型规律、结构变迁与转型中政府作用规律"这三条基本规律的新结构经济学十大原理构成了新结构经济学关于发展、转型与政府作用这三个经济发展过程中宏大主题的完整理论论述。可以看到,这套关于经济结构及其变迁的新结构经济学理论体系实际上系统地运用主流标准的新古典方法将结构全面引入了缺乏结构的主流理论体系之中,使得缺乏结构的理论体系成为新结构经济学的退化特例。因此,新结构经济学理论方法和视角的创新可以自成体系地将结构及其分析逻辑引入各个传统的经济学子领域,构建起诸如新结构增长理论、新结构产业经济学、新结构创新理论、新结构金融学、新结构劳动经济学、新结构区域经济学、新结构国际经济学、新结构周期理论、新结构制度经济学、新结构人口资源环境经济学等子学科领域,这些领域便构成了整个新结构经济学完整的学科体系。当然,新结构经济学学科体系的构建目前远未成熟,依然在不断努力中。

---

① 最近文一教授在《伟大的中国工业革命》一书中提出了新阶段论(NST),基于斯密–杨格定理侧重阐述了渐进式产业演进过程中的市场结构的变迁以及政府在其中的作用,是 NSE 的必要补充。

二、新结构经济学在转型升级中的应用

新结构经济学不仅对我国理论自主创新和学科建设有重要价值,而且对我国经济结构转型升级也有重要的政策应用价值。[①] 下面在简要概括我国各地的经济发展情况及林毅夫教授关于新常态下政府如何推动转型升级的基本论述的基础上,介绍应用上述基本新结构经济学原理构建的新结构转型升级模型,然后在转型升级模型中讨论政府在区域经济结构转型升级过程中的因势利导方法。这套新结构转型升级方法目前已被应用到北京大学新结构经济学研究中心"转型升级智库项目"的研究之中。

(一)我国各个地方的经济发展概况

按照前述新结构经济学的基本理论,经济发展的本质是人均收入的不断增加,其前提则是越来越高的劳动生产率水平,提高劳动生产率水平有两个途径:一是通过技术创新,提高现有产业中产品的质量和生产效率;二是通过产业升级,将现有劳动力、土地、资本等生产要素配置到附加价值更高的产业。根据前述新结构经济学的分析,这两者的实现需要"有效的市场"和"有为的政府"共同作用,即经济结构转型升级过程中"有效的市场"和"有为的政府"必须同时发力。新结构经济学从来都没有否认过市场的作用,只是坚持被主流思潮所忽视的政府的因势利导作用。[②] 我认为,在中国区域经济结构转型升级过程中,无论怎么强调各级政府哪怕是基层的乡镇政府的因势利导作用都不过分。我们可以问这样一个问题,为什么即便在一个具有相同的宏观经济环境,相同的地理、历史、文化、制度与市场环境的省市内部,各个区县之间持续的经济增长差异如此巨大?在调研过程中,我也观察到甚至在一个看上去几乎没有什么差别的县内,不同乡镇之间的发展差别也非常惊人。放眼全国,我们不妨以1997—2013年目前可得的区县数据为例[③],如图2-1所示,在中国我们能够看到各种各样的发展样本:低收入低增长、低收入中等增长、低收入高增长、中等收入低增长、中等收入中等增长、中等收入高增长、高收入低增长、高收入中等增长、高收入高增长等。具体而言,以1997年为起点,我们不妨以人均收入最高的50个区县的平均值作为国内发展前沿,将其余所有区县按照倒序的1—3三倍距离划分为四个禀赋组:人均收入为前沿收入1/3到前沿收入水平的区县为禀赋组1;人均收入为前沿收入1/9到前沿收入1/3的区县为禀赋组2;人均收入为前沿收入1/27到前沿收入1/9的区县为禀赋组3;人均收入为前沿收入1/27以下的区县为禀赋组4。根据我们对实际人均GDP增长率的测算结果可以看到:1997—2013年,在禀赋组1的492个有观测值的区县中实际人均

---

① 新结构经济学在发展中国家比如非洲地区的发展中国家的广泛应用,本文不做介绍。

② 从前面的新结构经济学十大原理就知道,新结构经济学整个理论体系的议题覆盖了发展、转型(改革)与政府作用,因此有些人认为新结构经济学不讨论改革纯属无稽之谈。

③ 数据来源:北京大学新结构经济学研究院中国区县数据库,下同。

GDP 增长率平均 16 年超过 10％的有 168 个区县，占比为 34.15％；在禀赋组 2 的 1 236 个有观测值的区县中实际人均 GDP 增长率平均 16 年超过 10％的有 351 个区县，占比为 28.4％；在禀赋组 3 的 325 个有观测值的区县中实际人均 GDP 增长率平均 16 年超过 10％的有 120 个区县，占比为 36.9％；在禀赋组 4 的 5 个有观测值的区县中实际人均 GDP 增长率平均 16 年超过 10％的有 4 个区县，占比为 80％。这些"增长奇迹"的区县均分布在各个不同的省市。按照这样的现实案例，各种主流理论文献的理论假说都可以被一一剥离掉，我觉得能够回答上述问题的关键变量是各地政府甚至是乡镇政府对经济发展因势利导作用的差异。除了上述样本分布体现出的例子之外，也有大量的鲜活案例可供佐证。例如，阮建青便提供了浙江一些鲜活的案例：即使生产同样的产品，所处的宏观环境也类似的情况下，地方政府在建设专业市场、提升质量、建设工业园区等公共产品提供上的差异，会导致不同的产业集群在长期演化过程中的不同命运（阮建青，石琦和张晓波，2014）。

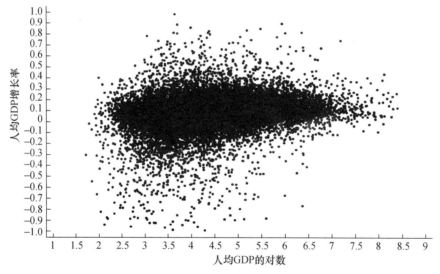

图 2-1　1997—2013 年中国各个区县的收入水平与经济增长的散点图

（二）新常态下各级政府如何推动转型升级[①]

中国有 30 余个省、300 余个市、近 3 000 个区县，每个地方的要素禀赋和发展条件各有差异，现有产业转型升级的合适方式及适合进入的新产业也各不相同。在新常态下各地如何因地制宜、因势利导地推动产业结构转型升级无疑是最为迫切的问题。林毅夫教授根据新结构经济学思想、有效市场和有为政府的基本政策主张提出了一个极

[①]　更详细的内容可参见林毅夫（2015）。关于政府在转型升级动态过程中作用的更深入的理论阐述，可参见《新结构经济学：反思经济发展与政策的理论框架》第三章"增长甄别与因势利导——政府在结构变迁动态机制中的作用"。

具应用价值的"五类产业政策利导方法"。各地政府可以根据各地现有产业与国际或国内前沿的差距将其分成五种不同类型,有针对性地采取各有差异的因势利导方式。

对于第一种追赶型产业,各地政府可以支持所在地的合适企业到国内或海外并购、设立研发中心。各地政府也可以筛选我国每年从发达国家大量进口的高端制造业产品,根据其地区比较优势,创造这些产业所需的基础设施,改善营商环境,到海外招商引资,把那些高端制造业产品的生产企业吸引到国内来设厂生产。

对于第二种领先型产业,中央和地方政府可以用财政拨款设立科研基金,支持所在地领先型产业的企业与科研院校协作进行基础科研,支持企业开发新产品、新技术。中央和地方政府也可以以资金支持相关行业的企业组成共用技术研发平台,攻关突破共用技术瓶颈,在此突破的基础上各个企业再各自开发新产品、新技术。在企业新技术和新产品开发取得突破后,中央和地方政府也可以通过采购,帮助企业较快地形成规模化生产,以降低单位生产成本,提高产品的国际竞争力。领先型产业需要到世界各地建立销售、加工生产、售后服务等网络,以开发市场,中央和各地政府也需要在人才培训、资金、法律、领事保护上给予相关企业海外拓展的必要的支持。

对于第三种失去比较优势的转进型产业,地方政府可以采取以下两种因势利导的政策:一是提供设计、营销方面的人才培训、展销平台等,鼓励一部分有能力的企业转向"微笑曲线"的两端,经营品牌的企业则可以对其新产品开发的费用给予和高新产业研发费用一样在税前扣除的待遇;二是协助所在地加工企业抱团到内地或出海,提供信息、经营人才培训、资金支持,以及和承接地政府合作设立加工出口园区等,帮助企业利用当地廉价劳动力资源优势来提高竞争力,创造企业的第二春。对于另一类在我国还有比较优势但是产能有富余的钢筋、水泥、电解铝、平板玻璃等建材产业,各地政府可以以同样的方式支持这些富余产能产业中的企业以直接投资的方式将产能转移到"一带一路"沿线、和我国友好、基建投资需求大的发展中国家。

对于第四种"弯道超车型"产业,此类产业的特性是产品、技术研发周期短,以人力资本投入为主,各地政府可以针对这类型企业发展的需要,提供孵化基地、加强知识产权保护、鼓励风险投资、制定优惠的人才和税收政策,支持国内和国外的创新性人才创业,利用我国人才多、国内市场大和硬件配套齐全的优势,推动弯道超车型产业在当地的发展。

对于第五种战略型产业,此类产业研发周期长,资金投入大,不是我国的比较优势,应该由中央而不是地方财政来承担补贴。但是,这类型产业落户在哪个地方,会间接地促进那个地方配套产业的技术进步和产业升级,所以,各地政府可以支持鼓励配套产业的发展,并改善基础设施、子女教育、生活环境等软硬条件,来争取战略型产业落户当地,以实现战略型产业和当地产业转型升级的双赢。

(三) 一个替代波特竞争模型的新结构转型升级模型

尽管发展经济学中有很多针对实践应用的模型,比如营商环境、增长诊断、产品空间、随机试验等，但融合了各路学说，对政府、企业及社会各界的实践都产生深远影响的集大成者莫过于哈佛大学商学院波特教授①的"竞争三部曲"。波特秉承了产业经济学中著名的哈佛学派的 SCP 范式，即"结构—行为—绩效"分析模型（Structure-Conduct-Performance），认为产业结构决定了产业内的竞争状态，并决定了企业的行为及其战略，从而最终决定企业的绩效。在波特的"竞争三部曲"中，《竞争战略》主要涉及有关企业外部的产业与竞争者分析，《竞争优势》主要涉及企业内部价值活动与成本驱动因素，《国家竞争优势》则主要探讨以国家、州（省）等地域为对象的整体竞争力构建问题。波特在 1991 年发表的论文《战略动态理论》中阐述了"竞争三部曲"之间一脉相承的思路。按照《竞争战略》的观点，不同企业业绩差异成因可以归结为行业结构与企业定位两方面，前者说明了跨行业的业绩差异，后者说明了行业内企业的业绩差异。企业战略确定的战略定位决定了企业在行业中的相对地位，波特将企业战略归纳为三类：成本领先战略、标歧立异战略、目标集聚战略。《竞争优势》则将影响与决定行业结构与企业战略的因素归结为企业价值创造活动，认为价值链是竞争优势的基本单元。价值链中的价值创造活动受初始条件与管理决策的影响，而后者受到企业环境的影响。《国家竞争优势》就明确提出了企业竞争优势最终受制于企业内外环境。在该书的钻石模型中归纳了企业最重要的五类外部因素：生产要素、需求条件、相关及支持产业（产业集群）、政府、机会。加上企业自身的战略与同业竞争（竞争市场）这第六大要素一起构成了国家竞争优势的钻石模型。

在波特的竞争模型中，"生产要素"条件实际上意味着这些产业应符合由该国要素禀赋所决定的比较优势，而"产业集群"条件和"竞争市场"条件仅当产业与该国要素禀赋相符时才会成立。因此，除了机会与政府之外的四个条件可以归结为两个相互独立的条件：比较优势与国内市场大小。而在这两个独立条件之中，比较优势又是最为关键的，因为如果一个产业符合该国的比较优势，该产业的产品就可以以全球为市场。这也是世界上很多富有的国家都很小的原因所在。因此，波特的竞争三部曲的"国家竞争优势"可被比较优势替代。② 尽管都可以归结到一个国家或地区的要素禀赋决定

---

① 迈克尔·波特（Michael E. Porter），1947 年出生于美国密歇根州，美国哈佛商学院大学教授（University Professor，大学教授是哈佛大学的最高荣誉，迈克尔·波特是该校历史上第四位大学教授）。迈克尔·波特毕业于普林斯顿大学，在世界管理思想界是"活着的传奇"，他是全球第一战略权威，被商业管理界公认为"竞争战略之父"。1979 年，迈克尔·波特获哈佛商学院终身教授之职，成为世界上竞争战略和竞争力方面公认的权威。1983 年，迈克尔·波特被任命为美国总统里根的产业竞争委员会主席，开创企业竞争战略理论并引发美国乃至世界关于竞争力的讨论。2005 年世界管理思想家 50 强排行榜上，迈克尔·波特位居第一。他的主要著作有《竞争战略》、《竞争优势》、《国家竞争优势》。达沃斯经济论坛每年发布的旗舰报告《全球竞争力报告》最初就是基于波特的竞争理论。

② 林毅夫早就指出，尽管竞争优势理论在全球范围内广泛传播并对世界各国的理论研究者和政策制定者产生重要的影响，但是人们对竞争优势的理解仍然存在一些缺陷。一个主要的缺陷是，竞争优势理论的追随者往往将竞争优势与比较优势看作是两个相互对立的范畴，或者认为提出竞争优势理论的目的就是取代比较优势理论。这种将比较优势与竞争优势完全割裂、相互对立的观点基本上是错误的。在比较优势与竞争优势之间并不存在相互对立的替代关系。相反，只有充分地发挥经济的比较优势，国家（或地区）才有可能创造和维持自己的产业竞争优势。对比较优势与竞争优势之间关系的错误认识对国家（或地区）经济发展路径的选择具有潜在的危害性。该认识可导致国家（或地区）在制定经济发展战略时选择违背自己比较优势的发展战略。其结果是，一个以提高自己的产业竞争力为目的的决策反而会产生危害自己的产业竞争力和国家经济整体竞争力的提高和发展的前景。关于论述比较优势和竞争优势关系更详细的内容可参见林毅夫和李永军（2003）。

的比较优势上并且都可以划分为国家或地区、产业、企业三个层次，但是新结构转型升级模型与波特的竞争三部曲模型的内在逻辑却完全不同。新结构转型升级模型有三个嵌套的逻辑层次，并且每个逻辑层次都涉及政府的因势利导作用。下面我们就运用前面介绍过的新结构经济学十大原理来分析这三个层次的转型升级，以及政府在其中的因势利导作用。

第一个最基础的层次是一个国家或地区层面整体的经济结构转型升级，这是由一个国家或地区的要素禀赋结构和生产结构两大维度构成的。具体而言，一个地区的要素禀赋结构主要由该地区的区位条件、自然资源、劳动力、物质资本、知识经验、软硬基础设施、产业基础等构成。这些要素禀赋有的是所有产业都可以使用的（即通用的），有的则是只有特定产业才能使用的（即专用的）。而一个地区的生产结构则囊括了发生在该地区的所有人类生产活动，包括所有农业生产活动、工业生产活动、服务生产活动等。所幸，不论是一个地区的禀赋结构还是生产结构，现有的国民经济统计核算都能够在不同细分层次上满足数据需求。单由现有的各个地区的统计年鉴我们就可以很容易地梳理出一个地区的禀赋结构和产业结构及其变迁情况的研究报告。如果再辅之以人口普查数据、地理信息系统、企业层面普查和调查数据，我们就能得到更翔实的禀赋结构和生产结构及其变迁情况研究报告。在了解了一个地区的禀赋结构和生产结构及其变迁情况的信息之后，就需要诊断其生产结构和禀赋结构整体上是否匹配。理论上，按照前面介绍的新结构经济学基本原理的前六条可以论证，只要给定禀赋结构，就可以决定最优的生产结构，禀赋结构和生产结构之间存在最优的结构变迁轨迹。具体来讲，在任意时点上，给定的禀赋结构决定了禀赋结构的供给，生产结构的选择决定了禀赋结构的需求，禀赋结构的供给与需求及产品市场出清时，存在禀赋结构相对价格和生产结构的竞争性均衡。在该均衡中，禀赋结构水平越高，生产结构的资本相对劳动密集度越大；生产结构的资本相对劳动密集度越大，资本相对劳动的相对价格越高；禀赋结构水平的变化不但引起投入产出的变化，还会引起投入产出关系的变化。因此，在动态一般均衡中，禀赋积累对禀赋结构升级转型动态过程的影响，除了因为边际产出递减产生的收敛效应之外，还存在由驱动生产结构升级产生的发散效应，如果后一种效应大于前一种效应便可以克服边际产出递减驱动经济发展。在动态一般均衡稳态时，禀赋结构和生产结构存在循环积累因果关系的结构升级轨迹。这个仅仅由资本劳动比刻画的禀赋结构特征与仅仅由资本相对劳动密度刻画的产业结构特征之间的理论机制很清晰，然而现实的情况要复杂得多，因为一个地区的禀赋结构和产业结构同时都是多维度的。当然，在多维度的禀赋结构和多维度的产业结构的现实情境下，上述理论机制依然成立：不同的产业对各种禀赋要素的需求不同，不同地区的禀赋结构供给也不同，即便考虑要素流动成本和产品运输成本，我们依然可以得知在一般均衡的情况下各个地区某个产业的相对（平均的）盈利能力，即企业的自生能力——如果该产业的相对盈利水平大于零则具备自生能力，否则不具备自生能力。因此，我们可以简化地利用某个产业在各个地区的相对盈利能力来测算该产业是否具备自生能力。因此,利用该层次的模型我们可以诊断一个国家或地区经济结构转型升级轨迹是否偏离比较优势,从宏观上判断本地的经济结构转型升级是否出现问题。当然,这种诊断不仅是一个理论问题,还涉及许多经验技巧的识别策略。除了直接用产业相对盈利能力即企业自生能力进行判断,以及禀赋特征—产业特征匹配分析方法外,还可以采取对标的间接比较方法,即与发展典范(比如前面提到的那些持续十几年平均超过两位数高速增长的区域样本)的结构变迁轨迹进行比较。

第二个层次是嵌入一个国家或地区整体生产结构中的单个产业的转型升级。随着一个国家或地区禀赋结构的升级,任何一个产业都会经历一个从出现到壮大再到衰落的生命周期过程。按照前述新结构经济学的结构变迁基本原理,产业的资本相对劳动密度越是远离该国家或地区的禀赋结构,其生命周期变迁的轨迹就越晚出现。同样,现实情况远比资本和劳动这两个要素复杂得多,发展任何一个产业所需的禀赋支撑条件都有很多且各不相同。利用这个层次的模型我们可以诊断一个国家或地区经济结构转型升级过程中每个产业的发展态势,判断产业的发展前景,将不同的产业进行分类管理,以及诊断本地现有产业更替方向、符合本地潜在比较优势的产业。这个层次的诊断其实就是前述林毅夫教授关于五类产业政策因势利导的论述框架。除了理论机制之外,我们也可以通过经验方法来完成对该层次的诊断,例如我们智库项目的行业研究部分就会完成以下几个相关方面的诊断分析:(1)在中国及项目所在区域的发展阶段(可以简单以购买力平价计算的人均收入水平来衡量),所研究的行业对应在全球或全国是个什么态势,上升还是下降。我们也可以利用诸如 UNIDO 制造业细分行业数据或国内各个地区的细分行业数据来测算劳动生产率的全球和全国的前沿距离。(2)这些产业目前在全球和国内市场的体量有多大,例如可以用全球贸易数据看个大概。(3)项目所在区域的这些产业链布局(上下游的状况)如何,例如可以用投入产出表看个大概,可以粗略判断产业链的长短宽窄厚薄等。(4)这些产业链在项目所在地的禀赋结构支撑条件如何,例如可以用投入产出表(中间产品投入可以分类为自然资源大类、轻工业中间产品类、装备重工业产品类、服务投入类、软硬基础设施类等)及其他统计资料信息看个大概。其中的关键是分析这些产业链的特征与本地禀赋结构的匹配情况(也可以通过与其他目标省市,比如略优于项目所在地的省市进行比较),这样我们就可以大致上分析出项目所在地产业链的短板,以及禀赋结构和价值链的制约因素所在。

第三个层次是嵌入一个国家或地区整体生产结构中的单个产业中的单个企业的转型升级,由企业层面的价值链和资源禀赋与能力条件构成两个维度。利用这个层次的模型我们可以诊断一个国家或地区经济结构转型升级过程中每个产业的每个企业的转型升级是否符合其自身和所在地区的资源禀赋结构与能力条件,更重要的是可以更微观地诊断企业转型升级面临的障碍来源,可以比较企业的资源禀赋结构与所在地区的资源禀赋结构,以区分哪些是企业自身的问题、哪些是来自所在地区的问题,从而诊断企业的转型升级面临的共性问题,继而识别政策诉求。[①] 对于企业层面的转型升级,我们已研发出了一套覆盖企业整体转型升级、禀赋结构升级、价值链升级、企业自生能力及政府因势利导作用需求与供给的问卷来量化这些维度。然后再与前面第一和第二个层次的地区经济结构和单个产业诊断相结合,生成比较准确的"产业增长潜力领域"与"制约这些有潜力领域的主要约束"及其"化解约束的措施"的一个完整的分析报告。当然,整个过程除了运用理论框架对二手数据进行分析及量化的问卷调查之外,与当地业界的专家进行头脑风暴等定量的座谈也是必不可少的。通过前面三个层次的诊断分析,对产业转型升级的政策诉求面的把握就八九不离十,不会造成政策不接地气不对需求的局面!最后,再通过对应的政府因势利导作用供给面的诊断,使得政策的需求和政策的供给相互匹配,才能行之有效地推动产业转型升级。

对于政策供给面的分析我们在下一节展开,这里有必要再针对流行的价值链及其衍生的"微笑曲线"观点,对第三个层次的微观分析做深入的讨论。事实上,价值链理论的一个直观应用就是微笑曲线。微笑曲线是一条微笑嘴型的曲线,两端朝上,在价值链中附加值更多体现在两端的设计、研发和销售、品牌,处于中间环节的制造附加值最低。因此,沿着微笑曲线向两端攀爬就会获得更多的附加值。因此,按照微笑曲线理论,转型升级就是向附加值更高的价值链环节转移。这种关于转型升级的认识好像也没有错,不过只是看到表象,没有看到微笑曲线背后的理论机制。如果将单个企业价值链中的微笑曲线放在全球价值链或全球产业链中也许就会看得更清楚。实际上,微笑曲线理论的形成,源于国际分工模式由产品分工向要素分工的转变,也就是参与国际分工合作的世界各国企业,由生产最终产品转变为依据各自的要素禀赋,只完成最终产品形成过程中某个环节的工作。最终产品的生产,经过市场调研、创意形成、技术研发、模块制造与组装加工、市场营销、售后服务等环节,形成了一个完整链条。以制造加工环节为分界点,全球产业链可以分为产品研发、制造加工和流通三个环节。从过程产品到最终产品再到最终产品销售,产业链上各环节创造的价值随各种要素密集度的变化而变化。无论是加工贸易还是贴牌生产,制造加工环节付出的只是土地、厂房、设备、水、电等物化要素成本和简单的劳动成本,容易替代;而研发环节和流通环节,其所投入的信息、技术、品牌、管理、人才等资本或知识密集要素,比制造加工环节更复杂,具有不可替代性。同时,研发和流通环节要承担更大的市场风险,而制造加工环节只要按照合同完成订单生产即可分享利润,并不负责产品销售,市场风险极低。因此,从成本与收益、风险与收益正比匹配的理性原则来讲,每个国家或每个地区的禀赋结构中的企业都对应了最优的价值链环节或者微笑曲线的某个位置。在不顾及禀赋结构约束的情况下,企业是不具备进入看上去更高的价值链环节或者微笑曲线更高的位置上的自生能力的。理性的企业是不会盲目地在没有禀赋条件的情况下攀爬微

[①]　对应各个层次的理论问题可参见付才辉(2016);Ju 等(2015);杨桂鞘(2010)。

笑曲线的。[①] 例如,目前主业做代工的台湾企业富士康因将其生产制造环节布局于全球劳动力成本洼地而大获全胜,长期位居微笑曲线高位的通用集团却连年巨亏。同样,政府也不要试图在资源禀赋条件不具备的情况下推动企业攀爬微笑曲线,尤其是在流动性很高的区域经济中,否则会适得其反。我在调研中就发现大量政府鼓励的攀爬违背比较优势的价值链的活动实际上大部分都流失去了外地,例如在一个只有全国平均收入水平的区县中,有很多企业也想升级研发,进行跨国跨区域销售,这些企业得到了当地政府的支持,但最后不少企业却去了更发达的省会城市或一线城市设立研发中心和销售中心,因为本地没有对应的人才队伍、技术知识经验及信息。所以,我们需要在传统的微笑曲线模型中引入禀赋曲线构造一个更加贴切的新结构转型升级模型。因此,政府在发挥因势利导作用时首要的出发点应该是促进本地企业自身难以积累或难以协调投资的禀赋结构升级,比如特殊技术人才、行业关键知识经验、超过企业能力的产业基础设施建设等。下面我们对结构转型升级过程中政府因势利导作用进行系统阐述。

(四) 政府如何有为:区域经济结构转型升级过程中政府的因势利导作用

我认为,新结构经济学其实是建议从官员或政府的具体的经济发展行为入手分析政府在经济结构转型升级过程中的因势利导作用的。[②] 那么政府具体有哪些行为呢?正如斯蒂格利茨在其教科书《公共部门经济学》开篇所描述的,从生到死,我们的生活总是受到无数形式的政府活动的影响,要定量描述政府活动是一项令人望而生畏的任

[①] 在2016年新结构经济学专题讨论会(冬令营)新结构智库专场上,来自业界有几十年从业经验并正在攻读金融管理博士的刘长征在学习新结构经济学后总结道:"人生如旅途,创业如修行,经常反省企业运筹的经验教训,总结创业过程中的管理实践心得,但常困惑于企业的创业发展之道。曾学习模仿过欧美、日本的先进管理方法和模式,发行过企业内刊杂志,推行过员工持股制度,成立过企业内部互助基金,探讨中国特色的管理方法可行与否。结论是没有最好的管理模式,只有更好的适者生存式的管理改进。反省企业发展中的两次重大失误,一是投资保温新材料项目引进意大利一套高科技生产线的决策失误,由于生产成本高,管理难度大,被产业集群模式发展的农民企业家打败收购;二是引进日本汽车服务行业著名连锁品牌黄帽子模式在中国华北地区合作,但在中国严重水土不服,造成投资失败,形成较大损失。过去反省总结,认为是管理失误或经营失败,但感觉没有抓住问题的本质和要害。近期用新结构经济学的比较优势,企业自生能力的分析逻辑再次剖析,感觉可能找到了问题的核心所在;这两次的失败首先是发展战略决策的失败,因为项目所需资源要素与我们企业的禀赋要素结构严重不匹配,不顾自身的约束条件急于求成,采取了赶超发展战略;而违背企业比较优势的发展结果就是企业自生能力的弱化甚至丧失,必然导致投资失败,想快速发展反倒停滞不前,换了三任管理班子,千方百计也无力挽回败局。发展战略决策的失败其实是根本的失败,管理层再努力也无济于事。而总结两大成功发展战略决策,一是电子产品分销代理业务,符合初创企业资本少、毛利低,但资金流动快、组织灵活、管理简单的特点,从而实现了企业的快速发展,积小胜为大胜,完成资本的原始积累和管理团队的磨合打造,使企业形成了初步的投资能力和经营管理能力;二是数次投资决策试错后董事会统一思想,确定集中优势资源在西北区域发展汽车品牌4S店的战略决策,此战略符合公司的人财物要素禀赋结构和比较优势,选择了环境熟悉、竞争较弱、投资成本偏低的西北区域市场作为发展主场,顺势而为,迅速扩张,经营大获成功,管理人员培养的速度甚至跟不上企业规模扩张的步伐。"(刘长征.知成一体,问道经济学——新结构经济学研读感悟[R/OL].北京大学新结构经济学研究中心微信公众号,2016-12-29.)

[②] 现在已涌现了很多研究官员与经济增长的文献,也已断定官员对于经济增长是重要的,但是其作用机制并没有论述清楚,因为这些文献大都侧重于官员的激励而非具体的做事内容。

务。斯蒂格利茨根据美国的情况将政府活动归为如下几类：提供法律制度；生产产品，如国防、教育、邮政等；通过补贴、税收、贷款和管制，影响私人部门的生产；从私人部门那里购买产品和服务，然后由政府提供给企业和家庭；再分配收入。关于这些政府活动的相关研究日益催生出了公共经济学、政府经济学及新政治经济学等相对成熟的学科。尽管如此，对于公共部门的合适的规模问题及政府的边界问题依然争论不休。经济学中最持久的一个信条是，产品的生产和分配主要依赖私人部门而非公共部门，这种经济组织可以带来有效的资源配置。但是，如果私人市场有效，那么为何还要政府发挥经济作用？对这一问题的回答很大程度上是规范方法，受到人们对市场失灵的认识的制约，即如果存在重大的市场失灵，如不完全竞争、不完全信息、不完全市场、外部性、公共物品和失业等，市场将不是帕累托效率，需要政府发挥作用，但有两个重要的限制条件——存在某种形式的帕累托改进和能够实现帕累托改进（斯蒂格利茨，2012）。当然，在分析方法上，除了这种强调政府应该做什么的规范分析之外，对政府作用的分析还包括强调政府实际做了什么，以及结果是什么的描述和解释。新结构经济学也采用规范和实证的方法，但只讨论结构变迁与转型过程中的政府作用，其他不相关的政府活动不在讨论的范围之内，如图 2-2 所示。

新结构经济学作为一个新的发展经济学理论体系，把结构引入现有的经济学的理论分析中以探讨政府和市场在经济发展、结构变迁过程中各自的作用，这种有结构的经济学理论所主张的政府的作用，自然不会完全等同于没有结构的、处于静态状况的经济学理论所主张的政府的作用，需要讨论在经济发展、结构转型的动态上，政府应该做的与稳态时做的究竟有什么不同，这些不同应该如何随发展阶段与经济结构的变化而变化（林毅夫，2016）。就像斯蒂格利茨对美国政府活动的归类那样，我们也可以对结构变迁与转型过程中的政府活动进行归类：首先，按照逻辑分类，政府要么是"不为"，即什么都没做，要么总做了些什么。其次，按照政府是否支持了违背比较优势的生产结构来分类，政府的行为要么是"乱为"，即支持了违背比较优势的生产结构，要么没有乱为。如果乱为，那么在这些违背比较优势的产业中的企业是没有自生能力的，必然存在内生的大量扭曲，需要采取渐进式改革的方式消除扭曲。因此，从这一点来讲，市场失灵并不是新结构经济学主张的政府干预的理由。为什么呢？因为按照新结构经济学的基本观点或者前述第一和第二个层次的诊断，任何国家或地区都存在三大类产业：失去比较优势的产业、远离比较优势的产业、潜在比较优势的产业。前两类不符合比较优势的产业中的企业是没有自生能力的，自发的市场不会进入没有自生能力的产业（因此第一波结构主义认为存在"市场失灵"），只有符合潜在比较优势的产业自发的市场企业才会进入，因此，从这个意义上讲市场失灵并不是新结构经济学所认为的产业政策的理由。再次，如果政府没有乱为，按照政府是否支持了符合潜在比较优势的生产结构来分类，政府行为要么是"无为"，即由于各种企业自身无法克服的制约使得即便符合要素禀赋结构的产业也不具有竞争力而需要政府来降低交易费用、协调基础设施投资、激励先驱者等，但政府却没有发挥应有的作用，要么政府是"有为"，即

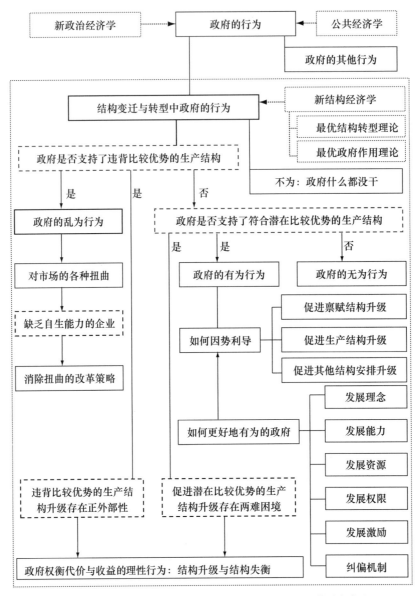

图 2-2　新结构经济学对结构变迁与转型中政府行为的分析框架

发挥了这些因势利导的作用,促进了符合潜在比较优势的产业的发展。因此,可以看到"无为"就是不作为,与"不为"还不是一个意思。除此之外,现实的情况可能非常复杂,还存在一些即便是违背比较优势的生产结构但其升级存在正外部性的情况,比如具有技术外部性的重工业与重工业赶超的扭曲,以及政府在促进潜在比较优势的生产结构升级时存在两难困境,比如潮涌现象与产能过剩问题,政府需要采取权衡代价与收益的理性行为。我们可以这样发问:市场能否自发地利用后发优势,如果不能,政府的介入方式超出了前述的理想的政府因势利导边界,会引发什么代价或带来什么收益,这就是我在林毅夫老师发展战略理论的基础上推进的发展战略的成本与收益框架,也是对图 2-2 中政府的理性行为类别的系统分析。①

　　大部分的产业政策争论似乎到此为止,即应不应该制定产业政策的问题。新结构经济学不但回答了这个问题——产业政策应该支持符合潜在比较优势的产业而不应该支持违背比较优势的产业,而且还提出了具体可操作的产业政策应该如何设计的思路方法。换言之,新结构经济学基本的政策主张"有效市场"和"有为政府"中,对"有为政府"应该如何有为,即如何发挥因势利导作用做了进一步的探究。前面我们概括了林毅夫老师所阐述的五类产业政策类型的划分(包括 GIFF 在内的产业政策框架)。在林老师的基础上,我们可以进一步在前一小节介绍的新结构转型升级框架中细化政府因势利导作用的诊断分析框架。这个框架与关注政府激励及政策制定过程的文献中的分析框架不同,我们更加侧重于政府的行为,或者具体来讲更加关注产业政策的行为方式或着力点,即政府在转型升级过程中的精准发力。事实上,2015 年 11 月 10 日,习近平总书记在中央财经领导小组第十一次会议上就明确提到产业政策要准。那么产业政策如何在持续的转型升级过程中精准发力呢?基于林老师五类产业类型的初步探索,还可以进一步从产业政策在前述转型升级模型中的各个环节的着力点出发将政府在转型升级过程中的因势利导作用概括到三个维度上去:政府在禀赋结构升级过程中的因势利导作用,包括针对企业自身难以克服的行业共同问题,如特殊人才培养和引进、融资难题的缓解、土地的供应、生产设备的改造和引进等;政府在价值链升级过程中的因势利导作用,包括针对企业自身难以克服的行业共同面临的如原材料供应和产品的销售、生产制造和服务提供、研发和品牌等环节上的瓶颈,政府协助企业克服这些瓶颈发挥的积极作用;政府在软硬基础设施升级中的因势利导作用,包括针对地区通用的交通、通信、能源及环保基础设施瓶颈,以及针对特定产业专用的特殊基础设施瓶颈,政府提供或协助企业克服这些瓶颈发挥的积极作用。需要注意的是,不同行业所需要的具体的政府因势利导作用是不尽相同的,政府的因势利导着力点也就不同,这与林毅夫老师阐述的五类产业类型的基本思想是一致的,甚至更加一般化和灵活,例如不同地区相同的产业在五类产业中的归类、具体的转型升级方向、因势利导作用的需求和方式可能差别极大。与此同时,这个转型升级过程中政府作用的因势利导框架本身就是动态的,因为转型升级本身是动态的,因此具体的因势利导作用也是动态的,是随着转型升级的过程而不断调整的。当然,这个框架也可以且需要纳入如何更好地提高当地政府发挥因势利导作用的能力这一问题,包括政府意识、政府能力、政府权限、政府(官员)的激励与动机等方面。我们智库研究也对应地从这些维度开发了一套针对政府的调查诊断问卷。然而,如前所述,这些都不是最重要的问题,因为有意愿、能力、权限和激励的政府也可能(正确地)干了错误的事,就像林毅夫老师常讲的好心干坏事,因此正确的政策本身才是最重要的。当然,现实中由于各种各样的原因都

---

　　① 相关的论文可参见付才辉(2014,2015,2016)。

存在各种政策偏差,所以纠偏机制同样是很重要的。[1]

三、结　语

至此,我初步介绍了新结构经济学的理论体系概貌及其在转型升级中的应用思路,当然我也只是新结构经济学的初学者,免不了"以其昏昏使人昭昭"。客观地讲,结构的引入使得理论更加高阶,因地制宜和因势利导的转型升级方法也需要结合现实具体情况而灵活应用,所以新结构经济学就显得比较难以理解和掌握,不过也正好反映出新结构经济学的与众不同之处。就我自己的学习体会而言,要转变根深蒂固的思维还是很难的,我是花了好几年学习林毅夫老师开创的新结构经济学的思想,深入田野调查才从主流理论的思维定势中转变过来的:在理论上,目前的主流经济学理论是给定生产结构(生产函数),求解最优的资源配置;而新结构经济学将其全部颠覆,给定资源最优配置(禀赋结构),求解最优的生产结构。在实践中,主流理论是以发达国家或地区作为参照,看发展中国家或地区缺什么或有什么做得不好继而加以改造;而新结构经济学也完全颠覆,从发展中国家或地区自身有什么(禀赋条件)出发,在此基础上把现在能够做好的(比较优势)做大做强,逐步实现发展。

毫无疑问,新结构经济学在理论上、在实践中的应用都是一场革命。然而,这场新结构革命才刚刚开始,我们呼吁更多的有识之士加入我们的行列,不断深化理论和实践,推动我国自主理论创新和学科建设,实现中华民族的伟大复兴。

参 考 文 献

[1] 付才辉.创建我国自主创新的新结构经济学学科:综述、架构与展望[J].经济学研究(季刊),2015,4.

[2] 付才辉.发展战略的成本与收益:一个分析框架——新结构经济学的目标、争议与拓展[J].南方经济,2014,1.

[3] 付才辉.金融干预的成本与收益:产能过剩与技术进步[J].当代经济科学,2015,4.

[4] 付才辉.经济结构及其变迁的价格理论[R].北京大学新结构经济学研究中心博士后出站报告,2016.

[5] 付才辉.市场、政府与两极分化——发展中国家收入分配的新结构经济学[J].经济学(季刊),2016,16(1).

[6] 付才辉.为增长而失衡——中国式发展的经验与理论[J].南开经济研究(双月刊),2015,6.

---

[1]　限于篇幅,更详细的具体细节内容可参见林毅夫和付才辉(2016)。

［7］付才辉.政策闸门、潮涌通道与发展机会——新结构经济学视角下一个最优政府干预程度理论［J］.财经研究,2016,6.

［8］Ju, J. , Lin, J. Y. , and Wang, Y. Industrial dynamics, endowment structure and economic growth［J］. *Journal of Money Economics*, 2015, 76.

［9］林毅夫,付才辉,王勇.新结构经济学新在何处［M］.北京:北京大学出版社,2016.

［10］林毅夫,付才辉.新结构经济学导论［R］.北京大学新结构经济学研究中心讲义,2016,2017.

［11］林毅夫,付才辉.新结构转型升级 MINI 案例集［R］.北京大学新结构经济学研究中心内部教学案例报告,2016.

［12］林毅夫,付才辉.新结构转型升级方法论［R］.北京大学新结构经济学研究中心内部研究手稿,2016,2017.

［13］林毅夫,付才辉.中国区域经济结构转型升级研究报告［R］.北京大学新结构经济学研究中心内部研究报告,2016.

［14］林毅夫,李永军.比较优势、竞争优势与发展中国家的经济发展［J］.管理世界,2003,7.

［15］林毅夫.论有为政府和有限政府［R］.北京大学新结构经济学研究中心内部研究手稿,2016.

［16］林毅夫.新常态下政府如何推动转型升级［N］.人民日报,2016-5-7,第 7 版.

［17］林毅夫.新结构经济学:反思经济发展与政策的理论框架［M］.北京:北京大学出版社,2014.

［18］阮建青,石琦,张晓波.产业集群动态演化规律与地方政府政策［J］.管理世界,2014,12.

［19］斯蒂格利茨.公共部门经济学（上册）［M］.北京:中国人民大学出版社,2012.

［20］杨桂鞠.代工企业转型升级:演讲路径的理论模型［J］.管理世界,2010,6.

第三章 地区比较优势与企业选址：
新结构经济学的一个微观应用

申广军

摘 要

选址是企业发展初期最重大的决策行为，影响企业选址的绝对优势因素已经得到了深入的分析，但是比较优势的作用尚未引起注意。本文以新结构经济学为基础，指出地区比较优势在企业选址中的作用，即企业选址要符合当地的比较优势，才能获得更好的发展。通过构建衡量地区比较优势的指标，本文提出一个可操作的一般化程序，可用于企业选址实践中。本文从企业选址的角度拓展了新结构经济学的应用，对企业选址决策中如何考虑地区经济环境提供了重要的分析准则。

关键词

企业选址 地区比较优势 新结构经济学

一、引言：新结构经济学概述

新结构经济学是林毅夫（2010）在其一贯提倡的"比较优势发展战略"的基础上提出的，其要点在于厘清政府与市场应该如何扬长避短，共同促进产业结构变迁，最终实现经济持续快速发展。新结构经济学认为，经济发展水平"是一条从低收入农业经济一直到高收入工业化经济的连续频谱"，经济发展本质上是一个技术不断进步、产业不断创新和结构不断变化的过程。因此，经济发展的关键在于，如何促进产业结构在这条连续频谱上快速演进。

不同历史阶段的经济思想为此提供了不同的答案。早期的结构主义理论（林毅夫称之为"旧结构经济学"）虽然正确地看到了经济结构在经济发展中的核心地位，但却错误地将结构刚性归咎于垄断、劳动力对价格的异常反应、要素流动受到阻碍等。因此，早期的结构主义理论建议发展中国家通过直接的行政手段（如扭曲价格、配给资源和财政补贴等）来优先发展先进的资本密集型产业，认为这才是产业结构升级的不二法门，一个典型的例子就是"大推进"理论。新结构经济学虽然也认为政府应当在产业结构调整中扮演重要角色，但是仍然坚持市场是配置资源最有效率的根本机制。新结构经济学认为这一过程中的产业结构具有内生性，最优产业结构——最能促进经济快速持续增长的产业结构——由经济体的禀赋结构（指各种生产要素的相对丰裕程度）决定。这是因为如果一个经济体的产业结构符合其资源禀赋决定的比较优势，那么它的生产成本就会低，竞争能力就会强，获取的利润和创造的社会剩余也就会多，因而积累资本的速度就会更快。这样，随着禀赋结构的转变，该经济体的产业结构也随之拾级而上，在经济发展水平的频谱上不断上移。

早期结构主义理论的失败并非偶然，然而经济发展思潮矫枉过正，以"华盛顿共识"为代表的新一轮经济发展理论几近彻底否定政府的作用，将经济发展置于市场力量的控制之下。"华盛顿共识"的政策实践也远没有取得骄人的成绩，许多快速发展的经济体被认为采取了违背"华盛顿共识"的政策，世界银行的《增长报告：持续增长和包容性发展战略》总结的成功国家的相似之处与"华盛顿共识"也相去甚远。新结构经济学与之最重要的差异在于，强调政府在产业结构变动中"因势利导"的作用。产业结构调整的过程中，先驱企业的尝试无论成败总能为其他企业乃至整个社会提供公共知识；单个企业在投资决策时不能将相关的基础设施内化，而改善基础设施对后发企业也具有外部性。基于许多类似的原因，新结构经济学认为政府应当适当地补偿外部性，协调或者提供基础设施，以促进产业结构升级。

对经济发展的不同看法意味着不同的政策建议，新结构经济学在财政、货币、金融、贸易等诸多领域都提供了独特的政策建议。与新结构经济学致力于研究国家发展战略的目标一致，这些建议也都是在宏观层面提出的。一个问题是，新结构经济学对企业经营与发展有何启示。毕竟，不同的产业结构不仅意味着不同的产业资本密集度，还意味着不同的最优企业规模、生产规模、市场范围、交易复杂程度及不同的风险种类，因此新结构经济学也与企业生产经营密切相关。但具体如何将新结构经济学运用于具体的企业实践，目前还没有文章探讨过。

本文从一项具体的企业决策——选址——出发，尝试将新结构经济学运用于企业实践中。根据新结构经济学的逻辑，当企业的要素选择与当地的要素禀赋一致时，企业能够以最低的成本进行生产，因而竞争力和盈利能力更强，进而发展更快。本文将发展一个可以检验这一理论假说的分析框架。如果这一假说是成立的，那就为企业选址提供了一种思路：不同地区禀赋结构不同，比较优势存在差异，企业应该选址在最符合自己产品特征的地方。因此，本文还能为企业选址决策提供理论支持。

本文的创新有以下几点。首先，本文将原本用于跨国分析的新结构经济学理论应用于一国内部不同地区之间的分析。这看似只是对新结构经济学分析框架的简单内推，实际上却涉及更复杂的考量。比如，林毅夫在使用新结构经济学进行跨国分析时，重点关注要素禀赋的比较优势,即目标产业对资本的要求与本国人均资本的匹配情况;然而在分析一国内部不同地区的比较优势时,要素禀赋比较优势的重要性下降,而技术比较优势和生产率比较优势变得更为重要——虽然在跨国分析时它们仅是要素禀赋比较优势的派生因素。其次,新结构经济学旨在回答这样一个问题:怎样的发展战略(尤其是产业政策)才能加快一国经济发展? 因此,这一理论是为政策制定者选择国家发展战略提供建议的,而本文的分析让新结构经济学更"接地气",即直接为经济活动的重要参与者——企业——提供选址决策的参考。

本文的安排如下。第二节简要综述企业选址理论,回顾以往研究企业选址的文章考察哪些因素,并提出本文的主要观点。第三节从要素禀赋、技术、生产率和产业发展阶段几个方面构建衡量地区比较优势的指标,为企业选址决策提供可量化的指标。第四节提供一个一般化的分析程序。最后第五节总结全文。

二、文献回顾

选址是企业发展初期最重大的决策行为,因而也是管理学、区域经济学和新经济地理等领域的重要研究课题。影响企业选址的因素很多,从杜能(Thünen)和韦伯(Webber)对农业和工业部门的古典区位理论开始,各种经济与非经济因素都逐步被纳入企业区位选择的影响因素;这些因素涉及不同的维度,大致可以分为地理因素、文化因素、政策因素和经济因素等(王芳芳和郝前进,2011)。本节将首先简要梳理这方面的文献,然后提出新结构经济学对企业选址的启示。

地理环境是最早引起研究者注意的影响企业选址的因素,这是因为企业作为一种经营实体,必定要安置于某一地理位置,并受其持续不断的影响。周伟林(2008)发现,当水力是主要动力来源的时期,世界各地的工业企业往往聚集于河边湖畔;同理,在海洋运输占据主导地位的今天,面向国际市场的大型企业往往在优良港口附近进行生产。也就是说,地理环境(包括资源、能源乃至气候条件等)可以直接影响企业的生产成本和运输成本,因而强烈地制约着企业的选址决策。与地理因素的直接影响相比,文化因素对企业选址的影响更为抽象和微妙。它可能通过企业家的个人特质来影响选址决策,比如王芳芳和郝前进(2011)观察到祖籍福建的台商会倾向于将企业选址在福建,而祖籍广东的港商则会倾向于选择广东;也可能通过企业自身特点施加影响,如企业更倾向于在与总部有相似文化背景(包括宗教信仰)的区域设立分支机构(Cheng and Stough,2006)。由于政策可以促进或者阻碍企业的运营和发展,政策因素对企业选址的影响也成为当前的研究热点之一。一个例子是最近几年逐渐受到重视的环境管制,王芳芳和郝前进(2011)发现环境管制强度差异虽然对内资企业影响甚微,但是对外资企业则有显著的影响。政府决策者也利用企业选址对政策的敏感性,出台各种各样的产业政策吸引国内外的投资,经济开发区就是这样的例子。开发区的土地使用和重大项目立项更容易得到国家的支持;开发区基础设施建设可申请中央财政贴息及各类税收减免政策;国家政策性银行、商业银行对符合条件的区内企业通过资本市场扩大直接融资的支持;开发区享有更弹性的外资审批和管理制度,更宽松的劳动契约制度等。[①] 这些政策吸引企业到开发区内进行投资,既节约了土地与基础设施等资源,也更有利于企业发挥外部性协同增长。

作为营利性的经济活动主体,企业在选址决策中对经济因素更为敏感。如 Cheng and Kwan(2000)强调了运输成本和劳动力成本对企业选址的影响;而 Holl(2004)通过构建可达性(accessibility)指标研究了市场规模对企业选址的影响,发现企业倾向于选择市场需求大的区域和城市。随着研究的深入,除了这些传统的指标,集聚经济对企业选址的作用引起了经济学家的兴趣:如刘修岩和张学良(2010)证明了企业区位选择中集聚经济效应显著存在,即一个地区的马歇尔外部性和雅各布外部性都对该地区期望进入的企业数量有着显著为正的影响;Guimaraes et al.(2000)发现服务业集聚经济更强地影响新企业选址。同样引起经济学家研究兴趣的还有外部性:如 Aharonson et al.(2005)发现一个地区的知识外部性可以帮助企业降低研发费用,从而提高竞争优势;周浩和陈益(2013)考察了 FDI 外部性对企业选址的影响,发现 FDI 的三种外部性(水平、前向和后向)对企业选址都存在显著影响,但是影响程度存在异质性,因企业规模和所有制而不同。

以上文献从不同角度考察了影响企业选址的因素,但本质上都是在绝对优势的框架下讨论的。也就是说,这些研究考察了一个地区具有哪些优势才能够吸引企业落户。这就隐含地假设,这些优势对不同企业的影响是同质的。然而事实并非如此,同样的优势对不同企业的影响差别迥异。比如,契约实施环境对国有企业与私营企业的影响可能是相反的:私营企业需要更好的契约实施环境,而国有企业更倾向于有利的政治关联。因此,企业在进行选址决策时应当考虑其与当地经济的契合程度,即比较优势,这也正是新结构经济学的核心所在。具体而言,只有在企业与当地的比较优势一致时,才能更好地应用当地具有价格优势的生产要素,借助当地已有的技术基础和生产率优势,最大限度地进行利润最大化的生产运营。

三、衡量地区比较优势

如何衡量比较优势显然是将新结构经济学用于选址决策的基础。在通过跨国研究讨论产业政策时,林毅夫重点强调了要素禀赋比较优势的重要性。由于资本流动性的限制,生产要素的相对丰裕程度影响了企业的生产成本,进而影响其盈利能力,并最终反映在一国经济的发展速度上。即使在研究一国内部不同地区的比较优势时,从长

---

① 关于这些政策优惠的信息,请参见《国务院办公厅转发商务部等部门关于促进国家级经济技术开发区进一步提高发展水平若干意见的通知》(国办发〔2005〕15 号),财政部《国家级经济技术开发区国家级边境经济合作区基础设施项目贷款中央财政贴息资金管理办法》,商务部《关于外商投资创业投资企业、创业投资管理企业审批事项的通知》等文件。

期来看,要素禀赋比较优势也是最根本的决定性因素;但是在相对较短的时期内,考虑到资本的流动性仍强于其他生产要素,因此有必要从更广的范围选择比较优势指标。在研究开发区对地区结构调整的作用时,李力行和申广军(2014)发现,要素禀赋比较优势仅在资本流动性较弱的地区发挥作用,而技术比较优势和生产率比较优势的作用范围更加广泛,效果更加显著。具体地,他们发现当某一开发区符合当地的技术比较优势和生产率比较优势时,该开发区能够更有效地促进当地经济的结构调整。因此,本文也从要素禀赋、技术和劳动生产率三个方面构建衡量比较优势的指标,并注意行业发展阶段与城市发展阶段的匹配是否也发挥着类似的作用。

(一)要素禀赋比较优势

虽然用于生产的经济要素有很多种,如自然资源、人口、资本、企业家才能等,但是在使用"比较优势"一词时,经济学家往往指资本和劳动两种要素的相对丰裕程度。本文也建议基于资本劳动比(capital-labor ratio,CLR)来衡量要素禀赋比较优势,构造方式如下:首先,计算行业 j 在"接近自由市场状态下"的 CLR_j,可以仿照 Song et al.(2011)使用美国制造业数据库(NBER-CES Manufacturing Industry Database)进行计算,并以此避免使用中国数据计算资本劳动比时产生的内生性。然后,将计算的 CLR_j 对应到中国的各个行业,比较 CLR_j 与所考察的地区 c 的人均产出 Y_c(作为人均资本的代理变量)即可,因为要素禀赋比较优势衡量的就是地区 c 的收入水平与行业 j 所要求的资本劳动比的差距。当二者比较接近时,说明地区 c 发展 j 行业具有要素禀赋比较优势;相反,二者的差距越大,地区 c 发展行业 j 越有可能违背了要素禀赋比较优势。但是 CLR_j 与 Y_c 应当多接近,理论上并没有明确的数值关系,因此需要借助回归分析来确定。实践中一个很方便的操作方法是首先将 CLR_j 与 Y_c 的比值作为要素禀赋比较优势的指标,即 $FCA_{jc} = CLR_j/Y_c$,然后将其一次项和二次项同时加入回归方程,通过回归系数来明确具体的数值关系。

(二)技术比较优势

为了衡量地区 c 是否具备发展产业 j 的技术底蕴,需要对比行业 j 的技术复杂度和地区 c 的技术基础。Hausmann et al.(2007)提出的构建技术复杂度指数(technological sophistication index,TSI)的方法应用最广。该方法假设一个国家的人均 GDP 越高,则它生产的产品技术含量也越高。于是,行业 j 的技术复杂度指数可以表示为:

$$TSI_j = \sum_i \frac{x_{ji}/X_i}{\sum_i x_{ji}/X_i} Y_i \qquad (3\text{-}1)$$

其中下标 i 表示国家。x_{ji} 为国家 i 出口的 j 行业产品价值,而 X_i 为该国出口总额,Y_i 为该国人均 GDP。行业 j 的技术复杂度指数就是出口该行业产品的所有国家的人均 GDP 加权平均值,权重为该行业出口额占出口总额的比重除以世界各国该比重之和。该指标越大,其对应产品更多地由高收入国家生产,内含的技术越多,技术复杂度越高。实践中计算 TSI_j 的出口数据可由联合国贸易商品统计数据库（UN Comtrade）获得，各国人均 GDP 数据则可从世界银行数据库获得。

地区 c 现有的技术基础被定义为该地区所生产的各行业产品的技术复杂度指数的加权平均值，其中权重为各行业的产出份额。即

$$TSI_c = \sum_j \frac{ov_jc}{OV_c} TSI_j \tag{3-2}$$

其中 ov_jc 为地区 c 行业 j 的产出，OV_c 为地区 c 的工业总产出；TSI_j 为通过式 (3-1) 计算出来的行业 j 的技术复杂度指数。通过比较行业 j 的技术复杂度和地区 c 的技术基础，可以看出地区 c 发展行业 j 是否具有技术比较优势。当 TSI_j 远大于 TSI_c 时，说明对地区 c 来说，行业 j 的技术难度较高；相反，如果 TSI_c 大于 TSI_j，说明地区 c 发展了一个比现有技术还要落后的行业。两种情况都被视为违反技术比较优势；只有 TSI_j 与 TSI_c 比较接近时，地区 c 发展行业 j 才符合技术比较优势。同样，实际操作中需要通过回归分析来确定具体的数值关系，此时仍然可以计算技术比较优势指标，即 $TCA_{jc} = TSI_j/TSI_c$，并通过其一次项与二次项来考察技术比较优势的作用。

（三）劳动生产率比较优势

劳动力素质是经济增长的重要决定因素之一，因此企业在选址时还应当关注劳动生产率比较优势对自己未来发展的影响。劳动生产率比较优势指标（productivity comparative advantage）可以使用中国工业企业数据库，通过以下步骤计算：

（1）计算地区 c 行业 j 的劳动生产率 A_{jc}；

（2）计算全国行业 j 的劳动生产率 A_j；

（3）计算二者的比值，即相对劳动生产率 $RA_{jc} = A_{jc}/A_j$；该指标数值越大，说明地区 c 行业 j 的劳动生产率在国内相对较高。但是该指标只适用于比较同一地区内不同行业劳动生产率的相对高低。

（4）为了比较不同地区的情况，还要将相对劳动生产率进行标准化。为此，首先计算地区 c 不分行业的劳动生产率 A_c 与全国劳动生产率 A 的比值，即 $RA_c = A_c/A$；然后得出地区 c 行业 j 的劳动生产率比较优势。即

$$PCA_{jc} = \frac{RA_{jc}}{RA_c} \tag{3-3}$$

劳动生产率比较优势 PCA_{jc} 衡量的是在地区 c 中，相对于其他行业，行业 j 的劳动生产率高于/低于全国平均水平的程度。具体来讲，PCA_{jc} 大于 1 意味着地区 c 行业 j 的劳动生产率在全国的排名，高于地区 c 整体劳动生产率在全国的排名，即地区 c 发展行业 j 具有劳动生产率比较优势。

（四）行业发展阶段

我国幅员辽阔，不同地区的发展水平存在巨大差距；同时，不同行业也处于生命周期中的不同阶段。行业发展阶段与地区发展水平的契合，也会影响企业的长远发展。

Lu 等(2013)根据行业雇佣人数的增减情况,将三位数制造业行业分为成熟行业(mature industries)和快速增长行业(fast-growing industries)。在此基础上,本文建议使用中国工业企业数据库进一步将制造业行业细分为三类:成熟行业、稳步增长行业和快速增长行业,分类依据是 1998—2008 年间各行业雇佣人数的变动情况。可以使用 2 倍作为划分"稳步增长行业"和"快速增长行业的"的界线。[①] 这样,雇佣人数下降的行业为成熟行业,雇佣人数增长 2 倍及以上的行业为快速增长行业,其他行业为稳步增长行业。通过比较行业的发展阶段与地区的发展水平(人均收入),可以构造虚拟变量来表示它们的契合程度,作为比较优势的另一个衡量指标。

四、企业选址实践:一般化的程序

企业与所在地比较优势的契合程度如何影响企业的发展,以及影响的程度仍有待实证研究给出具体的量化分析。最基本的方法是使用工业企业数据库(或者其他类似的微观企业数据)进行回归分析。工业企业数据库为国家统计局的调查数据,包括全部国有工业企业和规模以上(主营业务收入在 500 万元以上)的非国有工业企业样本,从 1998 年开始每年调查一次。这套数据包括了企业完整的财务报表,以及企业身份、所有制、企业规模、电话、邮编、地址等详细信息,因此足以胜任这样的任务。本文建议的一般化分析模型如下:

$$\text{Growth}_{ijc} = \alpha + \text{CA}_{jc}\beta + X_{ijc}\theta + v_{ijc} \tag{3-4}$$

其中 Growth_{ijc} 是位于城市 c 行业 j 的企业 i 的增长情况,X_{ijc} 是该企业的其他变量。我们重点关注 CA_{jc},即行业 j 在城市 c 的比较优势情况,由上一节提到的比较优势指标构成。比较优势对企业发展的作用由系数向量 β 给出,根据其显著性及大小,可以看到比较优势是否影响企业的发展,以及其影响的程度。比如,如果要素禀赋比较优势 FCA_{jc} 的系数 $\hat{\beta}_1 > 0$,而其二次项系数 $\hat{\beta}_2 < 0$,则可以断定要素禀赋比较优势在发挥作用,并且最符合比较优势的位置为 $\text{FCA}_{jc} = -\dfrac{\hat{\beta}_2}{2\hat{\beta}_1}$,即 $\dfrac{\text{CLR}_j}{Y_c} = -\dfrac{\hat{\beta}_2}{2\hat{\beta}_1}$。而一个潜在进入的企业可以通过 $\hat{\beta}_1 \text{FCA}_{jc} + \hat{\beta}_2 \text{FCA}_{jc}^2$ 来计算本企业如果在某城市选址,其在要素禀赋比较优势方面的"得分"情况。

需要指出的是,此处使用的比较优势指标并不仅限于上节提到的四类。不同行业、不同地区或者不同所有制的企业可能对地区比较优势的要求也不同,因此应当充分考虑其他因素的作用。例如,对外部融资要求较高的企业,需要考虑不同地区金融发展程度及金融结构与自身特点的契合程度;在考察资本劳动比的时候,有时候需要进一步对不同技能水平和教育程度的劳动力结构进行细分。此外,在分析样本的选

---

① 这基本相当于"十年翻一番"的整体经济增长速度,因此快于整体经济增长速度可以定义为快速增长的行业,而慢于该速度可以称为稳步增长的行业。

择上，也应当充分考虑企业可选地址的范围。具体而言，如果企业可在全国内选址，那么使用全国样本来估计式(3-4)并得出相应的系数向量 β 用以分析是合适的；但是当企业必须将新厂址安排在某省时，只使用该省的样本才能得到合适的系数(此时将式(3-4)中的城市层面变量细化为县区层面或许更有帮助)。

纳入比较优势指标的回归分析并不能提供一套选址决策的替代方法，因为回归分析是基于已经存在的企业来推断尚未建立的企业如何受到当地比较优势的影响。由于尚未建立的企业并没有提供其企业层面的信息，即式(3-4)中的 X_{ijc}，因此无法通过回归分析来推断企业建立后的预期增长情况。但是通过回归方程(4)确实可以为企业选址提供重要的信息，即企业(一旦建立)与当地比较优势的契合程度。也就是说，根据企业所在行业 j 和可能的选址城市 c，可以由 $CA_{jc}\hat{\beta}$ 计算企业在城市 c 的比较优势情况。在得到这一信息后，可将其与其他衡量绝对优势的指标结合起来，通过标准的企业选址方法进行操作。具体的操作方法在管理学已经得到详尽的研究，可参见陈荣秋和马士华(2013)等管理学专著的介绍，本文不再赘述。

五、结　　论

新结构经济学在已有经济发展思潮的基础上，主张遵循比较优势的发展战略，因为只有按照比较优势来发展，成本最低、竞争力最强、积累的速度最快，在经济发展水平的频谱上才可以快速持续提升。虽然新结构经济学是在宏观层面指导经济政策制定的，但是也为企业的生产运营提供了重要的启示，其中一点就是企业选址中应当如何考虑当地比较优势。不同的是，此时企业不仅要考虑要素禀赋比较优势，还要考虑技术比较优势、劳动生产率比较优势和所处产业发展阶段与当地经济的契合程度。本文按照经济学的传统，构建了能够衡量地区比较优势的一系列指标，并指出如何应用计量分析来量化地区比较优势对企业潜在增长的影响。计量分析的结果可以被直接整合到管理学中企业选择策略的经典方法中，作为企业选址的诸多考虑因素之一，按照标准的程序进行。

参 考 文 献

[1] Aharonson, B. S., Baum, J. A. C., and Feldman, M. P. Desperately seeking spillovers? Increasing returns, industrial organization and the location of new entrants in geographic and technological space[J]. *Industrial and Corporate Change*, 2007, 16(1): 89—130.

[2] Cheng, L., and Kwan, Y. What are the determinants of the location of foreign direct investment? The Chinese experience [J]. *Journal of International Economics*, 2006, 51(2): 379—400.

［3］Cheng，S.，and Stough，R. Location decision of Japanese new manufactur ing plants in China：A discrete-choice analysis ［J］. *The Annals Regional Science*，2006，40：369—387.

［4］陈荣秋，马士华. 生产运作管理［M］. 北京：机械工业出版社，2013.

［5］Guimaraes，P.，Figueiredo，O.，and Woodward，D. Agglomeration and the location of foreign direct investment in portugal［J］. *Journal of Urban Economics*，2000，47：115—135.

［6］Hausmann，R.，Hwang，J.，and Rodrik，D. What you export matters ［J］. *Journal of Economic Growth*，2007，12(1)：1—25.

［7］Holl，A. Manufacturing location and impacts of road transport infrastructure：Empirical evidence from Spain ［J］. *Regional Science and Urban Economics*，2004，34：341—363.

［8］Lu，Y.，Ni，J.，Tao，Z.，and Yu，L. City-industry growth in China ［J］. *China Economic Review*，2013，27：135—147.

［9］李力行，申广军. 经济开发区、地区比较优势和产业结构调整［J］. 经济学（季刊），2015，14(3)：886—910.

［10］林毅夫. 新结构经济学——重构发展经济学的框架［J］. 经济学（季刊），2010，10(1)：1—32.

［11］刘修岩，张学良. 集聚经济与企业区位选择——基于中国地级区域企业数据的实证研究［J］. 财经研究，2010，11：83—92.

［12］Song，Z.，Storesletten，K.，and Zilibotti，F. Growing like China ［J］. *American Economic Review*，2011，101(1)：196—233.

［13］王芳芳，郝前进. 环境管制与内外资企业的选址策略差异——基于泊松回归的分析［J］. 世界经济文汇，2011(4)：29—40.

［14］周浩，陈益. FDI外溢对新建企业选址的影响［J］. 管理世界，2013，12：78—88.

［15］周伟林. 企业选址智慧——地理·文化·经济维度［M］. 南京：东南大学出版社，2008.

应 用 篇

第四章　中国能跨越中等收入陷阱吗：基于工业化路径的跨国比较[*]

王丽莉　文　一

摘　要

改革开放以来，快速的工业化使中国在 35 年内由一个低收入的农业国，发展为中等偏上收入的工业国和全球第一的制造业大国。本文基于工业化路径的跨国比较，解密改革开放后中国经济快速增长的奇迹，并试图回答中国能否及如何跨越中等收入陷阱这个重要问题。我们发现中国改革开放后的工业化依次经历了作坊式乡镇企业异军突起(1978—1988 年)、规模化轻工业繁荣发展(1988—1998 年)和规模化重化工业重新崛起(1998 年起)三个阶段。虽然目前还没有完成第三个阶段，但却与日本和"亚洲四小龙"等成功跨越中等收入陷阱的国家和地区遵循着相同的"胚胎发育"式的市场和产业升级路径；相反，陷入中、低收入陷阱的国家则违背了以上工业化的发展顺序。其中，被困在中等收入陷阱中的东欧、拉美国家未能充分发展劳动密集型的轻工业，过早进入资本密集型的重化工业化阶段和金融业现代化，而被困在贫困陷阱中的非洲国家则严重缺乏启动规模化劳动密集型产业革命所必需的原始(乡村)工业化过程，盲目上马违背自身比较优势的现代企业和公共基础设施。因此，本文认为一个由下而上的、从农村到城市的、由轻工业到重工业的、立足于制造品(包括原始手工品)出口而不是农产品和原材料出口的工业化发展路径和产业升级政策，是一个国家或地区成功跨越各种收入陷阱的关键。

关键词

发展经济学　华盛顿共识　中等收入陷阱　新结构主义　新阶段论　胚胎发育理论

---

*　作者感谢 Jack W. Hou、Yu Luo 和 Helen Huixian Zhang 等在第 13 届 WEAI 会议上提出的宝贵建议，感谢在北京大学第三届新结构经济学夏令营中得到的有益建议，还感谢清华大学经济管理学院的郭美新老师分享 CEPII 数据，李源京博士生分享韩国制造业数据。

一、引　言

　　自改革开放以来,中国经济高速增长,从一个人均国民总收入(GNI)低于 200 美元的贫穷农业国成长为世界上最大、最具活力的制造业中心。2010 年,中国人均国民总收入达到 4 300 美元。按照世界银行定义的标准,中国成功晋升为一个中等收入国家。之后又经过 5 年中高速增长,中国成为一个中等偏上收入国家,人均国民总收入近 8 000 美元(World Bank,2016)。

　　中国在近一代人的时间内,几乎取得了西方国家几百年的工业成就,同时也在极短时间内产生了西方国家经历过的道德沦丧、腐败、环境污染、产能过剩等诸多问题。而且中国在顺利进入第二次工业革命后半期时突然面临长期性的全球经济大衰退,同时国内老龄化和人口红利消失等压力加大,经济增速开始放缓,进入"新常态"。因此,中国能否跨越中等收入陷阱成为一个重要的经济学问题。本文基于工业发展路径的跨国比较,解密中国工业化的内在逻辑,并试图回答中国能否及如何跨越中等收入陷阱这个问题。

　　中等收入陷阱这个概念最早出现在世界银行的研究报告中,指一些发展中国家或地区在达到中等收入水平后,经济增速下降,从而长期停滞在中等收入阶段,无法晋升为高收入国家的现象(Gill and Kharas,2007)。与之类似的概念是贫困陷阱或低收入陷阱。文献中目前没有界定收入陷阱的统一标准。一种可行的方法是基于一国人均收入与美国人均收入的比率,判断该国是否落入相对收入陷阱(Im and Rosenblatt,2015;Arias and Wen,2015)。

　　图 4-1 展示了一些经济体按链式购买力平价(chained PPP)计算的人均 GDP 与美国人均 GDP 之比(即相对收入)。数据显示,在 1960 年的 101 个中等收入经济体中,只有 13 个成功晋升为高收入经济体(Wang and Wei,2016)。其中,韩国、中国台湾地区等"亚洲四小龙"以快于美国的速度持续增长,成功跨越低收入和中等收入陷阱,晋升为高收入经济体。与之相反,在过去 60 年间,巴西、哥伦比亚、秘鲁等拉美国家,与罗马尼亚、土耳其等东欧国家,经济增长相对缓慢,人均 GDP 长期停滞在美国人均 GDP 的 10%—40%的范围内,落入了中等收入陷阱。与此同时,埃塞俄比亚、尼日尔、马拉维等非洲国家的人均 GDP 长期以来不足美国人均 GDP 的 5%,被困在低收入陷阱中。相比之下,在过去三十多年间,中国内地经济高速增长,成功由低收入国家晋升为中等收入经济体。同时,自 20 世纪 90 年代起,印度与越南的经济也迅速发展。在 2014 年,两国的人均 GDP 达到美国人均 GDP 的 10%左右,有望跨越贫困陷阱。

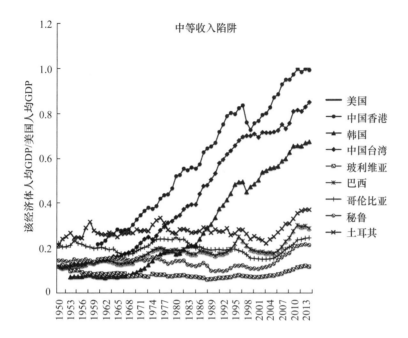

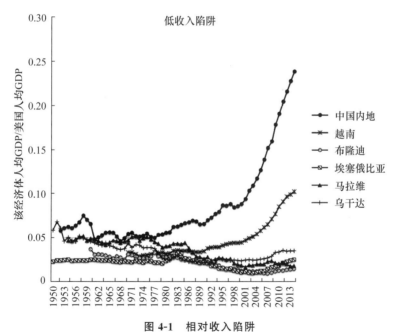

图 4-1　相对收入陷阱

数据来源:PWT 9.0 与作者的计算。

　　由此可见,跨越收入陷阱的关键是以高于发达国家的速度保持经济持续增长。那么,什么因素决定了经济增长呢? 现有文献对这个问题进行了大量探讨。一种主流的观点认为制度是决定经济增长的主要因素。穷国之所以得不到发展,是因为在榨取性制度下,私有产权不受保护,人们没有动力去生产、积累和创新(North,1991;Acemoglu *et al.*,2001;Rodrik *et al.*,2004)。然而,长期推行华盛顿共识并采纳民主选举制度的非洲和拉美国家,并没有实现经济的飞跃,反而被困在中等收入陷阱中。这对制度学派的观点提出了质疑。另一种观点强调自然条件的重要性。例如,Sachs(2003)认为非洲热带地区的生态条件是滋生疟疾的温床,对非洲国家的贫穷具有直接作用(也参见 Luo and Wen,2015)。Pomeranz(2009)在《大分流》一书中提出,英国最早发生工业革命,是因为其煤炭资源丰富。但这些观点既无法解释为什么地处热带的新加坡成为高收入国家,也与煤炭资源长期没有变化的中国在 18 世纪没能引爆工业革命但却在 20 世纪末引爆了工业革命的事实相矛盾。此外,Parente 和 Prescott(1994,2000)指出技术应用与发展的壁垒能够解释各国人均收入的差异。既得利益集团阻止来自外国公司的竞争与国际资本的自由流动,是发展中国家采用新技术的障碍。然而,这并不能解释为什么拉美国家在完全开放国内资本市场后仍被困在收入陷阱中。

还有一种流行的观点是,中国改革开放以来的高速经济增长不过是政府退出,实行了市场化和引进资本主义发展方式的结果。因此中国经济继续升级并逼近发达国家收入水平的必由之路是政府全盘退出一切经济领域,放弃产业政策,并将所有国家资源(包括土地、森林和稀土)及所有现存国企私有化。但是这一观点显然忽视了为什么充分实行市场化、私有化、资本自由化和去监管化的非洲国家、拉丁美洲国家、东欧国家和俄罗斯却增长乏力,长期陷在低收入或中等收入陷阱中。

与以上观点不同,林毅夫(1994,2012)认为一个有为政府的符合比较优势的正确产业政策在经济增长中起决定性作用。经济发展是有为政府与有效市场结合的结果。而有效市场经济体的经济结构内生于它的要素禀赋结构,持续的经济发展由要素禀赋的不断内生改变和与之相应的持续的产业升级和技术创新推动。但是市场失灵使得自由经济体无法自动按照要素禀赋结构发展,因而需要有为政府的提携,并制定正确的产业升级政策。因此政府不作为或采纳违背比较优势的产业升级政策是很多发展中国家落入收入陷阱的原因。林毅夫和付才辉(2016)从新结构经济学的视角出发,分析世界经济的结构转型升级模式,发现日本、韩国、新加坡与改革后的中国能够持续地推进本国的禀赋升级,并根据禀赋结构的变化,持续地推进本国的产业升级与结构变迁。而阿根廷、智利、墨西哥、秘鲁与委内瑞拉等落入中等收入陷阱的经济体的发展战略路径紊乱,并未成功实现持续的结构变迁。其中最为直接的表现是未能成功应对低成本国家和高收入创新国家的夹击。背后的原因则是未能进入前沿国家失去比较优势的产业并进行转型升级。

与林毅夫的理论互补,文一(2016)基于对人类历史上成功工业化国家的工业革命的内在逻辑的深入分析和跨国比较,指出工业化(劳动分工)的程度受制于市场规模,而中国迅速崛起的"秘诀"在于中国改革开放后已经发现了正确的市场培育方式,并一直遵循着与英国工业革命相同的由国家力量主导的"胚胎发育"式的市场创造路径,即从农村市场到城市市场,从劳动密集型产品市场到资本密集型产品市场,从轻工业到重工业,从低端制造业到高端制造业再到金融业,从高储蓄到高福利这样一个正确的、循序渐进的工业化顺序。在这个循序渐进的市场发育和工业化过程中,政府的作用相当关键。因为市场首先是个公共品,而且技术含量越高的企业其固定投资成本也越高,从而需要更大的市场才能够盈利,因此需要政府连续不断地与民间合作去开辟和创造越来越深厚、广大的国内外市场,疏通商贸经络,搭建基础设施,降低交易成本,从而为企业的产业升级提供有利可图的市场规模和商贸基础。因此,在国家力量主导下遵循正确的市场创造和市场发育顺序,实行符合一国比较优势的产业升级政策和发展战略,是经济保持长期、稳定、高速发展的关键。

本文以林毅夫(1994,2010)的新结构主义和文一(2016)的市场"胚胎发育"理论(新阶段理论)为框架,通过对中国工业化的解读与工业化路径的跨国比较,探究经济增长的决定因素,并回答中国能否及如何跨越中等收入陷阱的问题。

本文比较了中国在改革前后的工业化路径。在改革前,中国实行优先发展重工业的政策,轻工业与重工业的劳动力、资本与增加值之比均呈现明显的下降趋势。这种过早、过度重工业化,虽然有国际环境的逼迫,但违背了中国的市场条件和要素禀赋结构。政府通过赋予重工业企业垄断地位、给予其价格补贴等方式,优先发展重工业,降低了资源配置的效率(林毅夫等,1994)。而且重工业生产由于初始投入巨大,技术与资金门槛双高,回报周期和中间品产业链漫长,因而更加依赖规模化大生产才能自负盈亏,而规模化大生产又必须以规模化大市场为前提。所以重工业产品市场的发育必须等待和依靠发达的轻工业和基础设施拉动(文一,2016)。在缺乏这些市场条件的情况下大搞重工业必然导致巨大财政负担和亏损,即便有外国资金和技术也难以为继。这解释了改革开放前中国经济长期严重依赖资源出口和农业税去补贴重工业所面临的困境。

而改革开放后,中国工业化遵循了正确的市场发展顺序,通过建立"中国特色"市场经济,依次经历了乡镇企业异军突起(1978—1988年)、规模轻工业繁荣发展(1988—1998年)和重化工业化(1998年以来)三个阶段。整个工业化过程由最底层最基础的市场和大众基本需求来驱动,不是按华盛顿共识盲目搞金融自由化和重工业国企私有化,而是寻阶而上,并由前一阶段积累的资金和技术来支持下一阶段的产业升级。

接下来,通过工业化路径的跨国比较,我们发现成功跨越收入陷阱的日本与"亚洲四小龙"遵循着和中国内地大致相同的工业化路径,即依次经历了乡村(或以远距离贸易为目的的城市手工作坊)原始工业化、规模化轻工业与规模化重工业三个阶段。相反,落入收入陷阱的国家则没有遵循工业化的正确顺序。其中,被困在中等收入陷阱的东欧、拉美国家,未能充分发展本国的劳动密集型轻工业,过早进入重工业化阶段,从而使其后续发展难以为继。而被困在低收入陷阱的非洲国家则严重缺乏乡村原始工业化。因此,本文认为正确的市场发育顺序,与符合本国资源禀赋的渐进的产业升级,是成功跨越低收入或中等收入陷阱的关键。

本文结构安排如下:第二节解读中国工业化路径,第三节总结日本与"亚洲四小龙"的工业化路径,第四节讨论陷入收入陷阱的国家工业化路径中存在的问题,第五节对全文进行总结。

二、中国工业化的发展路径

(一)计划经济时期的经济结构特征

中国1978年开始的经济改革并不是中国近代史上第一次雄心勃勃地尝试启动工业化。在这之前,中国进行了多次工业化尝试,如第二次鸦片战争后在大城市办工业的洋务运动,辛亥革命后新共和政府通过全面模仿美国的政治制度推动工业化进程,中华人民共和国成立后模仿苏联的计划经济建设。所有这些工业化尝试的一个共同特点就是政府忽略了花大力气去推动乡村原始工业化和乡村市场经济建设。这些自上而下的工业化尝试纷纷遇到困境,原因在于都忽视了农村原始工业化这个过程。作为一个农村人口占总人口90%以上的农业大国,成功的经济发展需要自下而上地培育市场需求和企业组织,逐渐把农村剩余劳动力引入制造业,按次序进行产业升级。[①]

中华人民共和国成立后,中国选择了与苏联类似的工业化道路,利用农村浅薄的积累来优先发展重工业。自"一五"计划起,中国在苏联的帮助下,建立起了许多城市型工业中心,生产资本密集型产品和重工业产品,如汽车、钢铁、机床和大型精密仪器等。为了提高钢铁产量,"大跃进"时期,在"以钢为纲,全面跃进"的口号下,全国人民开展空前规模的大众炼钢运动,以支援重工业建设。这种优先发展重工业的政策一直持续到"文化大革命"结束,导致了轻工业与重工业的比率不断下降。如图4-2所示,1952—1978年,无论是中国轻工业与重工业的增加值之比,还是这两个产业之间的劳动力比率与资本比率都呈现明显的下降趋势,尤其在"一五"计划期间下降最快。虽然工业增加值在"大跃进"失败以后经过1961—1964年的短暂调整有所恢复,但是从劳动力和资本构成来看这种重工业化的趋势一直在继续。其中,轻工业与重工业增加值比率由最初的1.4降到1978年的0.6,劳动力比率从接近2.5降到0.5,固定资产比由0.5降到0.18。[②]

---

① 中华人民共和国成立初期的土地改革和后来的农村合作化运动都是关注中国农村发展的重要举措。农村合作化时期建立的社队企业,事实上成为邓小平改革开放后蓬勃发展的乡镇企业和原始工业化爆发的基础。但是由于计划经济时期政府缺乏对农产品和小商品市场的建设与推动,社队企业无法壮大,农村的原始工业化无法真正展开。参见:文一.伟大的中国工业革命[M].北京:清华大学出版社,2016.

② 不过轻工业与重工业的增加值比率在三年困难时期后的经济恢复调整时期有所回升。

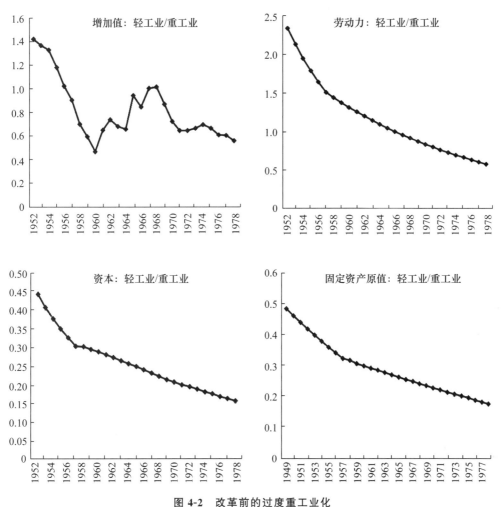

图 4-2 改革前的过度重工业化
数据来源:中国工业经济年鉴与作者的计算。

这种重工业优先的大推进发展战略是低效率的,也是难以为继的。第一,重工业属于资金技术密集型产业,初始投资巨大,只有依靠规模化大生产才能自负盈亏,而重工业规模化大生产需要规模化大市场和零部件规模化生产,以及相应交通运输网络配套,并保障原材料源源不断供应,才能积累和增长。在 20 世纪 50 年代,中国工业刚刚起步,国民经济各行业对钢铁、机床、汽车等重工业品的需求十分有限。不仅这些重工业的中间产品和零件无法在国内得到大规模的生产,而且原材料无法保障,最终产品的产出水平也往往低于其潜在产能的 30%—50%。这种企业若要盈利或哪怕仅仅覆盖投资和固定运营成本,市场规模也要相当大才行,至少要达到潜在产能的 70%—80%。而且上下游产业链需要相对完善并能够推向国际市场。中国当时占全国人口90%的"一无所有"的农民和广袤的"一穷二白"的黄土地不可能提供这种大市场和购买力及相应产业链。由于与发达国家的巨大差距和政治原因,当时面临的国际环境也导致我们不可能在国外找到这种大市场和购买力。

第二，计划经济时期中国资本积累有限，大力发展钢铁、汽车、机械制造等资本密集型行业，不符合中国的要素禀赋与比较优势。政府为支持重工业建设采取的价格扭曲体制，造成资源严重错配，大大降低了经济效率。一方面，政府对农产品课以重税，并压低农产品与原材料的价格，间接补贴重工业企业；另一方面，政府给予重工业企业垄断地位，甚至使用行政手段直接向大型重工业企业配给资源。这导致农业、轻工业部门投入严重不足，发展滞后，国民经济比例严重失衡（林毅夫，1994，2012）。

中国计划经济后来遇到的发展障碍表明，在落后国家采用资本密集型生产方式的大推进发展模式，无法在落后农业国家成功引爆工业革命（Gerschenkron，1962）。关键是，采取类似发展方式的一些市场经济国家同样陷入困境。例如，在进口替代政策下过早进入重工业化阶段的拉美国家就长期陷入了中等收入陷阱。

相反，自1978年起，中国不仅吸收了市场经济元素，鼓励竞争和优胜劣汰，更关键的是同时采取了从农村到城市、从轻工业到重工业的循序渐进的市场发育和产业升级顺序，从而成功引爆一场工业革命。因此，在具备一定市场竞争要素的前提下，正确的、按市场规模大小和发育速度展开的工业化顺序，由产业链低端向高端逐步拓展的产业升级步骤，与以开拓全球市场为目的的出口导向的发展战略相配合，是工业化成功的关键（文一，2016），也是一条符合中国自身禀赋比较优势结构变迁的道路（林毅夫，1994，2012）。

一个国家工业化（劳动分工）的程度和速度，受制于其市场规模。改革开放之初的中国虽然是一个大国，但是由于大部分人口生活在贫困的农村，所以市场十分弱小、分散、淡薄、有限。在这样的条件下，正确的工业化顺序应当是首先从剩余劳动力最多的农村开始，靠就地生产和周边销售手工和轻工产品来逐步培育市场，并推动全国统一市场的形成和出口，以换取外汇和机器。等利润积累多了，市场发展壮大了再来搞规模化大生产，从轻工业开始，最终实现重工业的飞跃，不仅自己生产轻工业消费品，也自己生产机器和其他重工业产品。而这正是中国改革开放后所走的工业化道路，也是当年的日本和"亚洲四小龙"所走的道路。

（二）改革开放后的中国工业化路径

1. 乡村原始工业爆发阶段（1978—1988年）

1978年改革开放后，乡镇企业在中国异军突起。一方面，农民为解决温饱问题，愿意寻找新的出路。另一方面，在中央政府的要求下，地方政府希望找到方法快速发展地方经济。以农村集体土地所有制为基础，村镇政府能够将土地、资金与农村剩余劳动力汇集起来，组建乡镇企业，进行小规模的小商品生产，但是以远距离贸易（而不是自给自足）为目的。毛泽东时期建立的农村合作社经验、社队企业模式、土地集体所有制、供销合作社、扫盲运动、地方社会治安和农村基础设施（原始公路、运河、机耕道、灌溉系统等）也大大降低了乡村原始工业化的制度成本，乡镇企业如雨后春笋般在广大农村出现，并快速增长。在 1978—1988 年这十年间，农村工业总产值从 515 亿元增加到 7 020 亿元，增长超过 13.5 倍；农村工业的就业人数从 2 800 万发展到 9 500 万，增长超过 3 倍；农民总收入从 87 亿元增加到 963 亿元，增长约 12 倍；乡镇企业总资本存量从 230 亿元增加到 2 100 亿元，增长超过 9 倍。[①] 这个爆发式增长为后来在全国城乡采纳劳动密集型规模化大生产创造了市场基础，使得农民工进城、解决工人吃住和依赖远距离销售的大工厂体制变得有利可图。

20 世纪 90 年代，乡镇企业继续以爆炸式速度增长。1992 年，乡镇企业部门已经吸收了从农业部门转移出来的约 1.03 亿劳动力，占乡村劳动力总数的 24.2%。其中，农村工业吸收的劳动力占整个农村非农产业吸收劳动力总数的 61.4%。从全国情况来看，在农村剩余劳动力的转移总量中，大约只有 12% 的劳动力转移到各类城镇部门，而约 88% 的劳动力在农村工业、商业和服务部门实现就业转移（陈吉元和胡必亮，1994）。到了 2000 年，乡镇企业职工超过了 1.28 亿人（不包括去城里打工的农民工），占到了中国农村总劳动力的 30%。农村工业总产值达到 11.6 万亿元，约是 1988 年的 16.5 倍、1978 年的 225 倍。1978—2000 年，扣除通胀因素后的乡村工业实际总产值年均增速为 21%，至少增长了 66 倍。如图 4-3 所示，乡镇工业产值占全国工业总产值的比重直线上升。1978—1997 年，乡镇工业总产值占全国工业总产值的比重由 10% 增长到近 60%。这一上升趋势直到 90 年代末才开始在现代轻工业和重工业的崛起中停止，让位于现代轻工业和重工业。

图 4-3　中国乡镇企业的发展趋势
数据来源：参考《中国工业经济统计年鉴》和《中国乡镇企业统计年鉴》整理。

乡村工业以食品、纺织、制鞋等劳动密集型的小型企业为主。以乡村纺织业的增

---

① 张毅，张颂颂.中国村镇企业简史[M].北京：中国农业出版社，附录表 1.

长为例,1985—1989 年乡村纺织企业平均每年增加 1 741 个,职工人数平均每年增加 33.06 万,按 1980 年不变价格计算的工业总产值年均递增 31.98%,固定资产原值年均递增 40%,产品销售收入年均递增 32.36%。其中,整个 80 年代江苏乡村两级的纺织工业产值年均增长 29.25%,其主要产品产量,棉纱提高了 7.84 倍,棉布提高了 3.22 倍,针棉织品提高了 5.23 倍,丝织品提高了 10.35 倍。[①]

文一(2016)指出这种根植于农村的原始工业化是农业国引发工业革命必不可少的步骤。因为以规模化生产为特征的工业革命,需要一个深入和大型的市场和营销网络来使得进一步的劳动分工和大型工业组织有利可图,并通过农产品专业化提高农村生产力,使得每个农村家庭中都有部分劳动力可以自由流动。因此在开始阶段,通过乡镇企业组织农民利用空闲时间"就地"生产低附加值的原始制造品和小商品,一方面可以提高"草根"群体的收入和购买力,从而培育市场,另一方面可以在不破坏粮食安全的前提下,吸引大量农村剩余劳动力投入到以分工协作为特征的工业生产中。乡村原始工业化不仅可以帮助农民跳出马尔萨斯陷阱,还可以积累人力资本,培育企业家,发展商业分销网络,以及产生地方政府收入用于本地基础设施建设,从而为第一次工业革命的启动创造条件。事实上所有欧洲老牌资本主义国家和北美地区国家都是在地理大发现以后通过农村原始工业化引爆自己的第一次工业革命的(文一,2016),但却是依赖海外殖民完成的,而且花了几百年时间(15—18 世纪)。

2. 劳动密集型规模化轻工业繁荣阶段(1988—1998 年)

经过乡村原始工业化头十年的爆发式增长,国内外市场迅速扩大,供应与分销网络逐步建立起来,市场竞争也日益激烈。因此,依赖流动农业人口的规模化大企业变得有利可图。20 世纪 80 年代末,中国开启了以规模化方式生产轻工业产品为特征的第一次工业革命,基于劳动分工原理的劳动密集型大企业在靠近运河与港口的沿海中小城市快速兴起(与英国 1750—1840 年的第一次工业革命相同)。由于轻工业资本密集度较低,乡村原始工业化时期积累的资本能够满足轻工业规模化生产的需求。1988—1998 年,纺织、服装、食品和家具等规模化轻工业部门高速发展,轻工业增加值由 2 413 亿元增长到 11 753 亿元,增长接近 5 倍;轻工业资本存量由 3 661 亿元增长到 12 898 亿元,增长超过 3.5 倍。[②]

因此改革开放后的头 20 年成为我国轻工业发展的黄金时期。由《中国工业经济统计年鉴》的数据统计发现,这一时期轻工业与重工业的工业增加值、固定资产原值、资本与劳动投入的比值均呈现急速的上升趋势(图 4-4),彻底扭转了改革开放之前 30 年的下降趋势。这个趋势直到完成以劳动密集型轻工业为主导的第一次工业革命后(即 90 年代中后期)才结束,中国才重新进入重工业起飞阶段。图 4-4 表明,1978—

---

① 纺织工业部政策法规司,农业部乡镇企业司联合调查组. 从苏浙鲁三省看我国乡镇纺织工业的发展[J]. 中国工业经济研究,1991,9:39—46.

② 1992 年之前没有轻、重工业增加值数据,用工业净产值数据代替。资本存量由作者按照永续盘存法估算。增加值为现价,资本存量为 1990 年不变价。

1998 年,我国轻工业增加值增长了约 14 倍,年均增长率约为 14%。经过价格调整,年均增长率约为 11%。1978 年轻工业劳动力人数为 1 828 万,1998 年增长到 4 017 万,增长约 2.2 倍。与 80 年代相比,90 年代轻工业行业的工业增加值比重大多上升,其中食品制造业、服装业、电子工业等增长明显。而除交通设备制造业外,重工业的工业增加值比重大多下降,其中化学工业、石油加工业与黑色金属加工业的下降最为明显。

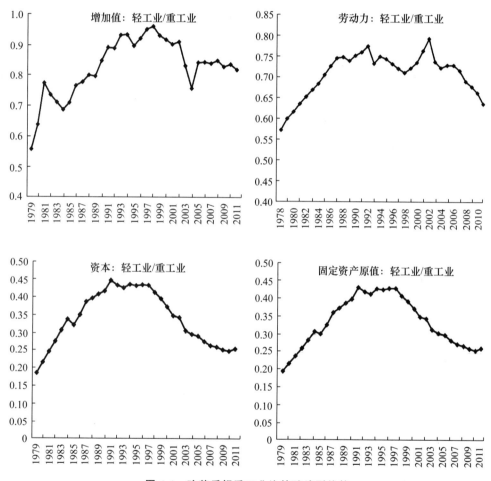

图 4-4　改革后轻重工业比的驼峰型趋势
数据来源:《中国工业经济统计年鉴》与作者的计算。

在这一时期,作为第一次工业革命旗舰产业的纺织工业的增长最为突出。1978—1988 年纺织工业(乡及以上)企业单位数由 1.21 万个增长到 2.73 万个,工业净产值由 148 亿元增长到 407 亿元。从乡镇小规模纺织企业,到大规模纺织工厂,纺织工业的生产能力迅速扩张。到 1997 年纺织业的工业增加值达到 1 117 亿元,与 1978 年相比,增长超过 7.5 倍。1978—1998 年,纱的产量由 232 万吨增长到 542 万吨,布的产量由 110 亿米增长到 241 亿米。化学纤维产量在 1988 年后增速大大提高。1988 年，化学纤维年产量是 130 万吨，1998 年增长到 510 万吨。此外，作为我国重要出口品，纺织纱线、布及其制品在 1984 年的出口额为 35 亿美元，1998 年增长到 128 亿美元。[①] 这些巨大变化都为中国加入 WTO 做了充分准备。1995 年，中国加入 WTO 的 6—7 年前，中国就已经超过美国成为世界最大的纺织服装品生产国和出口国，并且从此一直占据这个主导地位。相反，由于很多发展中国家没有做好这样的准备（即通过启动乡村原始工业化来引爆轻工业的第一次工业革命，然后再加入 WTO），因而在加入 WTO 之后没有任何起色，远远没有实现中国式的经济腾飞。

3. 重型基础设施建设和重化工业起飞阶段（1998 年以来）

轻工业部门的急剧膨胀终于为重工业的发展提供了条件和机会，因为其真正创造了重化工业产品所需的市场和资金积累。随着轻工业生产规模的扩大，工业企业对原材料、中间产品、机器及分销网络的需求日益膨胀，能源、动力、交通运输在 1990 年中期成为巨大发展瓶颈。但是有了在前一阶段积累的巨大市场和大量资金，使能源、动力与交通运输（工业"三位一体"）的产业升级便变得有利可图，从而在政府基础设施发展战略主导下开启了中国的第二次工业革命，开始进入重工业化阶段。根据《中国工业经济年鉴》数据统计，自 20 世纪 90 年代中期开始，轻工业发展相对于重工业达到顶峰（图 4-4）。1999—2011 年，我国轻工业与重工业的工业总产值、工业增加值、固定资产原值、资本与劳动投入的比值开始呈下降趋势，说明重工业开始起飞。而这次起飞与 20 世纪 50—70 年代计划经济时期的起飞有本质的不同：第一次起飞因缺乏市场基础而一直处于亏本经营状态；而第二次起飞则靠巨大的市场和国内储蓄托起，因而是可盈利且可持续的。

经过第一次（轻）工业革命，日益扩大的轻工业品贸易，对更大规模、更高效的交通运输方式产生了巨大的需求。自 20 世纪 90 年代起，我国通过高速公路建设，铁路提速与高铁建设，日益完善全国交通网络。如图 4-5 所示，我国航班里程、公路里程、铁路里程等在 20 世纪 90 年代末增速均大大提高。"八五"期间我国建成通车的高速公路年均为 324 公里，"九五"前三年达到年均 1 372 公里。到 1998 年年底，我国高速公路通车里程跃居世界第 8 位，在建高速公路项目总里程 12 600 公里。在 1996 年年底中国铁路运营里程达到 6.49 万公里，中国横贯东西、沟通南北、干支结合的具有相当规模的铁路运输网络已经形成并逐步趋于完善。1997—2007 年，中国共进行了 6 次铁路大提速，一批时速超过 200 公里的旅客列车投入运营。而且货运列车时速也超过了 120 公里，时速比 20 世纪 90 年代初提高了 3 倍左右。[②] 2008 年 8 月，中国开通运营第一条时速超过 300 公里的高速铁路——京津城际铁路，截至 2015 年年底，中国高速铁路营业里程达 1.9 万公里。中国已经拥有全世界最大规模及最高运营速度的高

---

① 数据参考《中国工业经济统计年鉴》。
② 中国铁道学会. 新中国铁路 60 年［M］. 北京：中国财政经济出版社，2010.

速铁路网。

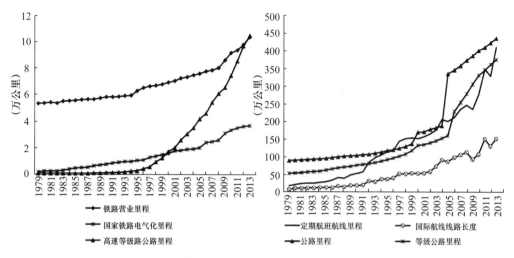

图 4-5　我国交通运输的发展
数据来源：国家统计局网站。

　　工业生产与远距离运输离不开能源的支持。家庭收入提高以后城市发展对能源的需求也急剧上升。图 4-6 展示了我国历年的能源生产量。1978 年，我国能源生产总量为 6.3 亿吨标准煤，1998 年能源生产总量大约翻一番，达到 13 亿吨标准煤。自90 年代末起，我国能源生产开始加速增长，达到一个新的拐点，标志重化工业的崛起。2015 年，我国能源生产总量达到 36.2 亿吨标准煤，约是 1998 年能源产量的 2.8 倍、1978 年的 5.8 倍。煤炭是我国的主要能源。进入新世纪后，电力、冶金、化学和建材等主要耗煤行业均保持较快的发展速度，拉动煤炭需求强劲增长，煤炭价格持续攀升。

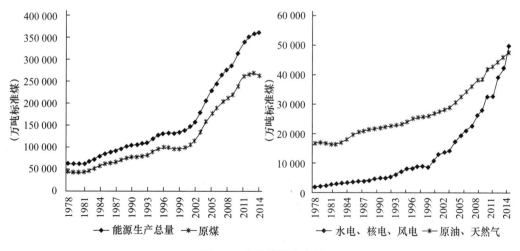

图 4-6　我国能源生产量
数据来源：中宏数据库。

从 2002 年开始,我国煤炭行业进入了一个史无前例的繁荣阶段,经历了"黄金十年"。我国原煤产量由 2002 年的 11.4 亿吨增长到 2012 年的 26.7 亿吨,年均增长 8.9%。此外,自新世纪起,水电、核电、风电这些清洁能源加速增长,在中国能源生产中的比重越来越大。2004 年,中国水电装机容量突破 1 亿千瓦,超过美国成为世界水电第一大国。2010 年,我国水电装机容量超过 2 亿千瓦。

自 20 世纪 90 年代末起,在能源、动力与交通运输的工业"三位一体"的建设高潮支持下,我国规模化重工业生产开始迅猛发展,引爆了以规模化方式生产基本生产工具和原材料(包括中间品和耐用消费品)为特征的第二次工业革命。1998—2011 年,重工业增加值由 11 943 亿元增长到 173 686 亿元,增长了约 14.5 倍,年均增长率为 22.8%;重工业资本存量由 31 099 亿元增长到 106 883 亿元,增长了约 3.4 倍[①];重工业劳动力人数由 5 639 万增长到 7 406 万。与 1997 年的工业结构相比,2007 年重工业行业的工业增加值比重大多上升,钢铁行业和交通、电气、电子与通信设备制造业的增长尤其显著。[②] 而多数轻工业行业的增加值与总产值比重下降,特别是食品工业与纺织业。

图 4-7 展示了我国汽车行业的生产与消费情况。1995 年我国汽车年产量约为 145 万辆,2012 年汽车年产量增长到 1 927 万辆,平均每年增长 16.4%。汽车行业的快速增长来自市场规模的扩大和重工业基础的增强。数据显示,中国民用汽车拥有量在 20 世纪 90 年代末开始加速上升。1995 年我国民用汽车拥有量约为 1 000 万辆,到 2012 年,民用汽车拥有量超过 1 亿辆。同时,我国汽车出口量不断扩大。1995 年,我国汽车出口仅 1.7 万辆,2012 年汽车出口增长到 101.5 万辆。

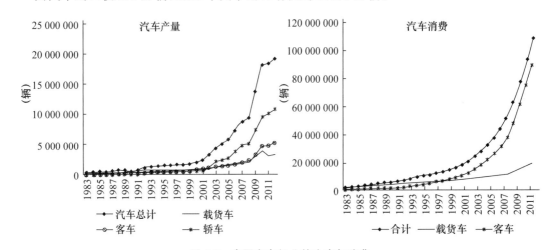

图 4-7 我国汽车行业的生产与消费
数据来源:参考《中国工业经济统计年鉴》。

---

① 资本存量由作者按照永续盘存法估算。增加值为现价,资本存量为 1990 年不变价。
② 中国电子工业的增加值份额在 1988—1998 年及 1998 年之后都是上升的。本文在第五节说明,电子行业本身是从劳动密集型到资本、技术密集型升级的。

　　回到图 4-4,我们看到 1978 年至今,我国轻工业与重工业重要经济指标的比值呈现重新工业化的特点和驼峰形发展趋势。即对 1978 年以前的工业化道路纠偏,首先发展轻工业,然后再用轻工业积累的市场、技术和资金条件发展重工业。这种建立在"以市场需求为导向"基础上的,从轻工业到重工业,从生活消费品到生产资料,从劳动密集产品到资本密集产品的升级过程符合工业化的内在逻辑。首先,能源-动力与交通运输的工业"三位一体"或其他重工业产品本身并不主要是最终消费品,而是工业中间投入品或工业生产的"工具"和"桥梁"。因此,没有对轻工业产品的大规模最终需求和远距离运输的驱动,重工业不可能靠自己盈利(文一,2016)。其次,在发展的初始阶段,资本积累不充分,无法支持资本密集型产品的大规模生产,相反,劳动密集的轻工业产品则与本国的要素禀赋与比较优势相符(林毅夫,1994,2012)。

三、成功跨越收入陷阱的国家:相似的工业化路径

　　与众多落入低收入和中等收入陷阱的国家不同,日本与"亚洲四小龙"先后成功追上西方发达国家。回顾这些国家崛起的历史,我们发现它们与中国遵循着相同的工业化路径,即依次经历了乡村原始工业化(或以远距离贸易为目的的城市手工作坊阶段)、劳动密集型规模化轻工业、资本密集型规模化重工业三个阶段。这种自下而上的、从农村到城市、从轻工业到重工业的渐进的经济发展顺序是日本与"亚洲四小龙"成功的关键。

(一) 为第一次工业革命助跑:乡村原始工业化

1. 日本的乡村工业化阶段(1600—1890 年)

　　日本乡村的原始工业化阶段在江户时代(1603—1868 年)就开始萌芽了。江户时代复制了中国唐宋时期的工商繁荣,国内政治环境稳定,农产品贸易和乡村手工制造业得到了相当的发展。被西方列强打开国门后的明治时代早期(1868—1890 年),在强政府主导下,日本乡村原始工业化开始加速,在明治中期基本完成以全国和世界贸易为目的的乡村原始工业化过程。

　　其实自 18 世纪早期起,由于农村地区靠近原材料、能源(水力)与来自农民家庭的廉价劳动力,日本的商业和制造业由城镇向农村转移。Smith(1988)发现,从 18 世纪到 19 世纪上半叶,日本 35 个城镇(castle town)的人口平均减少了 18%。相反,在这些城镇附近的农村地区,人口明显增长。制造业、贸易与运输业等的非农劳动所得是日本农村家庭重要的收入来源。日本 1843 年对长州两省的调查显示,农民净收入的55% 来自非农劳动(Smith,1988)。日本乡村制造业大多生产清酒、植物油、糖、丝绸、布、纸等生活消费品,企业一般规模很小,但乡村工业总产值是巨大的。在江户时代末期,城镇人口的衣食消费大多来自农村。例如,在 1859 年东京的丝绸产品有 90% 是农村生产的(Smith,1956)。商业与制造业在日本农村地区的发展,大大提高了广大

农民的购买力与对工业制成品的需求。例如,1875—1895 年,日本国内对布的需求增长了三倍,而农村地区的需求增长高于全国平均水平(Hayami,1998)。此外,乡村工业与商业的发展,能够培育农村劳动力的商业精神与工业技能,为日本开启工业化准备了充足的劳动力。

随着日本乡村工业的发展,劳动分工日益加强。到 18 世纪末,生产一般被分为几项独立的操作,由不同的家庭完成。日本的富农阶层(gono)是乡村工业的"企业家"或"中介人",与英国 17 世纪的商人阶层扮演着相同的角色。他们充分了解市场的需求,当地产品的特征,以及劳动力的质量(Smith,1956)。这些富农为农民提供原材料和生产工具,雇用农民"就地"生产,然后把制成品分销到全国和世界各地。这种"包工制"(putting-out system)在 18—19 世纪的日本乡村非常普遍。日本很多乡镇在"包工制"下,生产小批量、差异化的棉纺织品,供应国内外市场。例如,Iruma 是日本一个典型的农村纺织品生产地,从 19 世纪初开始生产棉纺织品,到 19 世纪 90 年代末发展为日本最大的棉纺织品生产区之一(Hayami,1998)。在此期间,当地的商人和批发商建立的分销网络发挥了重要的作用。

在明治初期,所有的乡村都会种植桑树和养蚕,并赚到不菲的收入。从这一点来看,丝绸不仅作为传统产品为农村地区带来了财富,而且通过赚取大量的外汇为日本的工业化做出重要的贡献。开始时商业化的农业生产持续高于工业(原始制造业)。直到 20 世纪 80 年代末,食品业一直领先所有制造业。但到了 80 年代后期,纺织品追了上来。纺织品中以生丝、丝织品、棉线、棉织品为主。比如 1860—1870 年,日本的棉线生产以手纺、粗纺为主。这一时期通过贸易,国外的棉布棉线进入日本,使得日本国内产量下降,此外此时的机械化生产几乎为零(即没有采纳英国、美国的纺织机和工厂体制)。1880 年后,用进口的半成品棉线在国内加工的棉布才开始超过进口的成品棉布。

从贸易结构上看,在 1865 年,出口贸易以生丝和茶叶为主,其中生丝占总出口的80%以上,茶叶占 11%左右,另外蚕卵纸占 5%左右。说明明治初期的日本主要靠出口原材料换取外汇。这些数字在两年后迅速变化:1867 年生丝占 45%,茶叶占 18%,蚕卵纸占近 20%。进口贸易在 1865 年以纺织品为主(占 85%以上),武器次之(7.6%)。其中棉纱占 6%,棉布占 31%,毛织品占 48%。说明这一时期日本的制造品主要靠进口。只有依靠产业升级,采用规模化方式从事纺织品的生产才能改变这一局面。

2. 中国台湾的乡村工业化阶段(1895—1960 年)

在日据时期,特别是一战后,为满足殖民宗主国(日本)市场的需求,中国台湾的制糖业、樟脑业等农副产品加工业得到发展。1920—1937 年,中国台湾地区食品加工厂由 1 462 家增长到 5 386 家,其职工人数由 2.8 万增长到 4.9 万。制糖业是食品加工业的主干,1914 年砂糖产值占食品加工产值的 79%,1929 年为 83%。[①]这一时期的加工厂一般为雇佣人数在 30 人以下的小型手工工厂。因为农村地区靠近原材料与廉价

---

① 张宗汉.光复前台湾之工业化[M].台北:联经出版事业公司,1980:25—26.

劳动力,工厂大多分布在农村地区。1930 年,中国台湾制造业就业在农村地区的比重为 62.6%,采矿业就业在农村地区的比重达到 84.8%(Ho,1979)。

　　从 20 世纪 50 年代起,中国台湾的乡村工业在土地改革后进一步繁荣发展。1962年,中国台湾农村家庭的非农收入份额为 25%。到 1975 年,非农收入份额增长到43%。1956—1966 年,中国台湾农村劳动力从事农业生产的份额由 73% 下降到54%,农村劳动力制造业就业的份额由略低于 7% 增长到 10%。在 1970 年,至少从事30 天非农劳动的中国台湾农村劳动力超过 120 万人,其中的 26.5% 从事工业和矿业,11.7% 从事商业,5.8% 从事家庭手工业。不在农场工作的农村劳动力达到 53.4 万人,其中超过 40% 从事工业和矿业。

　　1956—1966 年这十年间,中国台湾制造业职工人数共增长了 27.5 万,其中 46%被农村制造业吸收,农村制造业就业的年均增长率为 7.2%,远远高于城市地区。表4-1 列出了中国台湾就业人员的城乡分布。1956—1966 年,采矿业、制造业、建筑业、商业与交通通信业,都呈现了从城市向农村转移的趋势。其中,农村制造业就业占全部制造业就业的比重由 37.2% 增长到 41.3%。1971 年,农村制造业职工人数占全部制造业职工人数的比重达到 50%,农村制造业增加值占全部制造业增加值的比重达到 48%。[①]

表 4-1　中国台湾就业人员的城乡分布　　　　　　　(单位:%)

行业	1956 年		1966 年	
	城市就业比重	农村就业比重	城市就业比重	农村就业比重
采矿业	59.1	40.9	55.0	45.0
制造业	62.8	37.2	58.7	41.3
建筑业	65.1	34.9	63.7	36.3
公用事业	68.2	31.8	66.8	33.2
商业	61.1	38.9	59.4	40.6
交通通信业	69.2	30.8	67.1	32.9

数据来源:Ho(1979)。

　　与城镇工业企业相比,农村工业企业规模更小。例如,在 1971 年,中国台湾农村制造业企业平均雇用 15 个工人,而城市企业平均雇用 50 个工人。其次,农村工业企业大多生产食品、纺织、家具等劳动密集型产品,可以充分利用农村剩余劳动力,其增长速度快于城市地区。例如,1956—1966 年,中国台湾农村纺织服装业就业的年均增长率为 8.6%,而城市纺织服装业就业的年均增长率约为 5%。中国台湾的乡村原始工业化,以远距离贸易为目的,利用农村剩余劳动力"就地"生产。这有利于提高农民收入,发酵市场,培育企业家精神,以及发展供应链和商业分销网络,是中国台湾成功开启工业化必不可少的阶段。

　　[①]　Ho, S. P. S. Decentralized industrialization and rural development:Evidence from Taiwan[J]. *Economic Development and Cultural Change*,1979,9:77—96.

（二）第一次工业革命起飞及从规模化轻工业到重工业的渐进的产业升级

1. 日本的产业升级路径

明治后期，由于国内外市场的扩大，使得采用规模化生产有利可图，棉纺织业慢慢引入英国机器。比如，从 1888 年开始，日本的机械化生产的棉布开始直线上升，超过手工棉布，一举成为日本棉线生产的主流。

虽然棉线制造业是日本最早实现机械化的部门，但是其动力仍然是靠脚踏和水力，而没有急于引进蒸汽机。直到 1896 年（明治 18 年），即英国完成第二次工业革命时，才由丰田洁佐发明了动力织机。不过这还不是全机械化的织机，仍然有一部分需要人工完成。全工序的机械化是在 1926 年（大正 15 年）才发明出来的。

这一时期日本的区域分工开始形成：原棉、纺线、织布三个环节由不同地方和作坊完成。在大多时候，不是"工厂制"，而是纺织作坊能否成功运来原材料和开辟新销路，决定了棉纺织品生产地区的盛衰。因此地区内商人的行动力最为重要。棉纺织业的历史表明，商人活动和农户多元就业战略（在同一户家庭内将农业劳动和其他就业机会相结合的家族劳动力的分配战略）的结合，尽管不能归结为"工厂制"的确立，但可以说是日本产业发展的一大方向和特点。

事实上日本采取的是双轨发展战略：由市场力量来发展作坊式的"乡镇企业"和微循环商业网；同时由政府主导引进现代化机械纺织机器（建立国有企业），来给市场提供产业升级示范和学习机会。

开放经济下自下而上的产业升级战略不仅为日本带来了可观的国内储蓄和外汇储备以支撑政府从事的基础设施建设，而且为日本培育了一大批企业家和工匠，避免了很多发展中国家由于急于求成而走过的弯路，这实际上大大提高了日本经济发展的速度。

日本经济在循序渐进发展战略下的高速增长可以从对外贸易结构的变化中看出。从明治维新开始后的 25 年（1968—1895 年），如果把进出口结构分为食品、原料、半成品和成品，在出口方面，食品出口增长了近 5 倍，原料出口增长了约 2.5 倍，半成品出口增长了近 8 倍，成品出口增长了约 24 倍（这个增长是在 19 世纪 80 年代才开始爆发，其中每 5 年就增长近 3 倍）。进口方面，原料进口在 1868—1885 年间没有变化，然后在接下来的 10 年间（1886—1895 年）暴增了 20 倍（其中前 5 年是 4 倍，后 5 年是 5 倍），说明日本已经在此期间引爆了第一次工业革命，或者完成了工业革命的助跑阶段。从出口占比来看，1868—1870 年，食品和原料占出口比为 56%，半成品为 41%，成品为 1%。到 1895 年，食品和原料占出口比为 29%，半成品为 45%，成品上升到 23%。

在这 27 年（1868—1895 年）的出口结构变化中，开始时，生丝一直每年占总出口的 35% 以上，茶叶占 20% 以上，直到 1885 年后这一格局才开始发生重大变化。日本的对外贸易战略是与欧洲和美国抢占亚洲市场并利用这个巨大市场完成日本的产业升级。1893 年后日本对中国内地、朝鲜和中国香港的棉纺织品出口急剧上升。

日本棉纺织制成品的出口从 1886 年开始呈爆发式增长。比如棉纱出口在 1886

年以前为零，1890 年仅为 2 000 日元，但是到 1895 年暴涨到 41.3 万日元，增长了 200 多倍；棉织品出口在最后 10 年间（1886—1895 年）由 17.5 万日元暴增为 121.5 万日元，增长了约 7 倍。丝织成品出口也在这 10 年间暴增了近 12 倍，而在这之前的 10 年表现也毫不逊色，暴增了 14 倍。同时，棉花进口从无到有，在 15 年间（1881—1895 年）暴增了 37 倍，以至于仅棉花一项就在 1895 年占到日本总进口的 16%，是当年日本最大的一个进口项目，超过金属制品、火炮、汽船和机械制品的总和（11%）。

　　杂货出口，主要是中小制造业的出口产品，包括丝制手帕、火柴、陶瓷、油器、小型针织品、纽扣、麦秆编织物、花纹铺席、毛笔、阳伞等，也是主要的出口产品。也就是说，日本将英国早期发展阶段的积小溪为江河的发展战略发扬光大了，而这一战略也正是中国改革开放以后乡镇企业繁荣期间所走的道路。

　　日本的出口产品具有典型的"二重结构"：一重是面向欧美市场的由中小制造业生产的传统手工产品（如生丝、茶叶、陶瓷、漆器等），另一重是面向亚洲国家的由近代工厂或规模化制造业生产的近代产业产品（如火柴、棉纱、棉布、纺绸缎等）。这说明日本的规模产业当时还不具备与欧洲国家竞争的实力，因此利用亚洲市场来倾销产品，而同时依靠向欧洲市场出口劳动密集型产品获得外汇和机器。

　　日本在这一时期的主要进口结构在 19 世纪 80 年代中期开始有了显著变化，由之前的进口轻工制成品，如棉织品、毛织品等纤维产品和砂糖，转为进口原材料和重工业产品，如原料棉、机械、金属和石油产品等。比如日本在 19 世纪 80 年代中期向英国和欧洲国家大量进口金属和机械产品，包括机床、内燃机、发动机、电动机、纺纱机、织布机、造纸机、印刷机等。1885 年后，金属产品，如铁路建设材料、电信、电话线、铁锚等产品进口急剧增加。日本以前一直大量出口生丝（原料比较优势），但是后来却大量进口棉花（原材料），表明其棉纺织产业和技术的迅猛发展。这一系列的产业升级都是其第一次工业革命成熟和为第二次工业革命助跑的标志。

　　日本经济学界承认"在日本，领导工业化的并非如欧洲各国那样的重工业，而是纺织工业，并且与其说是具有规模经济性的大纺纱厂，不如说是缫丝业中的手工缫丝、纺织业中用手工织布机织布的中小工厂群"（《日本经济史 4：产业化的时代（上）》，第 24 页）。

　　纺织工业是明治时期日本的骨干产业。它在制造工业生产额中所占的比例在 1874 年（明治 7 年）已经达到 26%，1887 年为 32%，1897 年高达 41%。此后，比例有所下降，但至 1907 年仍然高达 32%，而其绝对值是一直飙升的，只不过其他产业同时也繁荣兴旺起来，因此纺织业占比有所减小。

　　日本对纺织品的进口也在整个第一次工业革命期间稳步下降，到 1900 年几乎下降为零。另外，从 19 世纪 90 年代的后半期开始，日本开始向亚洲邻国出口棉纱和布料纺织品，同时开始从印度大量进口棉花。也就是说，整个明治时期的工业化是一次轻工业革命，实现了从进口日用品到出口日用品的转变。在这一转变中，棉纺织品扮演着中心角色，恰如一个世纪前发生在英国的第一次工业革命一样。[①]

---

　　① 值得一提的是，1895 年的中日甲午战争赔款给日本提供了一笔完成轻工业革命所需的宝贵外汇。1905 年的日俄战争为日本进一步提供了满洲和朝鲜作为其掠夺原材料和倾销制成品的殖民地。

2. 韩国的产业升级路径

与中国的工业化路径类似,韩国工业化也遵循了从轻工业到重工业、从劳动密集型工业到资本密集型工业、从生活消费品到生产资料的渐进的产业升级。20 世纪 50 年代初到 70 年代中期,是韩国轻工业繁荣发展的阶段。自 20 世纪 70 年代末起,韩国开始进入重化工业化阶段。①

自 20 世纪 50 年代起,韩国优先发展投资少、技术设备简单、资金回收快的劳动密集型轻工业,如食品加工业、纺织服装业、皮革制品业、制鞋业等。到 50 年代末,由于发达国家劳动密集型制造业外移,国际市场对轻工业品需求旺盛。韩国政府抓住时机,积极推行出口导向型政策,利用其廉价劳动力优势,发展劳动密集型产品,推动出口。在国内外市场巨大需求的驱动下,韩国轻工业迅速发展壮大。

表 4-2 展示了韩国制造业的增加值结构。1953—1960 年,韩国轻工业增加值占全部制造业增加值的比重在 80% 以上,仅食品、饮料制造业与烟草加工业增加值就占全部制造业增加值的 30% 以上。1953—1973 年,纺织服装业、皮革制品业与制鞋业的增加值占全部制造业增加值的比重都在 30% 以上。根据韩国制造业的就业结构(表4-3),1961—1970 年,韩国轻工业劳动力占全部制造业劳动力的比重在 74% 以上。20世纪 60—80 年代这 20 年间,纺织服装业、皮革制品业与制鞋业的劳动力占比都在 30% 以上,是这一时期韩国最主要的生产与出口部门。1970—1980 年,纺织与皮革制品的增加值由 1 344 亿韩元增长到 19 765 亿韩元,不考虑价格变化,年均增长率达到 30.8%;纺织与皮革制品的总产值由 5 217 亿韩元增长到 101 454 亿韩元,年均增长率为 34.7%。1962—1980 年,纺织品的出口额由 221.6 万美元增长到 219 755.8 万美元,年均增长率为 46.7%;服装出口额由 111.8 万美元增长到 294 685 万美元,年均增长率为 54.9%。

表 4-2　韩国制造业的增加值结构　　　　　　(单位:%)

	1953 年	1960 年	1973 年	1980 年	1990 年	2014 年
轻工业	87.4	83.5	72.4	60.0	52.1	44.6
轻工业,除食品、饮料制造业与烟草加工业	47.0	50.1	54.7	46.7	42.2	38.6
传统轻工业						
食品、饮料制造业与烟草加工业	39.1	31.7	14.6	10.7	7.2	4.5
纺织服装业,皮革制品业与制鞋业	33.3	35.9	32.4	23.2	13.4	5.1
木材加工业,家具制造业,造纸业与印刷业	11.6	11.0	8.8	4.8	5.0	2.8
非金属矿物制品业	1.5	2.4	5.1	6.4	6.5	2.7
高技术轻工业						
电子工业,精密仪器制造业	0.6	0.8	8.4	12.3	17.4	28.0
重工业	12.6	16.5	27.6	40.0	47.9	55.4
石油与化学工业	5.4	7.1	13.1	19.9	14.3	15.6
金属及金属制品,机械制造业与交通设备制造业	7.2	9.4	14.5	20.2	33.6	39.7

---

① 由于缺乏早期数据,我们无法考察韩国在第二次世界大战之前经历的原始工业化阶段。

表 4-3　韩国制造业的就业结构　　（单位：%）

	1961 年	1970 年	1979 年	1990 年	2000 年	2006 年
轻工业	78.9	74.3	67.2	59.2	52.7	49.2
传统轻工业						
食品、饮料制造业与烟草加工业	15.7	13.6	8.8	7.3	6.9	6.8
纺织服装业，皮革制品业与制鞋业	35.4	31.1	30.4	22.7	16.4	9.4
木材加工业，家具制造业，造纸业与印刷业	13.4	10.9	8.0	7.5	7.8	7.8
非金属矿物制品业	6.0	5.9	4.8	4.4	3.3	3.0
高技术轻工业						
电子工业，精密仪器制造业	6.0	7.2	11.8	17.3	18.3	22.1
重工业	21.1	25.7	32.8	40.8	47.3	50.8
石油与化学工业	12.1	11.8	12.1	14.6	11.9	12.0
金属及金属制品，机械制造业与交通设备制造业	9.0	13.9	20.7	26.2	35.4	38.8

随着韩国轻工业生产规模的扩大，工业企业对原材料、中间产品、机器设备与交通运输网络产生了巨大需求。到 20 世纪 70 年代末，韩国已经积累了足够的资金和技术实力，因而具备了发展资本密集型重工业的条件。在韩国政府的支持下，金属及金属制品、机械制造业、交通设备制造业及石化工业快速增长。

从 1980 年到 1990 年，韩国工业增加值由 85 188 亿韩元增长到 486 409 亿韩元，不考虑价格变化，年均增长率为 19%。其中，交通设备制造业的增加值由 4 506 亿韩元增长到 58 845 亿韩元，年均增长率为 29.3%；金属及金属制品业的增加值由 8 816 亿韩元增长到 69 935 亿韩元，年均增长率为 23%。[①] 如表 4-2 所示，从 1973 年到 1990 年，重工业增加值占全部制造业的比重由 27.6% 增长到 47.9%。其中，金属及金属制品、机械制造业与交通设备制造业增加值占全部制造业的比重由 14.5% 增长到 33.6%。从表 4-3 的就业结构来看，在 1970 年，重工业劳动力占全部制造业的比重为 25.7%，1990 年增长到 40.8%，2006 年达到 50.8%。

在 60 年代初，食品加工业是韩国最主要的出口品，1961 年其出口份额为 36%（O'Connor，1995）。随后，纺织品出口快速增长，很快超越了食品工业。1962—1968 年，纺织品、服装与鞋包出口额在总出口额中的比重由 6.3% 上升到 40.7%。一直到 1980 年，纺织品、服装与鞋包的出口份额一直在 35% 以上，是这一时期韩国最主要的出口品。20 世纪 70 年代末，韩国建立了钢铁和造船产业，20 世纪 90 年代这些产品便晋升为韩国十大主要出口产品。韩国的半导体、计算机和汽车产业在 20 世纪 80 年代后期快速成长，20 世纪 90 年代便成为韩国十大主要出口产品。在 1975 年，韩国重工业品（不含石油及石油产品、电子电气）的出口份额为 13.1%，1980 年增长到

---

① 数据来源于韩国统计局。

24.3%,2000年达到41.6%。可见,韩国的主要出口产品也经历了从劳动密集型和轻工业产品到资本密集型和技术密集型产品的转变。

3. 中国台湾地区的产业升级路径

中国台湾地区在完成乡村原始工业化后的产业升级也遵循了从轻工业到重工业,从劳动密集型工业到资本密集型工业的循序渐进的路径。中国台湾轻工业的高潮是在20世纪60年代和70年代,80年代开启了重工业起飞,比中国内地早了约15年(中国目前的沿海城市,如上海和深圳,已经追上台湾)。

1953—1960年,中国台湾的农副产品加工业、纺织、玻璃、造纸、皮革等消费品工业得到迅速发展。在此期间,中国台湾工业生产年均增长11.7%,工业生产比例由19.7%上升到26.9%,而轻工业增加值占全部工业增加值的比重在70%以上(见表4-4)。在50年代末期,内需趋于饱和,中国台湾利用工资低廉的比较优势,借助国际市场对轻工业品需求旺盛的有利时机,积极推行出口导向的经济战略,继续发展劳动密集型消费品,推动出口。除传统轻工业品外,电子工业也开始发展。1961—1973年,中国台湾工业生产年均增长率为16.4%,出口贸易由1.64亿美元增长到44.83亿美元,工业制品在出口贸易额中的比重由32.3%增长到84.6%。

表 4-4　中国台湾制造业的增加值结构　　　　　　　　(单位:%)

	1953 年	1960 年	1980 年	1990 年	1996 年
轻工业	78.6	73.4	57.4	52.6	49.2
传统轻工业					
食品、饮料制造业与烟草加工业	33.1	31.7	13.1	10.7	9.0
纺织服装业、皮革制品业与制鞋业	23.9	16.4	17.4	12.6	9.1
木材加工业,家具制造业,造纸业与印刷业	13.3	13.7	8.0	7.0	4.7
非金属矿物制品业	4.1	8.0	4.9	4.6	3.9
高技术轻工业					
电子工业,精密仪器制造业	1.1	2.1	14.1	17.8	22.5
重工业	21.4	26.6	42.6	47.4	50.8
石油与化学工业	15.4	13.3	22.2	21.6	23.4
金属及金属制品,机械制造业与交通设备制造业	6.0	13.3	20.3	25.8	27.3

在中国台湾工业化初期,与农业关系密切的制糖、菠萝罐头等食品加工业增长最快。1952—1959年,食品工业就业占全部工业就业的比重保持在20%以上,是这一时期最大的工业部门(见表4-5)。1952—1969年,食品工业增加值在全部工业中的比重最大。纺织服装业因其充分利用劳动分工与剩余劳动力的特性,在工业化过程中发挥着重要作用。1947年,中国台湾纺织服装业就业占全部制造业就业的比重仅为

5.46％。到 1952 年，纺织服装业的就业比重增长到 20.73％。1960 年，纺织服装业的就业比重达到 25.02％，超过食品工业，成为最大的工业部门。1970—1984 年，纺织服装业增加值占全部制造业增加值的比重最大，平均在 15％以上。1952 年，纺织服装业的出口额占全部出口额的比重仅为 0.71％，到 1970 年，纺织服装业的出口比重增长到 31.71％。1960—1970 年，纺织服装业的平均出口比重为 20.29％。

表 4-5　中国台湾制造业的就业结构　　　　　　　（单位：％）

	1966 年	1975 年	1981 年	1990 年	2000 年
轻工业	72.3	67.5	66.6	56.9	54.2
传统轻工业					
食品、饮料制造业与烟草加工业	12.7	10.1	6.7	5.5	4.7
纺织服装业，皮革制品业与制鞋业	21.5	25.2	21.9	16.7	11.9
木材加工业，家具制造业，造纸业与印刷业	11.6	9.9	11.5	8.9	7.6
非金属矿物制品业	8.8	4.9	4.3	4.3	3.6
高技术轻工业					
电子工业，精密仪器制造业	11.7	13.1	16.2	21.5	26.4
重工业	27.7	32.5	33.4	43.1	45.8
石油与化学工业	13.1	16.2	13.2	17.4	16.1
金属及金属制品，机械制造业与交通设备制造业	14.6	16.3	20.2	25.7	29.7

数据来源：Balassa(1971)；Fields(1985)；CEPII 数据库。

由于消费品工业生产规模扩大，对原材料、零部件、能源与机器设备的需求急剧增长。到 20 世纪 70 年代中期，中国台湾积累了资金和技术实力，居民储蓄与外汇收入都有了较大增长，已具备了发展资本密集型工业的条件。中国台湾适时推动中上游工业发展，逐步建立和发展了钢铁、机器制造、交通设备制造、石油化工等重化工业。1974—1981 年，中国台湾工业生产年均增长 14.1％，重工业的增长速度大大超过轻工业。如表 4-5 所示，1960 年，中国台湾重工业增加值在全部工业增加值中的份额只有 26.6％，1980 年增长到 42.6％，1996 年达到 50.8％。从表 4-5 的就业结构来看，1975—2000 年，重工业就业比重由 32.5％增长到 45.8％；其中，金属及金属制品、机械设备与交通设备制造业的就业比重由 16.3％增长到 29.7％。1981 年，机械、钢铁、化学品和石油炼制品在出口总额中达到 32.3％。

4. 新加坡的产业升级路径

新加坡没有农村，但是独立以后也是靠手动作坊起家，甚至在 20 世纪 60 年代还主要靠生产和出口假发来进行原始积累。在政府的产业政策指导下，新加坡逐步从手工作坊升级为劳动密集型规模化轻工业，再到重工业和金融业。伴随着新加坡从轻工业到重工业的产业升级过程，电子工业成为其支柱产业，而且电子工业也经历了从生产消费型产品到投资型产品,从劳动密集型产品到资本、技术密集型产品的转变。

新加坡电子工业的成长可以分为三个阶段(见表 4-6)。第一阶段,1960—1980年,新加坡利用廉价劳动力优势,生产简单的消费类电子产品,如电视机、收音机等。在这一时期,电子工业是劳动密集型的,因此电子工业就业快速增长。电子工业职工人数的年均增长率在 60 年代为 24.6%,在 70 年代为 20.3%。到 1980 年,电子工业职工人数超过 7 万,占制造业就业人数的 1/4 以上。随着新加坡劳动力成本上涨,自1980 年起,电子工业开始向资本、技术密集型转变。第二阶段,1980—1990 年,电子工业的就业增长率下降到 5.5%。到 20 世纪 80 年代末,电子工业职工人数增长到 12.3万,占制造业总劳动力人数的 35%。第三阶段,1990—1999 年,电子工业的就业出现负增长,但工业增加值的年增长率仍高达 11.2%。这一时期,电子工业以资本、技术密集型为主,劳动生产率年均增长 13.1%,高于其他制造业部门。1996 年,新加坡成为世界第三大电子产品出口国。在 1999 年,新加坡电子工业的增加值接近 GDP 的10%,超过制造业增加值 44%,电子产品出口占总出口的 60% 以上,电子工业私有部门的研究与开发(R&D)投资占全国私有部门 R&D 投资的 55%。

表 4-6　新加坡电子工业的增长　　　　　　　　　　　　　(单位:%)

年均增长率	第一阶段		第二阶段	第三阶段
	1960—1970 年	1970—1980 年	1980—1990 年	1990—1999 年
总产值	28.7	38.0	18.0	10.5
增加值	28.8	32.6	16.5	11.2
劳动力	24.6	20.3	5.5	−1.6

数据来源:Wong 和 Ng(2001),表 13.1。

从产品结构来看,在第一阶段,新加坡吸引了飞利浦、松下等外商投资,依靠廉价劳动力,从事音频视频设备的加工装配。自第二阶段起,新加坡主要生产计算机及其外围设备,其增加值在 1980—1990 年年均增长率约 40%(见表 4-7)。新加坡成为磁性硬盘驱动器、喷墨打印机、光盘与多媒体声卡等资本、技术密集电子产品的最大生产国。其中,20 世纪 80 年代末到 90 年代中期,新加坡生产了全世界超过一半的磁性硬盘驱动器(Wong,1999)。此外,在 70 年代,新加坡主要从事劳动密集型的半导体装配与测试业务。自 90 年代中期起,在政府支持下,新加坡发展资本密集型的半导体晶片制造。因此,半导体行业的劳动生产率在第三阶段大大提高。显然,新加坡的电子工业经历了从劳动密集型到资本、技术密集型的升级过程。作为支柱产业,电子工业带动了上下游产业链发展,推动了新加坡快速实现工业化与经济增长。

表 4-7 新加坡电子工业的结构演变 （单位:%）

行业份额	1970 年	1975 年	1980 年	1990 年	1998 年
消费类电子产品	100	30.6	38.8	17.7	3.7
电子元件	0	69.4	54.4	35.2	27.7
计算机与外围设备	0	0	5.4	42.3	54.7
电信及其他产品	0	0	1.2	4.8	13.9

注:消费类电子产品包括电视等音频视频设备;电子元件包括半导体、电容、电阻、连接器与电路板(1990 年之前以装配为主);计算机与外围设备包括计算机,数据处理设备、磁盘驱动、打印机等;电信及其他产品包括通信设备与电子防盗系统。

数据来源:Wong 和 Ng(2001),表 13.3。

四、困在收入陷阱中的国家:工业化路径中存在的问题

我们的研究发现,陷入中等收入陷阱的拉美、东欧国家,与长期被困在贫困陷阱中的撒哈拉以南非洲国家一样,都没有遵循合理的工业化路径。其中,拉美、东欧国家在没有充分发展本国的劳动密集型工业的情况下,过早进入重工业化阶段;而撒哈拉以南非洲国家则严重缺乏乡村工业化。在拉美地区,由于自上而下建立的重工业缺乏规模化市场基础与禀赋比较优势,这些拉美地区国家的发展难以为继,财政赤字严重,而在后来华盛顿共识指导下的经济改革中都发生了"过早去工业化"现象(premature deindustrialization)(Rodrik,2016),和"去国家能力"现象,因而长期被困在中等收入陷阱。

(一) 违背"胚胎发育"的产业升级与中等收入陷阱

Gerschenkron(1962)通过对德国、俄国等国家 19 世纪经济发展的特殊经验进行比较分析,提出在落后国家动用国家银行向资本密集型生产方式跳跃的发展理论。由此衍生出的进口替代政策和"大推进"理论,令许多发展中国家陷入困境。尤其在第二次世界大战以后,一些拉美国家和亚洲国家采取全面进口替代政策,封闭和限制本国产品的世界市场,由国内生产取代消费品尤其是重化工业品进口。

虽然日用消费品的进口替代战略相对合理,因为这类产业投资少、技术设备简单、资本回收快。然而,即便这样也需要依靠国际大市场。而拉美的进口替代战略同时把国际市场封闭了,使得消费品生产的扩张受限于国内市场的规模。相对比的是,在 20世纪 50 年代末,韩国、中国台湾等亚洲国家和地区开始转向出口导向型战略,利用国际市场对廉价生活消费品旺盛的需求发展劳动密集型轻工业。这一出口导向的进口替代战略不仅大大扩大了产品市场,同时通过激烈的国际竞争训练了企业组织和管理能力,刺激了企业的技术更新。

与此同时,大多拉美国家还同时采取了对耐用消费品、中间产品、机器设备等资本

密集产品的进口替代。而这些产品需要的市场规模更大,资金和技术门槛更高。由此,在劳动密集型轻工业没有得到充分发展的情况下,拉美国家过早进入重工业化阶段。

过早开始重工业化不符合经济发展的内在规律。重工业往往需要巨大的固定资产投资,因而只有大规模生产才能降低成本、有利可图。然而,在工业化初期,有限的市场需求与资本积累并不足以支持重工业的规模化生产。首先,重工业品并不是最终消费品,而大多是中间产品或生产工具。只有当消费品生产达到一定规模后,才能产生对重工业品的巨大需求。其次,资本密集型的重工业与一国在工业化初期资本稀缺、劳动力丰富的要素禀赋不符。为了支持重工业的发展,政府可能会利用行政手段将资源分配到大型重工企业,造成资源错配,极大地降低了经济效率。最后,重工业产品比轻工业产品更加需要国际大市场的支撑,而这对产品质量和技术竞争能力的要求十分苛刻,对于连轻工业都没有做好的拉美国家来说是不可能具备这种竞争能力的。所以拉美国家的进口替代发展战略必败无疑。

让我们把拉美国家的产业升级同亚洲"小龙"进行一个比较。数据显示,1963—1969 年,韩国出口导向型劳动密集型制造业的年均就业增长率高达 11.7%。相反,在 20 世纪 60 年代,继续实行内向型进口替代战略的拉美国家,就业几乎没有增长,但资本产出比大大提高。1960—1969 年,中国台湾与韩国的平均资本产出比约为 1.7,而危地马拉、厄瓜多尔、巴拉圭的资本产出比达到 3,玻利维亚、哥伦比亚、秘鲁的资本产出比达到 3.5(Balassa,1971)。1962—1970 年,韩国制造品总出口额的年均增长率高达 67%,非耐用消费品出口额的年均增长率高达 75.7%。相比之下,在这一进口替代的黄金时期,拉美国家的出口增长远远低于轻工业品出口导向的韩国。其中,表现比较好的墨西哥在 1962—1970 年制造品总出口的年均增长率为 11.8%,但非耐用消费品出口的年均增长率仅为 5.8%。智利是所有拉美国家中表现得最为出色的国家,1962—1971 年其制造品出口的年均增长率为 13%,非耐用消费品的年均增长率为 18%(Ranis,1981),不过这个出色表现与韩国和中国台湾也没法比。

图 4-8 展示了重工业增加值份额的跨国比较。工业分行业增加值数据来源于 CEPII 数据库,人均实际 GDP 数据来自于 PWT 9.0。我们以韩国为基准,比较各国的重工业份额。其中,重工业包含金属及金属制品业、机器制造业、交通设备制造业与石油化工业。

1970—1990 年,由于有了雄厚的轻工业基础,韩国现价重工业增加值在全部制造业中的份额由 28% 上升到 47.9%。与之相比,在相同收入条件下,不重视轻工业出口的众多拉美与东欧国家的重工业增加值份额,则比同收入水平的韩国要高 5% 以上。其中,巴西(1963、1990)、厄瓜多尔(1990)、玻利维亚(1980)、墨西哥(1989)、委内瑞拉(1980)、阿根廷(1985)、保加利亚(1997)、波兰(1981)、波黑(1991)、土耳其(1981)与阿塞拜疆(2001)的重工业增加值份额比同收入水平的韩国高 10% 以上;阿塞拜疆(2005)、埃及(1991)、委内瑞拉(1980)、厄瓜多尔(1994)、秘鲁(1985)与玻利维亚

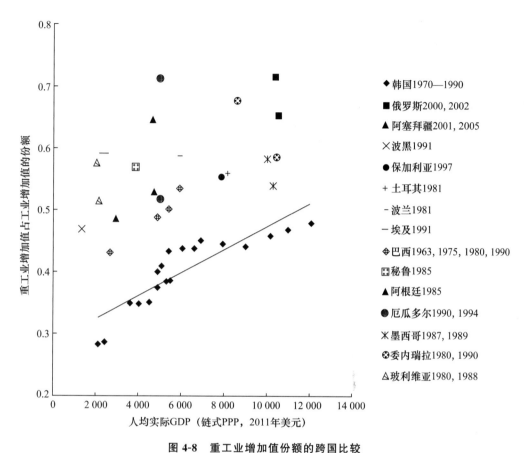

图 4-8　重工业增加值份额的跨国比较

数据来源：CEPII 数据库；PWT 9.0；韩国统计局；Baer 和 Guilhoto(1987)；作者的计算。

(1988)的重工业增加值份额比同收入水平的韩国高 20％左右。

以巴西为例。20 世纪 30—80 年代，巴西长期实行进口替代政策。自上而下的重工业建设，带来了短暂的经济繁荣，但缺乏持久的动力。从 50 年代到 70 年代，巴西取得了较快的经济增长，发展成为中等收入国家。但由于忽视轻工业，尤其是出口导向的轻工业，因而无法靠轻工业补贴扶持重工业，自 80 年代债务危机起，巴西经济增长缓慢。经过 40 年之久的挣扎，包括各种政治制度改革，巴西仍然是一个中等收入国家。

图 4-9 与图 4-10 展示了巴西在 1963 年、1975 年与 1980 年的制造业产业结构与 57 个国家制造业分行业劳动力份额平均值的比较。显而易见，在收入仍然偏低的情况下，巴西的食品、饮料制造业与烟草加工业，以及纺织服装业、制鞋业与皮革制品业这些劳动密集型工业的增加值（劳动力）份额明显低于世界平均水平，而化学工业与石油工业，以及金属与金属制品、机器制造、电子与交通设备制造业这些资本密集型工业的增加值（劳动力）份额明显高于世界平均水平。也就是说，巴西未能充分发展劳动密集型轻工业，过早进入重工业化阶段。这种顺序颠倒的发展路径，使得巴西的重型制

造业缺乏大市场需求的驱动与符合禀赋结构的比较优势,连续的亏损和债务负担迫使巴西进行经济改革。但与中国的改革不同,巴西在华盛顿共识指导下的经济改革期间,政府退出经济领域,放弃产业政策,出现"过早去工业化"现象,经济增长更加乏力,因此被困在中等收入陷阱中。

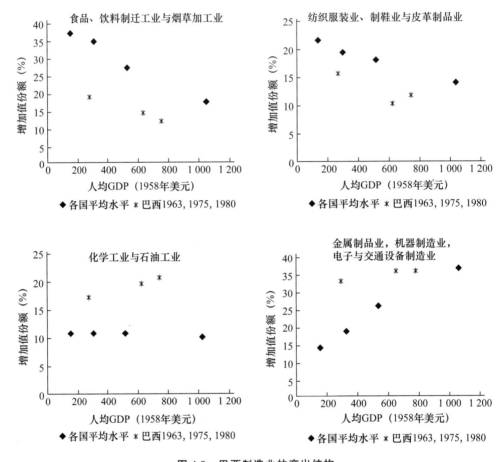

图 4-9 巴西制造业的产出结构

数据来源:Kuznets(1971);Baer 和 Guilhoto(1987);作者的计算。

这个中等收入陷阱还可以用产业升级速度与收入增长速度的关系来刻画。过快的产业升级速度往往欲速则不达,导致收入增长速度放缓甚至绝对下降,这反过来又使得产业升级难以为继,出现倒退,继而造成一个恶性循环,为社会不稳和政治混乱打下基础。我们把一国相对于发达国家(美国)的产业升级速度定义为该国非农产业在GDP 中的份额与美国非农产业在 GDP 中的份额之比在时间上的展开(林毅夫和付才辉,2017),把一国相对经济收入水平的变化(或收敛速度)类似地定义为该国人均实际收入与美国人均实际收入之比在时间上的展开。林毅夫和付才辉(2017)将一国人均收入与美国的人均收入之比看成是否应该进行产业升级的指标,比较各国的产业升级

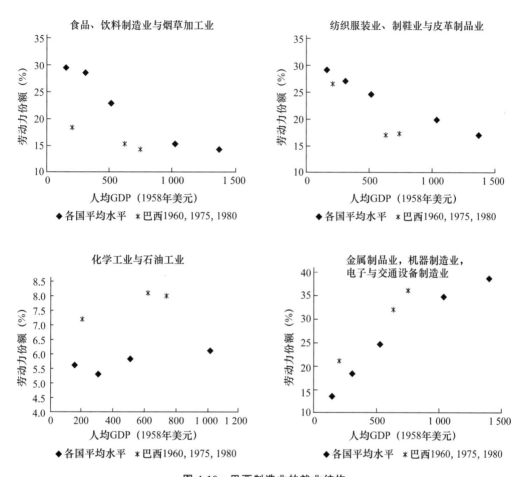

图 4-10　巴西制造业的就业结构
数据来源:Kuznets(1971);Baer 和 Guilhoto(1987);作者的计算。

模式。与之不同,本文把一国人均收入与美国人均收入之比当成产业升级的结果(函数),考察该国产业升级对经济收入的影响,即产业升级是否带来应有的收入增长和收敛。这样的好处是可以看出一个国家的产业升级是否正确,如果正确,那就会带来相应的收入增长和收敛,反之则不会。对于成功按照循序渐进方式实现产业升级的国家来说,它们的相对收入比(纵坐标,即相对于美国收入的收敛速度)应该是产业升级速度(横坐标)的增函数,即随着产业升级(主要是制造业)比率的提高,相对收入也提高,而且可能提高更快、具有规模递增效应。如果相对收入比值超过 0.7,表明成功跨越中等收入陷阱,进入发达国家行列。相反,对于产业升级失败的国家,这个单调上升的函数关系不存在,相对收入比值不会随着产业升级而上升,反而是在 0.5 以下打圈圈,表明跌入中等收入陷阱,无法向发达国家收敛。结果造成产业升级也无法继续进行。图 4-11 展示了 1950—2010 年一些工业化成功和失败的国家和地区在这个维度的表现。

图 4-11 中前三张分图分别代表韩国、中国台湾和中国内地的产业升级动力。这三个经济体都在持续动态的产业升级过程中创造了持续的经济增长和追赶。例如,从 1953 年到 2010 年,韩国的相对非农就业份额从 0.4(美国的 40%)上升到 0.98(美国的 98%),代表了产业升级的速度。同时,韩国的相对人均实际收入由 0.1(美国的 10%)上升到 0.72(美国的 72%),说明产业升级带来了收入的持续和急剧的增长。与之类似,中国台湾在战后的产业升级过程中也把相对收入从美国的 10% 左右提高到了 70% 以上(纵坐标),因此经济增长相对于产业升级的曲线呈现向上翘的弧形,而且十分平滑。中国内地的表现在改革开放以前(1950—1980 年)与韩国和中国台湾不同,相对收入没有随产业升级的提高而提高,一直停留在 0.05(美国的 5%)的水平,而且产业升级比值也来回摇摆。但是改革开放以后冲破了贫困陷阱,收入比值开始扶摇直上;当非农产业比值从美国的 60% 上升到 90% 左右时,相对收入也从美国的 6% 上升到美国的 26%,顺利进入中等收入国家行列。中国内地在 50—80 年代的表现是个例外:产业升级没有带来收入的增长和收敛,因为忽视了乡村原始工业化而直接投入重工业建设。但是在改革开放以后这一现象迅速改观:循序渐进的产业升级直接带来了爆发式的收入增长及向发达国家的收敛,虽然目前还没有成为高收入国家。与韩国和中国台湾比较,当它们在横轴取值为 0.9 左右时(即 70 年代末或 80 年代初),纵轴取值均为 0.25 左右,与目前的中国内地十分接近。因此可以预料,未来二三十年间如

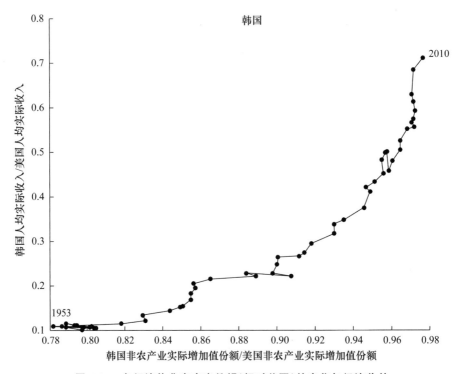

图 4-11 各经济体非农产出份额(相对美国)的变化与经济收敛

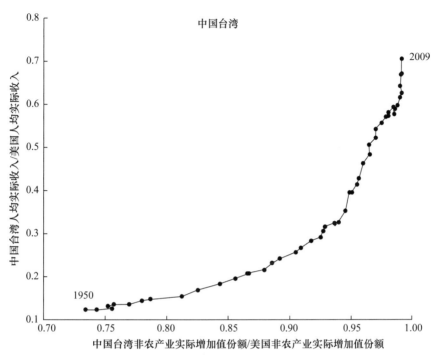

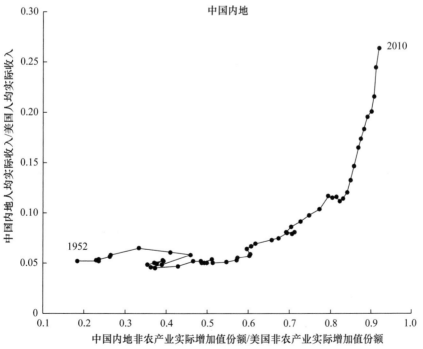

图 4-11　各经济体非农产出份额（相对美国）的变化与经济收敛（续）

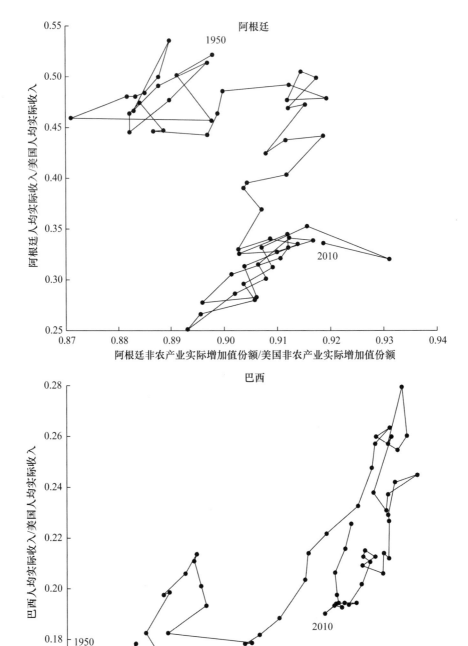

图 4-11　各经济体非农产出份额(相对美国)的变化与经济收敛(续)

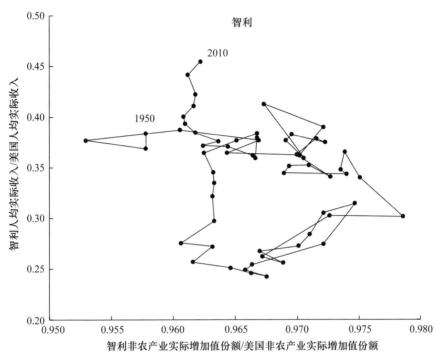

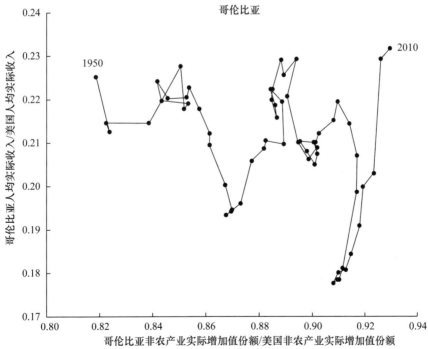

图 4-11　各经济体非农产出份额（相对美国）的变化与经济收敛（续）

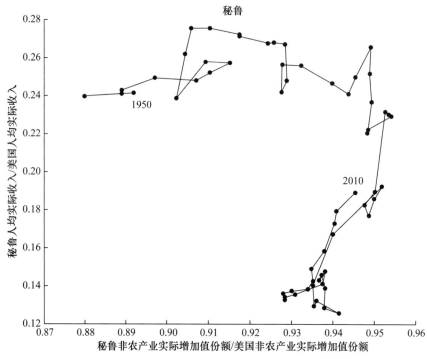

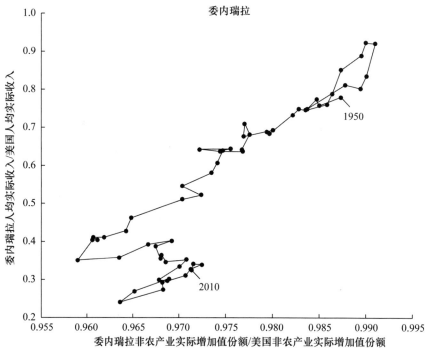

图 4-11   各经济体非农产出份额（相对美国）的变化与经济收敛（续）
数据来源：GGDC 10 部门数据库；Maddison 数据库。

果中国内地把非农产业相对于美国的比值提高到韩国与中国台湾目前的程度，即从90％上升到98％甚至更高（超过100％是可以的），那么中国内地的人均相对收入也可以从目前美国的25％左右提高到美国的70％左右，因为韩国和中国台湾达到这个水平也用了30年。

与之相反，图4-11中接下来的几张分图表明，阿根廷、巴西、智利、哥伦比亚、秘鲁和委内瑞拉这些拉美国家，产业升级并没有带来相应的收入增长和向发达国家收敛的趋势，因而陷入中等收入陷阱，而且使得这些国家最终无法持续地推进本国的产业升级，导致自身经济发展长期徘徊不前，处于一种杂乱无章的混沌状态，即陷阱状态。这种拉美式产业升级与国民经济收入函数特征，是对中等收入陷阱的很好刻画。

先看阿根廷。这个国家是拉美历史上最富有的国家，19世纪与美国没有显著差异，即便到了1950年，它与美国的人均收入比也在0.53左右。但是整个50年代和60年代没有任何起色，产业升级比率在87％—90％之间徘徊，相对收入比率在45％—55％之间徘徊。进入70年代和80年代后，产业升级比率提高到90％—92％，表明产业升级持续推进，但是相对收入比率却几乎直线下降，在2000年降到只有美国人均收入的25％的水平，虽然2010年有所回升，到了34％。因此阿根廷的产业升级显然没有带来应有的收入增长，是失败的。

再看巴西，这个拉美地区曾经的发展楷模和明灯。巴西1950年的产业升级指数为0.88，相对收入是美国的18％，正好处于跨越中等收入门槛的位置。从50年代初到70年代末采纳进口替代战略期间，产业升级比较顺利，非农产业指数从不到0.18上升到1980年的0.96，相对收入指数从0.18上升到0.28。但是，因为以重工业为主导的进口替代战略难以为继，迫使巴西在80年代开始采纳华盛顿共识进行改革。结果巴西经济开始倒退，产业升级指数从1980年的0.96降到2000年的0.95，收入指数从0.28降至0.19左右，之后由于中国经济对巴西出口的拉动而上升到0.22。目前看来这个经济没有出现摆脱中等收入陷阱的希望。

接下来我们看看智利。智利在1950年的产业升级指数在0.955与0.96之间，但在之后的60年间一直在0.96—0.98之间徘徊，绕了一圈以后在2010年回到0.96。在这个失去的60年间，它的收入指数从1950年的0.37下降到1986年的0.25，然后90年代一路上升又回到2000年的0.36，之后也是在中国进口需求带动下于2010年上升到0.45，但是产业没有获得升级（指数从0.965回到0.960），这是因为智利出口中国的主要产品是矿产资源和大豆。

哥伦比亚和秘鲁也是展现与智利类似的产业升级失败模式，产业升级指数到了0.9左右就开始出现问题。

委内瑞拉是个很奇怪的特例，其从一个产业升级指数很高的高收入国家，退化到中低等收入国家。比如，委内瑞拉的产业升级指数在1968年高于0.99，相对收入指数当时是0.92，远远超过目前的韩国和中国台湾地区。但是之后几乎直线倒退，在70

年代和80年代尤其明显,产业升级指数在2003年为0.965,收入指数为0.23,从一个极高收入国家退化为一个中低等收入国家。

这些拉美国家的一个共同点是在产业升级到了美国非农产业的90%左右开始出现陷阱。它们没能在推进产业升级的同时创造高收入增长的主要原因,似乎在于它们没能充分发展本国的劳动密集型轻工业,这使得重工业难以为继。而产业升级失败以后,通过采纳放弃产业政策的华盛顿共识,进入"去工业化"阶段(Rodrik,2016),从而陷在中等收入陷阱中无法自拔。

如果我们用非农产业就业份额代替非农产业产值作为产业升级指数,得到的结论是一样的(见图4-12)。它不仅再现了拉美国家的中等收入陷阱,以及亚洲"小龙"是如何顺利突破中等收入陷阱的,而且体现出中国在改革开放前的发展模式是难以为继的(即产业升级没有带来相对收入的增长和收敛),因而不可持续,但中国改革开放以后的发展模式却具有超越中等收入陷阱的趋势和能力。

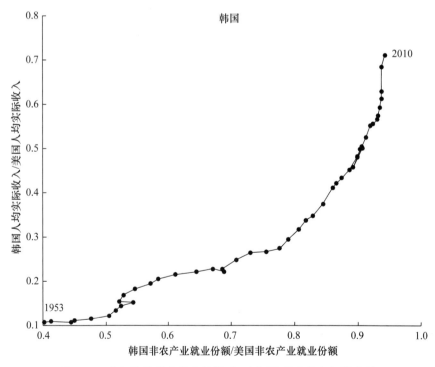

图 4-12　各经济体非农就业份额(相对美国)的变化与经济收敛

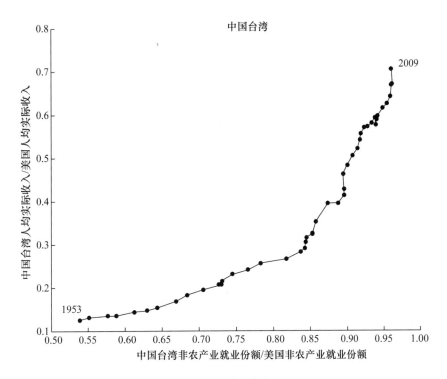

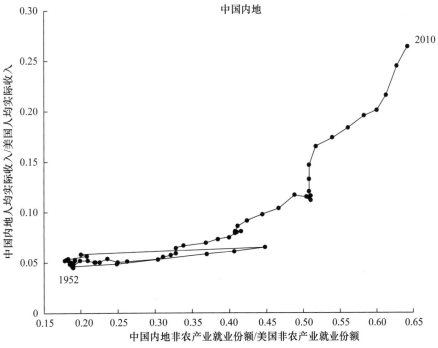

图 4-12　各经济体非农就业份额(相对美国)的变化与经济收敛(续)

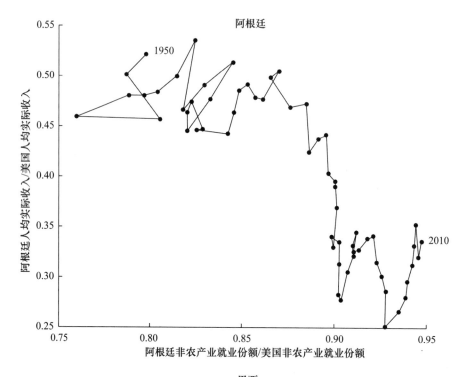

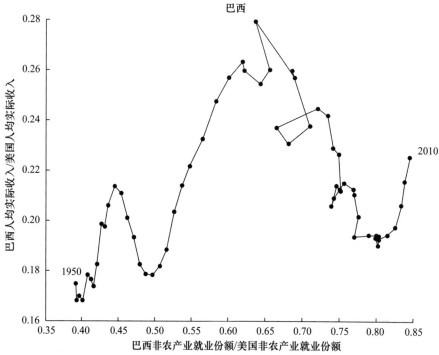

图 4-12 各经济体非农就业份额(相对美国)的变化与经济收敛(续)

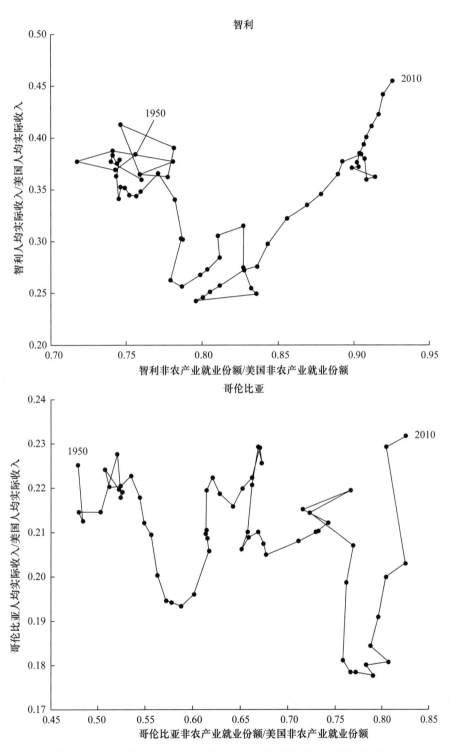

图 4-12　各经济体非农就业份额(相对美国)的变化与经济收敛(续)

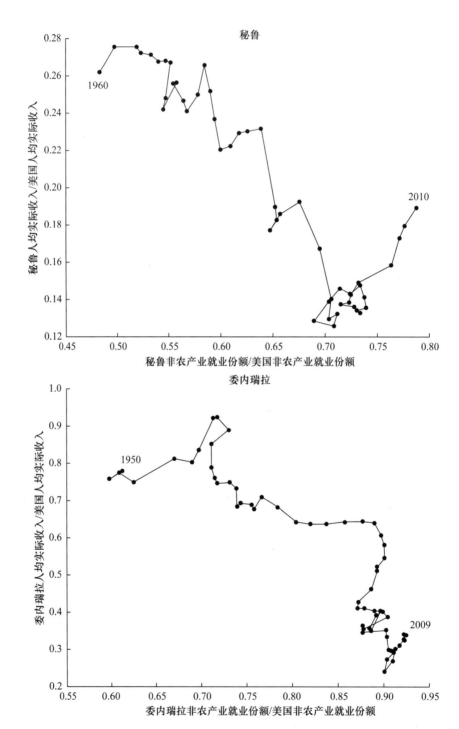

图 4-12　各经济体非农就业份额（相对美国）的变化与经济收敛（续）
数据来源：GGDC 10 部门数据库；Maddison 数据库。

中等收入陷阱还体现在出口结构的演变上。如图 4-13 所示，韩国与中国的出口结构呈现出如下共同特点：(1) 正确的工业化进程开启后，初级农产品和原料产品的出口份额急剧下降，轻工业制成品的出口份额快速上升。例如，中国 1985 年初级产品的出口份额高达 65%，到 2002 年下降到 10% 以下。(2) 在韩国与中国工业化的前半段，纺织品、服装与鞋包这些劳动密集型产品是最主要的出口品。韩国从 1966 年到 1981 年，中国从 1992 年到 1999 年，轻工业制品(不含食品)的出口份额一直在 50% 以上。韩国从 1967 年到 1989 年的二十多年间，中国从 1986 年到 1997 年的十多年间，纺织品、服装与鞋包的出口份额都在 30% 以上。(3) 在韩国与中国工业化的后半段(即完成第一次工业革命后)，随着轻工业出口份额的逐渐下降，金属、机械制造、交通设备制造等资本密集型重工业品及高科技电子产品，成为最主要的出口品。因此，两国的工业化经历了从轻工业品到重工业品的渐进轮替升级过程，因而具备国际竞争力和经济发展的可持续性。

　　相反，巴西、阿根廷、秘鲁及经济改革后的俄罗斯的出口结构显示出两个特点：(1) 出口偏向农副产品、石油资源等初级原料产品，工业制成品的出口比例偏低。例如，咖啡、茶、可可、香料及制品一直是巴西的第一大出口品，在 1970 年以前其出口份额在 40% 以上；1962—1985 年，阿根廷的谷物出口一直在 20%—30% 左右；油气资源一直是俄罗斯的最主要出口品，2000 年以来其出口份额高达 50%—60%。(2) 对工业制成品的出口而言，这些国家跳过了劳动密集型产品扩大出口的阶段，而偏向重工业品出口。长期以来，巴西与阿根廷轻工业制品(不含食品)的出口额一直低于 20%，俄罗斯甚至低于 10%。然而，这些自上而下建立的重工业产品缺乏全球市场、自生能力与比较优势。例如，巴西、阿根廷的重工业品以出口到拉美国家为主，而一些拉美国家在安第斯条约下，向受保护的协约国市场销售。因此，这些国家的出口品并不具备国际竞争力。

　　中国与韩国正是靠着出口大量的手工制品和规模化生产的劳动密集型轻工业产品(见图 4-13)，才为重工业铺垫了市场，才能有资金进口昂贵技术，实现持续的产业升级和向重工业化阶段稳步迈进。这种出口导向式增长形成了一个正向反馈循环：通过出口规模化生产的产品来支持技术引进，继而用进口的先进技术生产更多的出口产品。这种靠参与世界制造业大循环的出口导向的正反馈系统与巴西、阿根廷等拉美国家采纳华盛顿共识以后的发展战略形成鲜明对比：市场力量迫使拉美国家依赖农产品和自然资源的出口来支持工业化和技术引进。然而这无法形成良性反馈循环系统。首先，农业资源开采都是土地密集型的，因此即便实现机械化耕作和资源开采，其规模报酬也非常有限。更重要的是，农业和矿业机械化减少了劳动力需求，而第一次工业革命的规模化生产则是提高劳动力需求。因此，尽管这种发展战略——依赖农产品或自然资源如矿石和石油的出口——符合拉美国家的比较优势，却不能带来规模化就业，也不能创造一大批企业家阶层和一个规模化国内市场来支持连续的产业升级和市场创造。如果没有引爆以劳动密集型产业和全球贸易为特征的第一次工业革命，也就

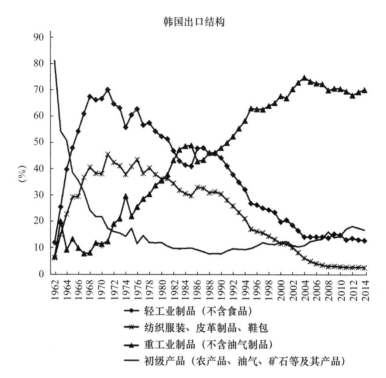

韩国出口结构

轻工业制品（不含食品）
纺织服装、皮革制品、鞋包
重工业制品（不含油气制品）
初级产品（农产品、油气、矿石等及其产品）

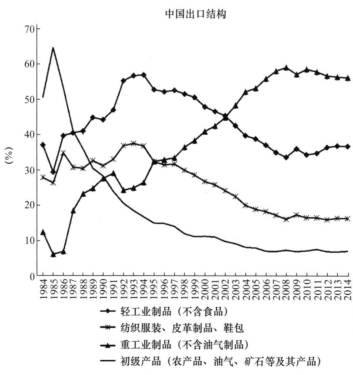

中国出口结构

轻工业制品（不含食品）
纺织服装、皮革制品、鞋包
重工业制品（不含油气制品）
初级产品（农产品、油气、矿石等及其产品）

图 4-13 各国出口结构的变化

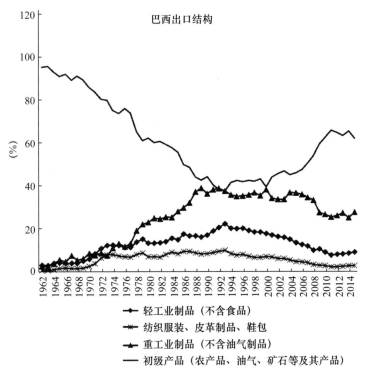

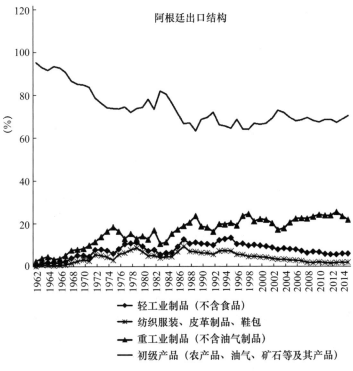

图 4-13　各国出口结构的变化(续)

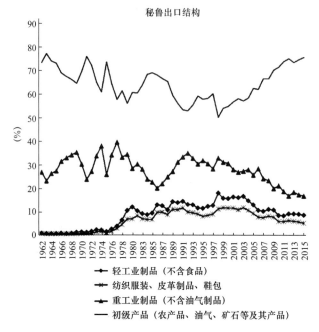

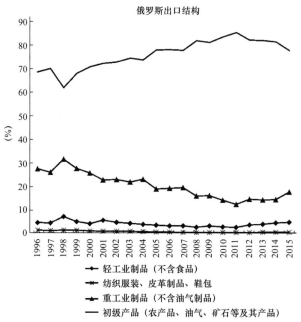

图 4-13 各国出口结构的变化(续)

注:图中数据为制造业不同行业出口额占总出口额的比重。轻工业制品包括饮料、烟草制品、皮革制品、木制品、家具、纸、橡胶制品、纺织品、服装、鞋包、非金属制品与科学控制仪器,不含农产品加工品;重工业制品包括化学制品、钢铁、有色金属、金属制品、机械、电气机械与交通设备,不含油气制品;初级产品包括农产品、动植物、油气、矿石及其产品等。

数据来源:Comtrade 数据库。

不会出现对能源、动力、运输和通信等基础设施的巨大市场需求和资金积累，从而也就不可能引爆以规模化生产重工业产品为特征第二次工业革命。结果是，大多数拉美国家虽然成功实现了农业和采矿部门的现代化（机械化），却无法完全实现轻工业和重工业部门的工业化和现代化，也无法建立具有国际竞争力的工业体系，因而陷入了中等收入陷阱（文一，2016）。

（二）乡村原始工业化缺失与低收入陷阱

长期以来，除南非、博茨瓦纳等依靠白人移民、金矿、钻石取得较快发展的国家外，大多数非洲国家（特别是撒哈拉以南非洲国家）经济增长缓慢，被困在贫困陷阱中。非洲国家工业水平极端落后，靠出口农产品、矿物等初级产品换取外汇，进口外国工业品来维持经济生产和人民生活。为了摆脱殖民贸易型经济，许多非洲国家采取了"进口补贴"的工业化政策，鼓励以本国生产的商品替代进口商品。然而，许多非洲国家的这一努力被内陆国家高额的交通成本、较小的市场规模、有限的技能和工业技术所限制。由于经济发展不理想，20 世纪 90 年代以来，在华盛顿共识的指导下，许多非洲国家进行结构性的政策调整，不断淡化国家在经济发展中所扮演的角色，推行贸易自由主义。在这一政策下，进口商品的关税被削减，更便宜的进口商品涌入国内市场，使现存的本土中小企业受到了进一步冲击。因为无法与外国商品竞争，许多公司被迫关门，国产公司被迫私有化。此外，"大推进"理论主张在非洲进行大规模公共投资，"一步到位"地提升其生产能力（Rosenstein-rodan，1943；Sachs，2004）。然而，众多国家与社会机构对非洲的大量援助，并没有产生明显效果。

数据显示，撒哈拉以南非洲国家乡村工业的比例明显低于其他地区的国家。联合国食品与农业组织（FAO）的 RIGA 数据库提供了一些发展中国家农村住户劳动参与和收入的微观调查数据。由此，我们可以构建这些国家的乡村工业劳动力份额与乡村工业收入份额，然后进行比较分析。自 20 世纪 90 年代起，越南开启工业化，经济迅速增长，逃离贫困陷阱。我们以越南为基准，对比陷入贫困陷阱的国家进行。RIGA 数据库不包含中国数据，但国家统计局提供了中国农村住户就业与收入的数据。为此，我们可以把中国作为另一个参照。

图 4-14 展示了乡村工业劳动力份额的跨国比较。由 RIGA-L 的个体数据，我们可以构建农村制造业劳动力占农村总劳动力的比重。我们发现，1983—1988 年，中国农村制造业劳动力份额快速上升，由 5.8% 增长到 8.5%；1998—2002 年，越南农村制造业劳动力份额也明显上升。加纳、尼加拉瓜等国的农村制造业劳动力占农村总劳动力的比重比越南低 2% 以上，比同等收入水平的中国低 3% 以上，尼日利亚、塔吉克斯坦农村制造业劳动力占农村总劳动力的比重比越南低 3% 以上，比同等收入水平的中国低 4% 以上。

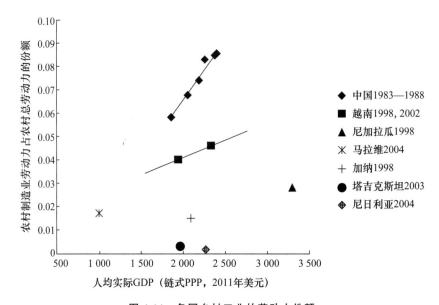

图 4-14 各国乡村工业的劳动力份额
数据来源:RIGA 数据库;国家统计局;PWT 9.0;作者的计算。

由于 RIGA-L 的样本有限,我们利用 RIGA-H 的家庭数据,构建农村家庭参与制造业劳动的比率。按照 RIGA-H 的定义,如果该家庭有成员参与制造业劳动,或者有制造业收入,则代表该家庭参与了制造业劳动。数据显示,这些被困在贫困陷阱中的国家的农村家庭制造业雇佣劳动参与率明显低于越南。其中,马拉维、加纳、乌干达、尼日尔、尼加拉瓜比同等收入水平的越南低 5% 以上,埃塞俄比亚、坦桑尼亚、尼日利亚、肯尼亚等比同等收入水平的越南低 8% 左右(见图 4-15)。此外,如图 4-16 所示,这些陷入贫困陷阱国家农村家庭的制造业雇佣劳动收入份额与全部制造业劳动收入份额都明显低于越南,并远远低于中国。[1] 在 20 世纪 90 年代,中国农村制造业收入占农村家庭总收入的份额快速上升,由 1990 年的 10% 上升到 1997 年的 21%。在这一期间,越南的农村制造业雇佣劳动总量也明显扩张。在同等人均收入水平下,埃塞俄比亚、尼日利亚、坦桑尼亚、肯尼亚等国农村制造业收入份额比越南低 5% 以上,比中国低更多。[2]

---

① RIGA-H 数据库使用两种方法构建农村家庭收入数据,由于第二种方法构建的数据更全,所以我们采用第二种方法构建各国农村家庭的制造业收入份额。

② 这些数据的一个缺陷是农村劳动力可能包含了在附近城镇工作的移民劳动力。Haggblade *et al.* (2007) 在其研究中发现,即使是高迁移率的国家,农村家庭的迁移收入份额也是很低的。除了少数国家的农民从采矿区获得了显著的迁移收入。由于我们考察的样本大多不是南非国家,而且我们关注的是制造业收入,而不是矿业收入。因此,农村劳动力迁移并不会显著影响我们的分析。

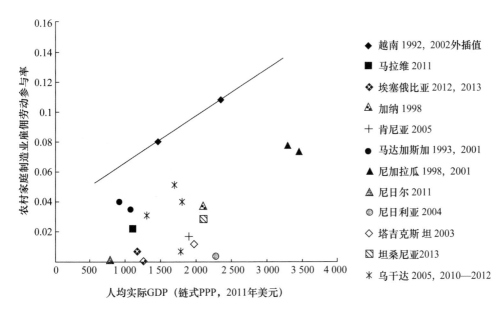

图 4-15　各国农村家庭制造业雇佣劳动参与率
数据来源：RIGA 数据库；国家统计局；PWT 9.0；作者的计算。

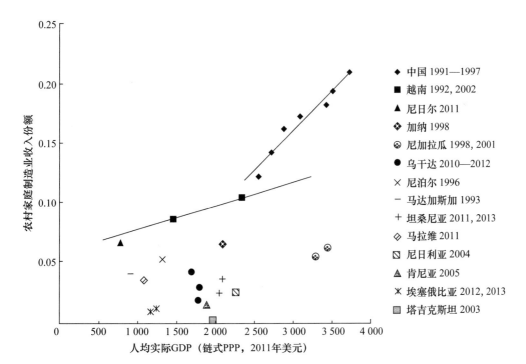

图 4-16　各国乡村工业的收入份额
数据来源：RIGA 数据库；国家统计局；PWT 9.0；作者的计算。

从结构来看,这些非洲国家的农村家庭从事个体劳动的比率要高于从事雇佣劳动的比率,说明乡村原始工业化不发达。大多家庭在农闲时从事简单的个体劳动,作为农业生产的补充。Loening 和 Imru(2009)指出 2007 年埃塞俄比亚 3/4 的农村非农企业只有一名劳动力,少于 1% 的企业雇用 3 名以上劳动力。在这些非洲国家,农村企业资本极少。2005 年坦桑尼亚农村企业平均固定资产只有 120 美元。一半企业有建筑和土地,仅 20% 的企业有存储设施,不足 6% 的企业有机器设备。主要运输工具是自行车和牲畜,少于 1% 的企业有机动车(Loening and Lane,2007)。企业增加劳动与生产设备,有利于扩大劳动分工,提高生产效率。把个体劳动形式发展为充分利用劳动分工、具有一定规模的企业,对于逐步开启工业化十分重要。然而,在这些非洲国家,大多非农企业仅在当地社区销售产品,有限的市场规模与落后的交通运输网络限制了这些农村企业的进一步发展。

因此我们发现,进口替代政策,"大推进"理论,华盛顿共识推崇的自由化,都没能帮助非洲国家逃脱贫困陷阱,反而使这些非洲国家误入迷途、陷入困境。其实西方崛起的历史与中国增长的奇迹表明,自下而上、以乡村原始工业化为起点,以远距离贸易为目的,利用广大农村剩余劳动力,"就地"生产手工和劳动密集产品,是发酵市场、培育企业家与劳动者技能、发展商品分销网络、改善基础设施,从而成功开启工业化最有效的途径(文一,2016)。长期以来,撒哈拉以南非洲国家或依赖矿产资源发展单一制造业,或者试图在进口替代下建立大工业,或者尝试推行自由化,或者依靠国外援助进行"大推进"。然而,非洲国家却没能充分调动本国广大的草根阶层,无法利用廉价劳动力的比较优势,以乡村原始工业化为起点自下而上地进行原始积累和产业升级,因此无法引爆工业革命。这与私有产权和知识产权保护无关,而与市场和市场规模的缺乏有关,更与"市场创造者"的缺失有关。而这个市场创造者不是别人,正是政府(文一和佛梯尔,2017)。

五、结论与思考

本文通过工业化路径的跨国比较,解密中国的经济增长奇迹和低收入或中等收入陷阱存在的原因。我们发现,与日本和"亚洲四小龙"这些成功飞跃的国家或地区相同,改革开放后的中国遵循了从农村到城市、从轻工业到重工业、从劳动密集型工业到资本密集型工业的经济发展顺序,因而不仅人民大众生活水平不断提高,而且形成了一个良性循环的工业系统。这个系统不仅能够规模化生产终极消费品(如所有日常消费品),而且能够规模化生产几乎所有生产工具和中间产品(如水泥、钢铁、机器、公路、桥梁、高铁、汽车和各种化工产品),从而为中国在未来 15—20 年完成农业和金融业现代化并进入福利社会打下了坚实基础。

相反,被困在收入陷阱中的国家则没能遵循正确的工业化路径。其中,陷入中等收入陷阱的拉美国家、东欧国家及改革前的中国,跳过了充分发展劳动密集型工业的阶段，过早进入重工业化阶段。而被困在低收入陷阱的非洲国家则没能以乡村工业化为起点开启本国工业化。因此这些国家都缺乏增长潜力，与发达国家的距离越来越远，无法实现追赶发达国家的目标。

我们的研究发现，一个自下而上、从农村到城市、从轻工业到重工业的工业化路径，是那些成功跨越低收入或中等收入陷阱的国家的关键。因为这个工业化路径无法仅仅靠私有产权制度实现，而是需要有为政府正确的产业政策（林毅夫，1994，2012）和"重商主义"政府"看得见的手"同时来为企业创造和开辟全国统一市场及全球市场（文一，2016）。因为规模化生产需要规模化市场，而市场本身是个公共品，它不可能靠个体农民和个体商人去创造。这种"重商主义"国家力量的缺位解释了为什么那些陷入低收入或中等收入陷阱的国家既包括私有制市场经济，也包括公有制计划经济；既包括民主体制，也包括集权体制。

我们的研究结果也预测，虽然中国经济目前面临着人口老龄化、劳动力价格上涨、产能过剩、资产泡沫、环境污染等几乎所有老牌资本主义国家都曾经面临的问题，但由于政府已经发现并遵循了正确的市场发育顺序和产业升级战略，这些发展问题只是"成长的烦恼"，而不像收入陷阱那样是很难跨越的鸿沟。正确的市场培育顺序与产业升级战略，既是中国在过去35年内快速增长的"秘诀"，也是未来中国成功跨越中等收入陷阱的关键。

对中国工业化的解读与跨国经验的分析，使我们能够重新思考"长期经济增长和发展"这样的一般性问题。作为发展经济学的第一波思潮，"旧"结构主义主张发展中国家在政府干预下，优先发展资本密集型产业，实现"大跃进"。在20世纪60年代和70年代，各种不同政治体制下的许多发展中国家在进口替代战略下，优先发展重工业。但在高投资带来的短暂经济繁荣之后，这些国家的经济陷入停滞（林毅夫，1994，2012）。随后，新自由主义思潮兴起，主张市场化、私有化与自由化。然而，20世纪80年代到90年代华盛顿共识在拉美与非洲的推行，与针对苏联与东欧计划经济的"休克疗法"改革，并没有帮助这些国家走出困境，反而使其经济增长率更低。因此，林毅夫（1994，2012）提出新结构经济学，认为一国的产业结构应当由其要素禀赋结构决定，而发展中国家最丰富的生产要素不是资本而是劳动力。因此这些国家应该首先推广劳动密集型产业，然后在资本积累的过程中逐步向资本密集型产业过渡，在要素禀赋的内生变动下实现产业结构的不断升级。由于市场失灵的普遍性，小农经济不可能自动实现这样的产业升级。因此林毅夫主张依靠有为政府推行符合比较优势的产业升级战略。而这一产业升级步骤正好是完备市场经济条件下的市场力量所遵循的（Ju，Lin and Wang，2015）。

但是，由于要素禀赋和产业结构只是"供给"方，而在市场失灵的情况下，"供给不可能自动创造对自身的需求"（文一，2016）。因此文一在林毅夫新结构经济学的基础上，进一步结合英国工业革命和其他老牌资本主义国家工业化历史，指出"规模化生产必须依靠规模化市场才能盈利"，而"市场本身是个最为基本的公共品"，其本身就需要强大的国家力量来创造和提供,正如地理大发现以后所有欧洲老牌殖民主义国家在开拓全球市场时所做的那样。然而由于劳动分工和产业升级受制于市场规模(亚当·斯密),对市场的创造也必须服从循序渐进的"胚胎发育"原则,从培育乡村原始工业品市场和小商品销售网络开始,逐步通过简单基础设施建设和初级产业升级建立城乡规模化轻工业品市场,实现以劳动密集型生产方式为特征的第一次工业革命;然后再以第一次工业革命积累的资金,通过能源、动力和运输工业"三位一体"现代基础设施建设,带动重工业品市场的培育,引爆第二次工业革命,即实现以规模化方式生产所有生产工具和生产资料这个飞跃,完成发达国家走过的整个工业化流程,进入以高度发达的生产力为基础的福利社会阶段。在这个过程中,国家力量和市场力量相辅相成,互为依托。

通过跨国比较分析,可以看出西方老牌资本主义国家通过几百年殖民主义和帝国主义的全球市场开拓及资源掠夺而崛起的历史,战后"亚洲四小龙"依赖出口导向的产业升级政策带来的成功,中国改革开放后依靠各级政府官员招商引资创造的增长奇迹,还有拉美、东欧与非洲国家陷入收入陷阱的经验,都支持了林毅夫(1994,2012)与文一(2016)的理论观点。

参 考 文 献

[1] Acemoglu, D., Johnson, S., and Robinson, J. A. The colonial origins of comparative development: An empirical investigation[J]. *American Economic Review*, 2001, 91(5): 1369—1401.

[2] Aiyar, M. S., Duval, M. R. A., Puy, M. D., *et al. Growth Slowdowns and the Middle-Income Trap*[M]. Washington, DC: International Monetary Fund, 2013.

[3] Arias, M. A., and Wen, Y. Trapped: Few developing countries can climb the economic ladder or stay there[J]. *The Regional Economist*, 2015, 10: 4—9.

[4] Baer, W., Da Fonseca, M. A. R., and Guilhoto, J. J. M. Structural changes in Brazil's industrial economy, 1960—1980[J]. *World Development*, 1987, 15(2): 275—286.

[5] Balassa, B. Industrial policies in Taiwan and Korea[J]. *Weltwirtschaftliches Archiv*, 1971, 106(1): 55—77.

[6] Cai, H., and Liu, Q. Competition and corporate tax avoidance: Evidence from Chinese industrial firms[J]. *The Economic Journal*, 2009, 119(537): 764—795.

[7] Chandra, V., Lin, J. Y., and Wang, Y. Leading dragon phenomenon: New opportunities for catch-up in low-income countries[J]. *Asian Development Review*, 2013, 30(1): 52—84.

[8] Chen, B. L., Chen T. J., and Chu Y. P. The Role of Textiles and Man-made Fibre in the Process of Industrialization: The Case of Taiwan. *Experience of Japan and the Asian NIEs*. Wong and Ng (eds.) [M]. Singapore: Singapore University Press, 2001.

[9] 陈吉元,胡必亮. 中国的三元经济结构与农业剩余劳动力转移[J]. 经济研究,1994,4:14—22.

[10] 陈诗一. 中国工业分行业统计数据估算:1980—2008[J]. 经济学(季刊),2011,3:735—776.

[11] Desai, P., and Martin, R. Efficiency loss from resource misallocation in Soviet industry[J]. *The Quarterly Journal of Economics*, 1983: 441—456.

[12] Easterly, W. Reliving the 1950s: The big push, poverty traps, and take-offs in economic development[J]. *Journal of Economic Growth*, 2006, 11(4): 289—318.

[13] Feenstra, R. C., Inklaar, R., and Timmer, M. P. The next generation of the Penn World Table[J]. *The American Economic Review*, 2015, 105(10): 3150—3182.

[14] Felipe, J., Abdon, A., and Kumar, U. Tracking the middle-income trap: What is it, who is in it, and why? [J]. *Levy Economics Institute*, 2012, working paper (715).

[15] Fields, G. S. Industrialization and Employment in Hong Kong, Korea, Singapore, and Taiwan. *Foreign Trade and Investment: Economic Development in the Newly Industrializing Asian Countries* [M]. WI: University of Wisconsin Press, 1985.

[16] Gerschenkron, A. *Economic Backwardness in Historical Perspective: A Book of Essays* [M]. Cambridge, M. A.: Belknap Press of Harvard University Press, 1962.

[17] Gill, I., and Kharas, H. *An East Asian Renaissance: Ideas for Economic Growth* [M]. Washington, D C: World Bank, 2007.

[18] Haggblade, S., Hazell, P. B., and Reardon, T. (eds.). *Transforming the Rural Nonfarm Economy: Opportunities and Threats in the Developing World* [M]. Washington, DC: International Food Policy Research Institute, 2007.

[19] Hayami, Y. *Toward the Rural-based Development of Commerce and Industry. Selected Experiences from East Asia* [M]. Washington, DC: World Bank, 1998.

[20] Holz, C. A. New capital estimates for China[J]. *China Economic Review*, 2006, 17(2): 142—185.

[21] Ho，S. P. S. Decentralized industrialization and rural development：Evidence from Taiwan[J]. *Economic Development and Cultural Change*，1979：77—96.

[22] Ho，S. P. S. Decentralized industrialization and rural development：Evidence from Taiwan[J]. *Economic Development and Cultural Change*，1979，9：77—96.

[23] Im，F. G.，and Rosenblatt，D. Middle-income traps：A conceptual and empirical survey[J]. *Journal of International Commerce，Economics and Policy*，2015，6(03)：1550013.

[24] Ju，J.，Lin，J. Y.，and Wang，Y. Endowment structure，industrial dynamics，and economic growth[J]. *Journal of Monetary Economics*，2015，9：244—263.

[25] Kuznets，S. S. *Economic Growth of Nations*[M]. Cambridge：Harvard University Press，1971.

[26] Lin，J. Y. *New Structural Economics：A Framework for Rethinking Development and Policy*[M]. World Bank Publications，2012.

[27] Lin，J. Y.，and Rosenblatt，D. Shifting patterns of economic growth and rethinking development[J]. *Journal of Economic Policy Reform*，2012，15(3)：171—194.

[28] Lin，J. Y. *The Quest for Prosperity：How Developing Economies can Take Off*[M]. New Jersey：Princeton University Press，2013.

[29] Lin，J. Y.，and Wang，Y. Structural Change, Industrial Upgrading and Middle Income Trap，works in progress.

[30] Loening，J.，and Lane，W. L. Tanzania：Pilot rural investment climate assessment. Stimulating nonfarm microenterprise growth[R]. World Bank Economic Sector Work，2007：40108.

[31] Loening，J.，and Mikael，I. L. Ethiopia：Diversifying the rural economy. An assessment of the investment climate for small and informal enterprises[R]，2009.

[32] Luo，J.，and Wen，Y. Institutions do not rule：Reassessing the driving forces of economic development[R]. FRB St Louis Paper No. FEDLWP，2015，1.

[33] 林毅夫，蔡昉，李周. 中国的奇迹：发展战略与经济改革[M]. 上海：上海三联书店，1994.

[34] 林毅夫. 从西潮到东风：我在世行四年对世界重大经济问题的思考和见解[M]. 北京：中信出版社，2012.

[35] 林毅夫，付才辉.世界经济结构转型升级报告——新结构经济学之路1.0

[R].北京大学新结构经济学研究中心研究报告,2016.

[36] 林毅夫,张建华.繁荣的求索:发展中经济如何崛起[M].北京:北京大学出版社,2012.

[37] North,D. Institutions[J]. *Journal of Economic Perspectives*,1991,5(1):640—655.

[38] O'Connor,D. C. Technology and industrial development in the Asian NIEs:Past performance and future prospects[J]. *The Emerging Technological Trajectory of the Pacific Rim*,1995:55.

[39] Parente,S. L.,and Prescott,E. C. *Barriers to Riches*[M]. MIT press,2000.

[40] Parente,S. L.,and Prescott,E. C. Barriers to technology adoption and development[J]. *Journal of Political Economy*,1994:298—321.

[41] Pomeranz,K. *The Great Divergence:China,Europe,and the Making of the Modern World Economy*[M]. New Jersey:Princeton University Press,2009.

[42] Ranis,G. Challenges and opportunities posed by Asia's superexporters:Implications for manufactured exports from Latin America,in *Export Diversification and the New Protectionism:The Experience of Latin America*[M]. Bureau of Economic and Business Research,University of Illinois at Urbana-Champaign,1981:204—230.

[43] Rodrik,D. Premature deindustrialization[J]. *Journal of Economic Growth*,2016,21(1):1—33.

[44] Rodrik,D.,Subramanian,A.,and Trebbi,F. Institutions rule:The primacy of institutions over geography and integration in economic development[J]. *Journal of Economic Growth*,2004,9(2):131—165.

[45] Sachs,J. D. Institutions don't rule:Direct effects of geography on per capita income[R]. National Bureau of Economic Research,2003.

[46] Sachs,J.,McArthur,J. W.,Schmidt-Traub,G.,*et al*. Ending Africa's poverty trap[J]. *Brookings Papers on Economic Activity*,2004,1:117—240.

[47] Smith,T. C. Landlords and rural capitalists in the modernization of Japan [J]. *The Journal of Economic History*,1956,16(02):165—181.

[48] Smith. T,C. *Native Sources of Japanese Industrialization*,1750—1920 [M]. California:Univ. of California Press,1988.

[49] Song,Z.,Storesletten,K.,and Zilibotti,F. Growing like china[J]. *The American Economic Review*,2011,101(1):196—233.

[50] Wang,Y.,and Wei,S. J. Trade and non-convergence of middle income countries,works in progress,2016.

[51] Wen，Y. *The Making of an Economic Superpower：Unlocking China's Secret of Rapid Industrialization*[M]. World Scientific Co. Publisher，2016.

[52] Wong，P. K.，and Ng，C. Y.（eds.）. *Industrial Policy，Innovation and Economic Growth：The Experience of Japan and the Asian NIEs*[M]. NUS Press，2001.

[53] 文一,佛梯尔. 看得见的手:政府在命运多舛的中国工业革命中所扮演的作用[J].经济资料译丛,2017,1.

[54] 文一.伟大的中国工业革命——"发展政治经济学"一般原理批判纲要[M].北京:清华大学出版社,2016.

第五章　中国经济的结构性调整方式与政策设计：基于新、旧结构经济学对比的视角[*]

吴　垠

摘　要

中国经济的结构性调整需要以专门探讨结构性问题的经济理论作为支撑。但现有的新、旧结构经济学在发展战略和政策主张上却有重大差异，它们分别从比较优势和先动优势的角度来论证发展中国家实现产业结构改善和经济稳定增长的路径，一时让人难以取舍。从其理论碰撞和对中国经济的现实观察中可知，中国现阶段经济结构的核心特征是政府投资的"互补"力量和"诱致"力量不足所积累起来的，需要引入特定的投资模型来梳理行之有效的结构调整方案。本文从投资顺序、投资范围（公共服务或生产性投资）、投资动机、投资能力、投资决策及多部门协调性角度切入对新、旧结构经济学的关键环节的分析，力图从"稳""活""托底"的角度设计恰当、准确的投资方案，希望解决中国经济结构调整难题。一是把握投资顺序，市场起决定性作用，政府起引导作用；二是把握关键节点，让投资适应新兴产业革命趋势；三是以解决民生难题为着眼点，引导中国跳出低水平陷阱并规避中等收入陷阱。既使投资变量成为持续改善我国禀赋结构的手段，又让投资保底机制贯穿改革的全过程，实现新、旧结构经济学力图实现的结构调整目标。

关键词

中国经济调结构　　新结构经济学　　旧结构经济学　　投资模型

---

[*]　项目资助：2014年国家社科基金青年项目"我国新型城镇化道路的理论、模式与政策研究"（项目编号：14CJY023，主持人：吴垠）；四川省教育厅2013年四川高校科研创新团队"四川特色的区域新型工业化城镇化道路"项目的支持；国家留学基金委青年骨干教师出国访学项目（2015［3036］号）。作者感谢《复旦大学学报（社会科学版）》匿名审稿专家的宝贵意见；感谢在美访学期间波士顿大学经济系提供的优质科研服务条件。

一、新、旧结构经济学的理论框架及其与中国经济调结构的关联

（一）旧结构经济学理论框架的主要观点

旧结构经济学是由 Rosenstein-Rodan(1943)的"大推进"理论框架肇始,由 Chang (1949)、Lewis(1954)、Myrdal(1957)、Hirschman(1958)、Murhp、Shleifer 和 Vishrny (1989)等人相继推动这一框架完善的传统发展经济学思潮。这一系列的研究认为,为了有效促进经济增长,政府必须通过前向冲击来发动增长,为进一步的行动创造前进的诱因与压力;然后,必须准备对这些压力做出反应,在各方面减缓这些压力(郝希曼,1991,中译本);同时,这一思潮均认为市场有着难以克服的缺陷,在加速经济发展方面政府是一个强有力的补充;适当的非平衡发展、进口替代和贸易保护可能是发展中国家追赶发达国家的不可或缺的手段。政府主导的"经济发展"先动优势的作用及其协调功能在旧结构经济学中强调得非常多。

有一个形象的例子能够说明旧结构经济学指导发展中国家经济发展的思路:政府为了促进工业化而建立钢铁工业,在其唤醒的随后的经济活动中,出现了动力与运输的不足和教育的缺乏等状况,政府则必须致力于改善这些方面。引申出的问题是:当政府还没有能力使道路畅通、使人民受到教育、使人民掌握文化知识时,究竟该不该介入钢铁生产。旧结构经济学坚持认为,政府应当建立钢铁厂,这是一种必要的迂回,只有这样,才能逼迫或诱导政府通过建立钢铁厂来了解如何维修公路系统,以及如何建立使人民接受良好教育的制度安排;换言之,建立钢铁厂也许违背了比较优势,但确实能给予政府相应的压力,有助于其正确履行适当的职能。因此可见,一类先导产业前向、后向联系是旧结构经济学思路下经济发展的核心环节,打通这一"关节",经济发展就会顺理成章。

（二）新结构经济学理论框架的主要观点

新结构经济学(又称"关于经济发展过程中结构及其变迁的一个新古典框架")是林毅夫(2011)系统推出的一个理论框架,它的主要研究范式是以新古典主义的方法来推导经济结构的决定因素和动态发展过程。它的核心观点是一个经济体的经济结构内生于它的要素禀赋结构,持续的经济发展是由要素禀赋的变化和持续的技术创新所推动的;一国禀赋结构升级的最佳方法是在任一特定时刻根据当时给定的禀赋结构所决定的比较优势发展其产业;经济发展阶段不仅是 Rostow(1990a,1990b)所描述的五个不同水平的机械序列,而是一个从低收入的农业经济转化到高收入的后工业化经济的连续谱。新结构经济学强调市场在资源配置中的核心作用,认为政府应该解决外部性问题和协调问题。

如果也用一个形象的例子来形容，新结构经济学有点类似新版本的"造船不如买船，买船不如租船"①这种实用主义的发展思路，强调发展中国家不宜发展先进的资本技术密集型产业，不宜搞泛保护主义（如高关税、刚性汇率政策、金融抑制等），而应利用后发优势发展与本国资源禀赋匹配的适宜产业（其技术水平可能是发达国家淘汰的技术），来维系本国企业的自生能力；通过慢慢改变本国的资源禀赋，实现产业结构的升级换代，最终收敛于发达国家的水平。

（三）比较与延伸：现阶段指导中国经济调结构的理论框架组合

从理论研究的出发点来看，旧结构经济学与新结构经济学都是关注发展中国家如何改善发展质量，提高发展速度的理论框架。只不过，二者对发展中国家如何收敛到高收入国家的过程和模式的认知存在本质的区别。这种争论主要归因于众多寻求发展更上台阶的后发国家，在采纳了各种发展政策之后，成功者寥寥，以致还没有哪一派发展经济学的结构性理论能够做出令人信服的说明。正如怀特·黑德（1930）所说，"对直接经验的解释是任何思想得以成立的唯一依据，而思想的起点是对这种经验的分析观察"，旧结构经济学，以非平衡发展、贸易保护、政府投资"诱导"及价格扭曲等方式鼓动第二次世界大战后的发展中国家寻求赶超，这种方式只有少数成功的案例，因而影响力逐渐减弱；而新结构经济学，虽然提出了以发展比较优势产业、政府协调市场与企业、注重吸引外商投资和渐进主义模式的贸易自由化方针来推动今天的后发国家寻求赶超的相关政策主张，但验证尚待时日。新、旧结构经济学的理论都源于对解决特定时间发展中国家所面临的特定问题所提出各种发展战略的理论阐述，有时甚至直接设定行动方案。在这一理论与政策实践比较的过程中，应把注意力集中于各种在特定发展环境中具有战略意义并能为决策者所控制的变量。因此，新、旧结构经济学的理论政策主张所适用的范围都是和特定环境相关的，直接"套用"这些理论来寻求指导发展中国家发展战略与发展政策的捷径往往不可取，而需要另辟蹊径。

它逼迫我们不得不认真从这些有着鲜明冲突的理论政策主张中找到最适合中国国情，且能够建立解决长期困扰中国的结构性难题并实现经济赶超目标的理论框架。因而，本文将基于既有的结构主义发展经济学理论基础（无论新旧），仔细考察中国当下结构调整的具体问题，形成符合中国经济发展的结构主义经济学理论和政策。

二、中国经济调结构的独特性内涵与投资模型

推进经济结构的战略性调整，是党的十八大、十八届三中全会所确定的加快转变

---

①　林毅夫认为，对于新技术的引进，发展中国家可以通过借鉴或采用在发达国家已经成熟的技术，从而将自身劣势转变为优势（相当于"买船"或"租船"——作者注）。与之相反，发达经济体必须在全球技术前沿上进行生产，并必须持续在研发方面进行新的投资以实现技术创新。因此，发展中国家有潜力实现高于发达国家数倍的技术创新率。

经济发展方式的主攻方向。但众所周知,20世纪90年代以来,中国在宏观经济层面强调经济结构的调整就从来没有放松过(马晓河,2013),但多年以来的调控结果却差强人意。中国今天所面临的需求结构倒置、产业结构"重型化"、区域发展不协调和城镇化推进的速度质量不匹配等问题,基本在20世纪90年代就显出了端倪。只是多年来结构调整政策相对中国经济整体发展的速度而言出现了滞后、背离的情况,所以上述问题调整的难度越来越大了。"如果没有结构转变,持续的经济增长将不可能实现"(Kuznets,1966),因此,本文从分析中国经济结构调整的独特性内涵出发,寻求与之紧密相关的新、旧结构经济学的理论解释力范围,并找到适合中国经济结构有效调整的理论框架,从稳、活、托底的角度展开应用分析。

(一) 中国经济调结构的独特性内涵

在寻求解决中国经济结构调整困难的理论基础之前,需要比较准确地把握中国经济调结构的独特性内涵。通常来讲,内外需结构、投资消费结构、产业结构、空间结构、城镇化工业化结构、分配结构等都可以作为分析视角研究其中国特色。付敏杰(2013)梳理了上述六大类典型的结构性问题,并认为中国经济结构的深层次问题来源于:① 财政收入与支出方式;② 政府与市场的关系;③ 所有制结构是国进还是民进。并认为,解决中国经济结构性难题的关键在政府转型。但是,政府转型这个结论在吴敬琏(2000,2002,2003,2004,2011)、高尚全(2006)、迟福林(2011)、洪银兴(2014)的相关论著中就提出过,若继续再把政府转型作为经济结构调整困难的原因似乎很难有充分的说服力,至少让人感觉缺乏具体可操作性。毕竟,政府转型是任何社会、任何时代都面临的主题,经济结构调整的困境若都归因于政府转型不到位,那是不是说,等到政府转型到位了,经济结构才能调整? 或者说,要是政府一直在转型,经济结构是不是就永远没法调整了? 所以,问题的细化分析恐怕更为重要。

中国经济结构的核心特征是政府投资的"诱致"能力和"互补"力量不足所积累起来的。

在郝希曼(1990)的著作中,他把投资的互补性广义地定义为"A的(投资)生产增加,对增加B的供给有一种压力……互补性将通过对发展的瓶颈、短缺和障碍的不满而体现出来"(第61页);而将投资的诱致能力解释为"新的投资项目往往可以享有其实行以前各种投资(项目)所产生的外在经济利益"(第62页),因此,"诱导性投资被定义为外在经济利益的净受益者"(第63页)。从赫希曼的定义出发,本文认为,在中国,政府投资的"互补"力量主要是投资于某项目(产业)所能实现的"牵引欲望",而投资的"诱致"力量则是具体的投资收益乘数。举例来讲,政府投资商业写字楼项目和城市轨道交通项目,两个项目会产生投资的互补性,商业写字楼会引发对办公家具、停车场、餐饮设施等的需求,并且互补的时间周期效果短暂而明显;城市轨道交通项目会引发对水泥、建材、钢铁、运输业的需求,建成之后还会改变轨道交通周边的市场化投资需求。牵引欲望因政府投资项目的不同而呈现显著差异。至于这两项投资的"诱致"力量,显然,城市轨道交通项目所引发的一系列后续投资(受益于轨道交通的便捷外部利益)会在乘数上远远大于一片单纯的商务写字楼项目。从更广泛的意义上讲,政府的投资互补、诱致力量还会影响消费、环境、收入分配等其他领域,投资乘数和投资回报率是观察"互补""诱致"能力的重要指标。据此来看,中国当下政府投资的表现有两点:第一,政府投资的"诱致"能力不足使经济增长中投资成为快变量,消费成为慢变量(马晓河,2013),投资无法诱导消费总量显著增加和消费结构升级换代。特别是倾向政府与企业收入增加的收入结构助长了投资的快速增加,但抑制了居民消费能力的增加;第二,政府投资的"互补"力量不足,使中国产业结构转型中,劳动密集型产业成为快变量,新兴产业成长成为慢变量,产业间梯度转化速度较为缓慢,产业结构长期偏向制造业,服务业发展滞后。在这里,旧结构经济学的结构理论只能解释中国政府投资的动机,但对投资所造成的种种结构性偏差缺乏预见性分析;而新结构经济学所倡导的发展比较优势产业的政策取向,虽然能够解释制造业发展的原因,但却无法解释服务业始终缺乏发展动力的原因。在这里,投资变量虽然一度成为各界诟病中国经济的切入点,但真正理解中国经济的结构变迁和优化,目前能够起主导作用的不是喊了多年启而不动的消费,也不是城镇化工业化结构、分配结构、内外需结构等调整较慢的经济结构变量,而恰恰是政府和企业长期使用(但未见得使用得当)的投资变量。实际上,在社会主义市场经济条件下,投资在经济增长总量中的静态模型可以用以下关系来描述:

$$\Delta Y = \frac{1}{m}I + \varepsilon Y \qquad (5\text{-}1)$$

其中,ΔY 表示国民收入;$\frac{1}{m}I$ 表示由于新增投资 I 所带来的国民收入增量部分;I 分为政府投资 I_g 和企业投资 I_E,$I = I_g + I_E$。在中国,I_g 和 I_E 不是简单的并行关系,而是政府投资决定国家发展战略方向,进而企业投资跟进相关领域,相关的资本融资和银行体系建设也围绕这个投资体系展开。换言之,$I_E = \alpha F(I_g)$,α 为政府投资乘数,$F()$ 为政府投资与企业投资之间的某种"引致性"或"挤出性"函数关系。

εY 表示由于非技术原因带来国民收入增量部分。假定资金-产出系数 m 和非技术因素 ε 在一定时期内保持不变[①],那么国民收入增长率可以用投资率来表示:

$$\Delta Y/Y = \frac{1}{m}\frac{1}{Y} + \varepsilon \qquad (5\text{-}2)$$

将 $I = I_g + I_E = I_g + \alpha F(I_g)$ 代入式(5-2),有:

$$\Delta Y/Y = \frac{1}{m}\frac{I_g + \alpha F(I_g)}{Y} + \varepsilon \qquad (5\text{-}3)$$

如果以 r 表示国民收入增长率,k_g 表示政府投资率,k_E 表示企业投资率,上述公

---

① 关于这一假设,主要是为方便分析。实际中,m 即资本产出比率应该遵循报酬递减规律,但从分析的结论看,资本投资的报酬递减根本上也取决于政府投资范围及规模的影响;非技术因素 ε 受到制度、产权、投资区域等方面的影响。

式可简化为：

$$r = \frac{1}{m}(k_g + k_E) + \varepsilon \qquad (5\text{-}4)$$

式（5-4）中，$k_E = \frac{\alpha F(I_g)}{Y}$。式（5-4）表明，当 m 和 ε 不变时，投资总量至少能保持与国民收入总量同步增长的趋势，投资是经济增长的决定因素之一，政府投资是中国经济增长的核心因素；但是这种趋势能否转化为现实的投资产出率以实现有质量的增长呢？这又取决于投资结构是否有合理的安排。所以，抓住投资结构来分析中国经济结构调整，有利于得出符合实际的理论政策框架以支援经济结构优化。中国的国情不是简单地刺激居民消费就万事大吉的，而应是政府投资决定国家发展路径，进而启动对应的消费，实现内生增长。针对这一思路，中国应当形成一种能沉着应对可能出现的各类发展瓶颈的投资结构。

1. 投资选择不宜太多以免迷失

中国这样的发展中国家与先进工业国家相比，在给予投资者的可能机会方面，其范围几乎是无限的：从城际铁路到航运飞机，从纺织业到电子业，从光伏产业到信息产业，所有生产和技术前沿边界内的行业和产品都可供投资。选择太多以致使有意合作者确信所提议的任何一项投资确定无疑会获益将变得更加困难。实际上，只有少数投资可行且有利可图。但政府和广大投资者均面临诸多行业与投资机会，这容易造成迷失，使投资决策的速度大大放缓。政府与普通投资者的"流动性偏好"自然而然地产生，它们对新投资机会的过度"机敏"使本来相当不错的投资计划被"肯定存在或即将迎来获利更多的方案"所耽搁或拒绝。所以，过分的机动性和对"明天"投资利润的宽大预期，将阻碍今天项目的实施。这种"迷失"有时是以丧失发展的战略机遇作为代价的，所以，在政府重大投资项目的方向选择上，应抓大放小，紧紧抓住世界产业革命的创新趋势，引导企业与民众的普通投资也服务于国家的投资路径。

2. 投资对二元结构的改善至关重要

中国是典型的多"二元结构"型国家。中华人民共和国成立以来的城市化工业化历程，加剧了城乡二元结构、城市二元结构与第二产业内部的二元化分化；改革开放以来的市场化进程加速了资本积累结构、外贸结构、金融结构、人力资本结构的二元化，内资、外资两种资本不仅在总量上，而且在地区层面对中国的增长产生了差异性贡献，形成了各个领域的结构调整必须在相当程度上依赖投资或投资变化的格局。按照二元经济理论之父刘易斯的观点来看，二元结构本身有一个"自消解"的机制，它会随着城市工业及资本等部门的强大，来带动解决农村、产业、金融、外贸等领域相对复杂的二元结构趋于一元化或现代化。但这种"自消解"机制在中国是无法简单实现的，它需要"外力"来推动某些已形成"低水平二元结构均衡"的部门或领域向"高水平二元结构"乃至一元结构方向跨越，这个外力正是本文着重强调并运用的"投资变量"。

3. 诱导与互补投资的必要性

中国的投资现状常常面临要素短缺（科尔奈，1986）或过剩（王检贵，2002）的结构失衡状况，但根本性的问题乃是各类要素与投资结合过程与机制设计方面的不足。新结构经济学所说的"比较优势"与旧结构经济学所倡导的"先动优势"，在这里均无法取得令人满意的发展改革效果，这与其说是资本、人力、教育等要素的缺失（或结构性过剩），不如说是把这些要素组织起来的制度不健全。换言之，实现发展中国家经济结构优化的路径不是空洞地谈论应当发展哪些产业（不管这些产业是否具备比较优势），而是发展这些产业后能不能通过投资的诱导作用或互补作用，让相关产业或追加投资及相关的配套领域能源源不断地跟上发展的步伐。我们看到，某一时期的投资往往是以"诱致"或以"互补"的方式引导下一时期投资增加的主要动力，这种关联性对发达国家也许是自动即刻发生的机制（因其已能生产所有重要要素或商品），但对发展中国家来讲，却需要有效的机制加以引导，以避免同一时期一哄而上的投资耗竭，并抵消"乘数效应"引发的结构性变革。当然，"万事俱备，只欠东风"的投资思路在中国现有的发展阶段也不可取，如果所有的资本、要素和经济发展条件都比例适当并配合就绪，政府才开始规划投资的话，将导致新投资无法撬动一连串后续投资，也没有哪一个微观主体有足够的时间与机会成本来等待所有投资条件就绪。实际上，中国等发展中国家从来都不可能面临万事俱备的局面，投资的开拓能力和持续能力就显得至关重要了。

4. 哈罗德-多马的"储蓄-投资"转化体系不完全适用于中国，初始投资转化为持续投资才是中国能够依赖的新体系

哈罗德-多马体系认为：某一社会的收入为 Y，储蓄倾向是 s，sY 部分用于储蓄，在均衡条件下，投资 $I=sY$，将此式子代入式（5-2），化简可得：

$$r = \frac{s}{m} + \varepsilon \tag{5-5}$$

式（5-5）似乎表明，储蓄率决定着增长率。但仔细分析可知，哈罗德-多马模型的储蓄率实际决定的只能是潜在增长率而不是现实增长率。因为，仅有储蓄倾向和均衡条件，储蓄很难足额转化为现实的投资。显然，上述体系既无法保证，更不能预期储蓄向投资转化的现实可能性。这其中的根本原因在于，储蓄和投资决策在相当程度上是彼此独立的，如果一定要建立储蓄转化为投资的联系，或者建立投资对储蓄的依赖性，必须开拓投资机会、消除投资障碍，实现诱导性、互补性和自发性的投资。在发达经济体，之所以上述三类投资经久不衰，根本原因在于其拥有大量经过特别训练而能够随时察觉和搜索经济机会的企业家，以及比较有保障的资本-产出比率和对创新技术的知识产权保障。但是，中国这三个条件虽经多年的改革开放已有所改善，但仍没有达到把较高的储蓄率（储蓄供给）转化为投资需求的"希克斯条件"。本文据此认为，寄望储蓄自动转化为投资，从中国发展的现实需求来看，既不现实，也无效率；需要另辟蹊径，即以初始投资带动持续投资，来突破当下的困局，本文以下的工作就是把这种机制模型化。

（二）模型

尽管承认中国经济依靠投资推动并调整结构这个现实非常不符合很多经济学教科书一致倡导的消费带动型结构变迁模式。但对发展中大国来讲，务实和有效的经济结构调整战略才是更正确的，而不应太在意既有理论对结构调整与经济发展的一般性描述。以初始投资带动持续投资，进而改善经济经济结构，显然应注重发挥好投资的互补机制、诱导机制及淋下机制（投资带来的有益的乘数效应）。类似中国这样的发展中国家，政府投资面临的紧约束是不能在同一时期兼顾诸多二元领域的，如工业与农业、城镇化与农村现代化、城镇化与工业化、大城市与小城镇、交通基础设施和制造业、具备比较优势的适宜产业和不具备比较优势的前沿产业等。这也和 Hausman 等（2005）的增长诊断关于决策树方法的结论有一致性，即结构变迁在经济发展过程中具有举足轻重的作用，但各个国家的增长都面临一些"紧约束条件"（binding constraints），政府没有能力同时推进所有改革，政府需要依据影子价格揭示的信息排出各项改革的先后顺序。

通常的观点认为，根据投资的"社会边际生产力"即"成本-收益"原理来衡量投资的选择也许可以决定投资的先后次序，但"成本-收益"原则若考虑了企业家、储蓄供给、消费习惯和人口增长等变量后，实际的投资决策将非常困难。比如上述二元化抉择中，发展大城市还是中小城镇，以及发展是否符合比较优势的产业选择之间，长期以来就争论不休；新、旧结构主义的争论也是时代背景不同所引发的发展政策主张差异，并不是这个或那个理论本身有明显的缺陷。现实的投资决策往往变成了"看情况而定"的不可知论，这严重削弱了社会边际生产力标准的作用。这正引出本文对投资决策模型的思考。

1. 投资顺序的建立

本文考虑到中国各级政府投资决策过程中始终面临替代选择或延滞选择两种可能性，为简单处理，先假定有重大项目 A 和项目 B 可供某一级的地方政府选择性投资。由于财政资源的紧约束，政府如果决定选择 A，则表示 B 将被永远放弃或至少延滞。这类似于中国投资项目的诸多两难选择，它们涉及采取最佳手段以达到某一特定目的，或采取最佳设计以实现某种必需的生产。在这种情况下，政府的投资不再选择以 A 项目取代 B 项目，而是选择 AB 顺序以取代 BA 顺序。这一选择的理论基础在于如果我们的目的是既要 A 也要 B，比如既要发展比较优势产业带动就业，又要发展高科技创新型产业引领竞争优势等，但"现在"我们只能实施 A 延搁 B，或实施 B 延搁 A。很显然，如果我们宁取 AB 而不取 BA，唯一充足的理由应是只要实施 A，B 便有更早实施的可能。反之，则不然。换言之，政府的选择往往完全出于一种压力，即 A 的存在迫使 B 存在，比 B 的存在迫使 A 存在的压力更大。显然，这时项目 A 或项目 B，各自生产力的相对大小在决定二者实施的相对顺序时，已经成为一个次要因素了。

上述排序虽然简约，但基本体现中国发展过程中结构调整的重要方面：一方面，调整结构可能要把曾经发展过程中的短板(如农业、城镇化、金融系统漏洞、先进制造业、现代服务业等)补足;另一方面,相对成熟的产业和部门也不能原地停滞。显然,齐头并进的平衡增长不是根本途径,这里确实需要一种按次序或链条式的解决方式。结构调整的含义,从中国的角度上看即某一部门或产业的单独进步是可能的,但只限于某一时期,如果想使这种进步不被阻止,其他方面的进步必须跟上来,否则,单一的改善某个产业或部门的短暂进步将很快退化。也就是说,优先发展顺序的问题必须在对某方面的进步导致其他方面进步的相对力量做出评价的基础上来解决,仅仅只是补充、限定或完善通常的投资准则是远远不够的。现在我们把模型引向深入,设想图 5-1 中 R、L、H、T 代表一组我们想采取并为达到某种发展目标而必须以此推进的投资步骤,例如,R 可以代表起步阶段的农业产业,L 可以代表轻工业产业,H 代表重化工业,T 代表高科技创新产业与高端服务业。政府把握这种投资顺序的关键在于是否有先发国家的投资及发展经验作为参照,如果说,发达国家在选择发展的投资顺序时多少还带有摸索的特征的话,中国政府确实有理由事前把握这种投资顺序,避免走"弯路"。

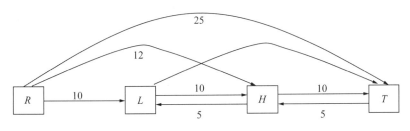

图 5-1 投资顺序模型

假设采取 L、H、T 投资步骤之前,R 步骤必须率先投资;但 R 一旦完成后,L、H、T 便没有任何的强制投资顺序,政府此时要做的就是按照发展战略考虑自己的投资顺序,实现结构调整。新、旧结构经济学的差异在这里非常明显,旧结构经济学建议打破按比较优势拾级而上的发展模式,提前安排 H、T 等产业的发展(郝希曼,1991:71—72);而新结构经济学则倡导按照 $R \to L \to H \to T$ 的方式投资(林毅夫,2010,2012)。但上述理论的考虑,在没有限制因素的情况下,也许都说得通,很难说谁一定有优势。

如果我们引进一些限制性资源,如决策能力、组织能力、投资时间等,且假定一点到另一点,这种资源的耗用量不一样,投资的结构优化是期待这种用量减至最小。如果说从 R 到 L、L 到 H 及 H 到 T 要使用 10 个单位的这种资源,而跨越 R 到 H 需要较多数量资源(如 12 个单位),从 R 到 T 或许使用更多数量(设 25 个单位),这是没有中间的投资准备阶段造成的结果。在另一方面,H 和 T 分别完成后,"填补"L 或 H所需资源将少于 10 个单位(假设为 5 单位),因为一旦后一步骤完成,而缺少中间步骤,将使他们产生一种紧迫感,补上中间步骤所费的稀有能力和时间会比按正常顺序所费的能力和时间要少得多。如果我们应用上述数字,各种可能顺序耗用稀有资源的数量如下:

沿 $R \to L \to H \to T$ 方向:30 单位;

　　从 R 跃到 H ,补充 L ,再到 T :27 单位;

　　从 R 到 L ,跃到 T ,补充 H :27 单位;

　　从 R 跃到 T ,补充 L 和 H :35 单位。

　　这个例子所暗含的发展思路是:政府投资战略不必只按某种既定程式或单一线路进行,可以打破所谓"先来后到""比较优势""成本收益"标准决策的"合理性",以及投资决策与所需资本量不一定成正比的事实。用一个更形象的例子来说,中国这类发展中国家的投资决策,目的是为发展到某种发达状态做准备,非常类似一种拼图游戏的过程。所谓发展到发达国家水平的收敛状态,不过是用最少时间拼成"完整的图形"。尽管全部拼图时间等于填补个别空缺部分(每项具体投资项目完成)之和,但拼图的顺序和次序将严重影响拼成的时间总和。换言之,如果填补完一个空缺(完成某项投资),再寻找与它邻近的空缺逐次填补(找前向或后向联系产业投资),以这种方式完成投资拼图的速度远远低于找到若干显著的关键空缺(这些产业极具诱导性和互补性),采取多点开花、各个击破、打破常规的方式来完成拼图的速度。[①] 只不过,中国既有的投资拼图模式,试错的过程多了些,迟滞了有效顺序的选择,以致出现了诸多结构性难题。而这正是本模型寻求破解的主要问题。

　　2. 投资模型的扩展Ⅰ:中国的公共服务投资与直接生产投资模型

　　上述投资的一般性顺序分析,只是说明投资顺序安排对于结构调整的重要性。面对层出不穷的投资项目选择,太过全面开花的投资战略虽说有利于减少投资风险,但摊子铺得太大,会大大削弱利用投资前后向联系的作用。有效顺序安排不妨先进行大类划分,再决定投资战略。现在,我们将中国的投资领域分为公共服务类投资和直接生产类投资。其中,公共服务类投资包括法律秩序、教育、公共卫生、运输、通信、动力、供水及农业间接资本如灌溉、排水系统等;直接生产类投资则主要包括各种实体制造业产业投资。

　　显然,政府的作用是通过投资公共服务的方式,带动各类直接生产性投资。从发展中国家的现状来讲,把政府有限的资金投资到公共服务领域确实是相对安全的,比如,法律、秩序、国防、教育、卫生、运输、通信、电力、排灌等系统的建立,尽管暂时可能造成对企业或私人投资直接生产过程的"挤出效应",但只要这种投资符合"诱致""互补"的特性,其后续引导直接生产投资于经济增长的潜力就会迸发出来。现在,我们就对这一过程做模型分析。

　　我们首先假设社会总投资(I^T)与社会公共服务投资(I^S)和直接生产投资(I^P)的关系是:

$$I^T = I^S + I^P \tag{5-6}$$

---

　　① 我们的投资拼图理念基于这个原理:拼完每一部分所需的时间将与其已拼入的相邻部分接触次数成反比;每一部分都环绕着几个邻接部分,已拼入的邻接部分越多,发现共同邻接部分并将其置于适当地位所费的时间就越少;总体拼接任务将随着所剩松散部分(尚未完成的投资项目)的减少而变得容易许多。

将式(5-6)式代入式(5-2)可得:

$$r = \frac{1}{m}(k^S + k^P) + \varepsilon \tag{5-7}$$

其中,k^S 代表社会公共服务投资率,k^P 代表社会直接生产投资率,它们共同决定国民收入增长率的长期变化。而 k^S 和 k^P 的相互关系则可以用图 5-2 和图 5-3 表示。我们看到,社会公共服务投资是直接生产互动投资的前提条件,社会公共服务投资越不足,特定产品的直接生产投资的成本就越高。图 5-2 横坐标表示社会公共服务投资的供应量与成本(C^S),纵坐标表示直接投资活动的产出总成本(C^P,含折旧)。同时假定社会公共服务投资不计入直接生产活动成本中。

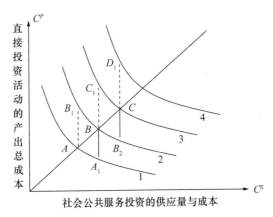

图 5-2　直接生产活动与公共服务投资的模型

图 5-2 中,曲线 1 表示,某一特定直接生产活动投资中,一个特定产品全部开工的生产成本与社会公共服务资本供应量的函数关系,曲线 2、曲线 3、曲线 4 则分别表示因继续增加直接生产投资而使产出不断增加的成本。曲线的斜率可以这样形象地理解:从最右端开始,社会公共服务投资资本充裕而直接生产投资成本低廉,增加社会公共服务资本投资很难进一步降低直接生产成本。当沿着曲线向左移时,某特定直接生产投资的产品的成本先是缓慢上升,而后加快,成本曲线最后变为近似垂直线,此时,最少的社会公共服务产品投资是进行直接生产投资活动之前必不可少的前提条件。

上述成本曲线似乎和微观经济学中两种投入要素(劳动、资本)投入的等产量曲线近似,实际情况则很不同。这里的成本曲线并不表示某种特定产出可以多用某种投资,而少用另一种投资来生产。因为它们只把某一特定产品的各种成本变化反映为一个因素,这个因素作为社会公共服务资本的供应量在不断变化,它对直接生产活动来说并不构成"内在化"的成本。那么,k^S、k^P、C^S、C^P 之间的关系又当如何呢? 我们用图 5-3 来描述其函数关系。

图 5-3 的(a)和(b)表示,无论是社会公共服务投资率(k^S)还是社会直接生产投资率(k^P),都和投入成本(C^S 或 C^P)之间呈倒 U 形函数关系,即随着投资率的增加,投资在某个领域的成本一般呈现先增加后减少的趋势(减少是由于规模效应);图 5-3 的

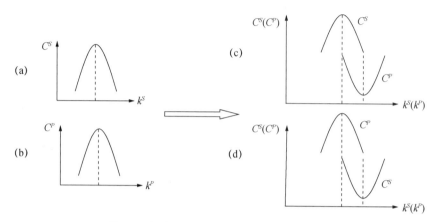

图 5-3　投资率与投资成本之间的函数关系

(c)和(d)表示,如果在同一时期按不同顺序开展社会公共服务投资(k^S)和社会直接生产投资(k^P),先启动者将面临较高的启动成本,但随着其规模成熟、扩大之后,将对后启动的投资产生压力,使得后者的启动成本呈现降低的趋势,直至最终达到两者相互适应的比例。

　　从整个社会范围来看,模型的目标在于以最小的资源成本进行直接生产活动投资与公共服务投资,以期获取不断增加的直接生产活动产出。在图 5-2 的每一条曲线上,各坐标值之和最小点是资源投入产出效率最佳点,也就是由原点出发的 45°线与每条曲线相交的点是直接生产活动与社会公共服务投资平衡增长的理想点;但是,发展中国家并不总是承受得了经济上的负担,往往是还没有完成足够的公共服务投资建设就匆匆忙忙上马各类直接生产投资项目,最后的结果是"两方拖累"——公共服务设施偷工减料,直接投资项目产出不佳。这个模型暗含三点结论:(1)发展中国家真正缺乏的除了资源本身,还有利用资源的能力;(2)投资顺序和发展顺序是"诱发"决策首先应当考虑的因素,绝不能事后诸葛亮;(3)社会公共服务投资与直接生产投资不宜同时扩展。

　　从图 5-2 的模型中,我们能够看到两种经济发展的顺序:一种扩展是从增加社会公共服务投资开始,连接 AA_1BB_2C 各点所成实线所示;另一种扩展的步骤是从扩充直接生产活动开始,连接 AB_1BC_1C 各点所成虚线所示。前一种扩展顺序可以称作社会公共服务资本"能力过剩下的发展",而后者则可称为社会公共服务资本"能力短缺下的发展"。那么,如何考虑有利于中国发展的最优推进路线或顺序呢?仅仅图 5-2 难以回答这个问题。如果我们从扩展社会公共服务资本开始(AA_1BB_2C),现有直接生产活动的成本会低一些,且其投资可能依企业家对利润提高反应而增加。另一方面,如果我们先着手扩充直接生产活动(AB_1BC_1C),这项直接生产活动的生产成本很可能会大幅度提高,参与直接生产活动者将会认识到通过社会公共服务设施的扩充,可能获得大量经济利益,其结果是扩充社会公共服务资本及设施投资的压力将会发生作用，因而诱使作为采取这个顺序的下一个步骤。

这两个顺序均能产生诱因和压力，对其各自的"效能"评价，一方面取决于企业动力的强弱，另一方面取决于社会公共服务资本的管理部门对公共压力所做的反应。但是，如果直接生产投资活动没有社会公共服务资本的同时增加，在成本势必提高的情况下，这个顺序如何能通过扩充直接生产活动而起步呢？答案是即使在 B_1 点，直接生产活动也可能是有利可图的。在社会公共服务资本投资建设并不充足的情况下，给予直接生产活动保护、补贴，特别是通过金融机构资金融通的方式或政府直接投资、担保投资的方式，也许比通过投资于社会公共服务资本来间接刺激直接生产活动，更能产生效果，只不过这种"孤注一掷"的投资模式一旦出现重大项目选择上的失误，则可能带来极大的生产潜力的破坏。

可见，前述两种不平衡增长的主要特性在于它们能产生"诱发的""压力的"额外决策收益，这足以导致投资与产出的增加。社会公共服务资本能力过剩，"超前需要的公共建设"预期将使一个国家、地区或城市对直接生产投资者产生吸引力；如果允许或迫使直接生产活动超越社会公共服务资本，将在其后产生一个强大的压力，要求社会公共服务资本的投资者（政府）持续供应。这是两类以"短缺"逼迫并促进发展的投资模型机制，这种机制使那些被超越的中间阶段较易被填补，因而缩短了发展的时间和空间。

3. 投资模型的扩展 II：动机、能力与投资决策

中国既有的增长模式表明，社会公共服务投资及直接生产活动的均衡增长不仅无法达到，而且因其不能造成动因与压力，去获取"诱致"投资决策所带来的"额外收益"，所以模型需要进一步做如下扩展。

假设一定数量的社会公共服务资本及直接生产活动的投资决策在第一期内已经做出，它们导致社会公共服务资本与直接生产活动产出之间形成某种比率。那么，跨期决策应当如何做出呢？这个问题可用图 5-4 和图 5-5 加以解释。两图的横坐标代表社会公共服务资本与直接生产活动投资的比率值，纵坐标上方表示诱发的直接生产活动投资，下方表示诱发的社会公共服务资本投资，总诱发投资以纵坐标上方到与诱发直接生产活动投资的相交点之间的虚线来表示。

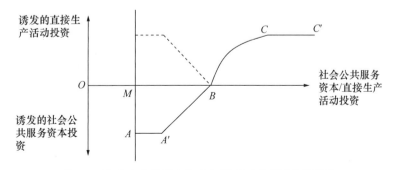

图 5-4　因社会公共服务资本短缺或过剩所诱发的投资

　　图 5-4 中,横坐标的 B 点为平衡点,对应图 5-2 中的 A、B、C 等各点,从静态均衡的角度来看,这些点代表一个国家资源的最佳配置。如果社会公共服务资本与直接生产活动比率小于 OB,该国则处于短缺及诱发社会公共服务资本投资的领域中;反之,该比率若大于 OB,该国则处于社会公共服务资本能力过剩及诱发直接生产活动投资的领域中。

　　初看起来,似乎社会公共服务资本与直接生产活动投资的比率离 OB 越远,社会公共服务资本或直接生产活动的诱发投资就越大,这种情况也以图 5-4 中的 A、C 两点表示出来。诱发直接生产活动投资的曲线较平顺是容易理解的:当社会公共服务资本能力过剩时,这种特殊诱发效果,显然将受到报酬递减的制约,例如,在任何有限期间内,交通不可能与公路线路数量成正比扩展。某项投资短缺的程度越严重,需要加以矫正的压力越大,用以达成这个目的所要的资本量也就越大。限制的因素多属于技术性的,社会公共服务资本能力过剩虽然可能与我们想象的一样大,但如果希望直接生产活动投资的产出能够维持在某一特定水平的话,技术上将限制社会公共服务资本的减少,这个最低点如图 5-4 中 M 点所示。

　　如果我们以某一特定发展期间来考虑,也必须认识到另一限制:在该期间内,不论诱发力量如何,可用的初始投资数量有一定限度。这个考虑当然也适用于诱发的直接生产活动投资,并且产出如图 5-4 中 AA' 和 BCC' 诱发曲线平行于横坐标的两部分。若现在对诱发曲线反映出来的诱发结果的强度加以推测,我们注意到,图 5-4 的总诱发曲线以平衡点 B 点为最低,换句话说,当社会公共服务资本与直接生产活动投资比率恰好处于均衡配置的“最佳状态”时,在下一期将可能不产生任何实际诱发投资。这样,平衡增长不但有可能不尽如人意,还可能实现不了产业结构升级换代的目标。

　　当然,如果对模型稍加改变,结论会非常不同。我们考虑:经济经过不断进步,诱发的直接生产活动投资及社会公共服务资本在相当长的延伸中必有一部分重复,这是完全可以想象的,如图 5-5 所示。

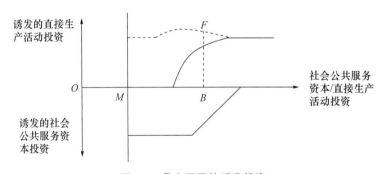

图 5-5　具有预见的诱发投资

　　直接生产活动的投资者(各企业或私人),逐渐注意到社会公共服务资本投资长期受到重视的经验,不待过剩能力出现,即会被诱发增加投资,社会公共服务资本投资也同样会在真正的短缺出现以前进行。因此,当一个社会对未来经济增长的特性有预见和信心时，平衡增长之点也可能就是进一步投资最大诱因之点，正如图 5-5 中 F 点（对应于图 5-4 中的平衡增长点 B）所示。在这些条件下，平衡增长不仅从静态观点来看是理想的，而且从动态观点来看也是一样。在此，我们逐渐接近动态均衡及其诱发投资的传统观念，尽管如此，在社会公共服务资本与直接生产活动处于均衡状态的情况下，即使紧张、压力或特别诱因均不存在，构成总投资的这两个组成部分的进一步平衡增长，仍将由此种压力及诱因的预期发生来诱发。这个预期必须追溯过去的经验，而过去的经验已告诉社会公共服务资本和直接生产活动经营者，要在困难或机会发生之前就有所预料，在这个意义上正是过去不平衡增长的经验，在经济进一步发展的阶段上使平衡增长成为可能。

我们从图 5-4 和图 5-5 中看出诱导方式顺序的基本差异。过剩的社会公共服务资本在能力上是自由的，它使现存的直接生产活动投资动机强化，并由此表明大量直接生产活动投资是被吸引的，而非被强迫的。欠发达国家的社会对"短缺"的长期体验，将使依赖"短缺"求发展比依赖"过剩"求发展更为有效和安全。下述现象也就不难理解了：如果我们资助不发达国家或地区一流的公路网和大面积的水力发电及灌溉设施，纵然工农业活动的扩展不能马上随这些改善并接踵而至，它至少带来一种"破土动工"的预期。只要打破相关的政策、制度、技术限制，通过最小的社会公共服务资本投资将带来直接生产活动能力和水平的大幅度改善。

当然，通过社会公共服务资本短缺的方式求发展的主张，在某些情况下也会遭遇阻碍。某些学者观察到运输或动力不足是许多发展中国家增长瓶颈的主要因素，并将这种情况归咎于发展方案未作适当的规划，或者规划的优先次序出现重大失误。但是，如果考虑到发展中国家长期面临通货膨胀的钳制时，政府率先开展公共服务产品投资就不是无的放矢了。毕竟，公共服务产品的价格是最容易把握的，并长期处于政府控制之下，因此，公共服务产品（如水、电力、铁路、有轨电车、电话、网络）价格的上涨幅度，一般应该小于其他商品价格上涨幅度，以便人民更好地利用公共服务产品，继而带来生产率和消费率的迅速增加。若忽视公共服务产品投资，将严重拖累经济。社会公共服务资本与直接生产活动产出之间有一个最小比率，在这一点上，只有扩充社会公共服务资本，直接生产活动的产出才可能增加。

需要略加说明的是，政府投资"公共服务"进而带动"直接生产"的条件首先是政府自身职能的转变，即从直接生产型政府（或社会资源分配型政府）到公共服务型政府的转变，这个过程不是政府彻底丢掉投资的发展手段，而是恰当地转化投资领域。实现公共服务优先，直接投资引导，政府职能转变。

4. 投资模型的扩展Ⅲ：协调一致的新、旧结构经济学研判

以上对投资模型的分析表明，其旨在解决旧结构经济学所强调但未能解决好，新结构经济学不太强调但却无法忽视的投资顺序与投资重点难题。投资模型的扩展Ⅰ力图为投资顺序在中国等发展中国家的铺开找到理论依据，投资模型的扩展Ⅱ则试图找到诱发不同类型投资以实现平衡及可持续增长的重要节点。连接投资顺序与诱发

压力的关键,是解决发展中国家普遍面临且在中国表现尤为明显的投资协调问题。这正是本部分要回答的问题。投资具有互补性(complementarity),是早期旧结构主义经济学的"大推进"理论模型(big push,Rosenstein-Rodan,1943:202—211)或O环模型(O-ring,Kremer,1993:551—575)均强调过的事实,这类模型强调在经济发展的关键时间段,为了保证结果对于任何行为方都是有益的,投资必须由多个行为方同时进行以实现互补性,这样才能增加对市场内部的企业、工人、组织的激励。但投资的互补性不是万能的,有时必然会出现协调失灵(coordination failure),即投资人不能协调他们的行为,导致对其他投资者或投资均衡状态的破坏,进而影响经济的整体发展惯性。一个简单的推论是:投资协调困难,时常是由人们的期望不同或因每个投资者都更愿意等其他人先行动的"观望心理"所致。

总而言之,如果此时政府能够充当投资体系的协调者或"助产士",通过投资经济序列的关键环节、关键部门,来打通这种协调各投资方的"联系通道",这很可能是克服协调失灵及其导致的欠发达陷阱(underdevelopment trap)或中等收入陷阱(middle-income trap)的关键。对中国而言,政府持续的建设基础设施、拓宽信息网络、改善公共服务、构建地方性融资平台、开展技术服务的行动可以视为克服各种协调失灵的重要抓手。这在协调多主体联合投资的过程中几乎是充分必要条件。各种类型的投资者的投资预期"好""坏"均受此影响,如果政府无所作为,则大量的资本闲置将使经济很快陷入"劣均衡"状态,这种"劣均衡"一旦形成,经济的恢复往往需要多年时间。

政府投资所引起的联系效应将在投资的多重均衡模型(multiple equilibria)下发生至关重要的作用(如图5-6所示)。

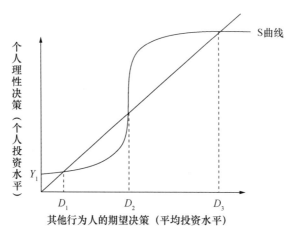

图5-6 伴随投资协调失灵的多重均衡模型

图5-6中S曲线表明,投资行为人所采取的投资行动所获得的好处正向地取决于其他有望采取同样行动的行为人的数目或采取此类行动的程度。此模型中,横轴代表期望投资者人数,纵轴代表作为期望投资者目标函数的实际将投资的人数。社会存在一个最低投资额Y_1的正截距,这是因为少数投资者抱有"先吃螃蟹"的心理,开展开拓

性投资;S 曲线正斜率表示,开拓投资者的示范效应可能会带动更多的后续投资者,因此曲线斜率为正。但这仅仅局限于投资者人数较少、信息较易沟通的情况,如果需要协调的投资人数众多,则协调困境势必马上出现,这会产生如图所示的多种均衡,即 S 形曲线与 45°线的几个交点。其中,D_1、D_3 是"稳定均衡",即如果人们投资预期发生或高或低的轻微变化,投资者将调整其行为回到初始均衡水平。这两个"稳定均衡"的 S 形曲线与 45°线在上方相交,这是"稳定均衡"的特点。

D_2 是 S 形曲线和 45°线在下方相交的点,因此它不稳定。因为在此模型中,投资人减少,均衡会移向 D_1,投资人增加,均衡会移至 D_3。D_2 只是偶然达到的均衡,它是一个对期望范围的分割,在这个点上,较高的"稳定均衡"与较低的"稳定均衡"在左右摆动。

S 形"个人投资决定曲线"开始通常以一个递增的速度增长,之后便以递减的速度增长,S 形体现了其互补性的典型特征。即在发展初期,曲线并未随着更多行为人采取行动而迅速上升;但是,待投资或参与者积累到一定数量后,就会产生滚雪球效应。可见,政府协调投资者的行动,最好出现在 D_1 到 D_2 这一区间,通过投资关键部门来带动企业与个人的投资跟进,从而把谁来"带头"投资的难题化解掉,并使经济尽快从劣质的投资均衡 D_1 过渡到优质的投资均衡 D_3 处。这正是单纯市场机制所不能实现的目标。因为"市场力量通常能使我们达到一种均衡,但它们无法确保达到最优均衡,并且没有提供一个市场机制从劣均衡向更优均衡转换的自动机制"(托达罗等,2012:99)。这也正如十八届三中全会所指出的那样,市场在经济发展过程要起决定性作用,但不是全部作用,政府的投资引导功能不可或缺。

5. 投资模型的扩展 IV:从两部门到多部门的结构经济学考察

现实经济序列投资结构的复杂性远远超出社会公共服务资本和生产建设资本二元化投资的理论假设。遵循从抽象到一般的逻辑演绎方法,这部分我们将投资的部门从简单的两部门扩展到 n 部门,于是有以下模型。假设 $Y_1,Y_2,\cdots,Y_n$ 表示第 1,第 2,$\cdots$,第 n 个部门生产的国民收入,这些部门的总供给可以表示为:

$$Y = Y_1 + Y_2 + \cdots + Y_n \tag{5-8}$$

这些部门的供给能力受多种因素影响,其中,主要影响因素是该部门的资产数量及其生产效率。以 C_i 表示 i 部门的资产数量,K_i 表示 i 部门的资产使用(生产)效率,那么,i 部门的供给能力可一般化地表示为:

$$Y_i = C_i K_i \tag{5-9}$$

以 $D_1,D_2,\cdots,D_n$ 表示社会对第 1,第 2,$\cdots$,第 n 个部门生产产品的需求,则总需求可以表示为:

$$D = D_1 + D_2 + \cdots + D_n \tag{5-10}$$

为保证社会再生产的顺利进行,理论上必须使各部门的总供给和总需求保持年度平衡。但现实中能做到跨期平衡相当不易。假设若在一段较长时间内均出现需求大于现有各部门资产提供产品能力的生产可能性边界时,必须追加新投资。设投资的平均时滞为 n 年,也就是说当年的需求要有前 n 年的投资来满足。这样,各部门的投资需求、产品需求与资产存量之间的跨期关系就可以表示为:

$$I_{i,t-n}F_iK_i' = D_{i,t} - C_{i,t-1}K_i \tag{5-11}$$

式(5-11)中,$I_{i,t-n}$ 为第 $t-n$ 年 i 部门所需要的新增投资;F_i 为 i 部门的固定资产投资形成率;K_i' 为 i 部门新增固定资产的效率;$D_{i,t}$ 表示第 t 年对 i 部门的产品需求;$C_{i,t-1}K_i$ 表示 i 部门第 $t-1$ 年的产品供给能力。公式表明:在固定资产投资效率、资产效率相对稳定的条件下,新增投资的需求结构主要取决于各部门的产品需求和现有资产存量。当某些部门的产品供不应求或供过于求时,就会对投资的产业分配比例提出调整的要求,从而促进经济结构的调整。在市场机制起决定性作用的条件下,投资的经济结构调整完全可以由价格、税收等经济杠杆实现。当某经济部门产品供不应求或其要素价格便宜时,其产品价格就会上升,利润的刺激使投资者蜂拥而至。这个信号,将自动调整社会的投资比例并改善经济结构。

社会存量的产业结构与经济结构对投资分配比例的制约作用还可以通过制约产业的资本形成量来实现。发达的、实力雄厚的且有发展前途的经济部门,其资本积累能力大,往往有很强的投资能力,可以根据市场需求情况增加对本部门的投资,形成竞争优势;反之,若一些产品市场需求不振,资本将撤出投资,以改善当前经济结构在该领域的资源配置。在多部门的情况下,投资顺序、投资重点,以及投资者(政府、企业、个人)之间的协调更将体现发展战略的前瞻性安排,必须既谨慎决策,又大胆铺排,不错过结构调整与发展更上台阶的战略机遇期。

6. 投资顺序模型的实证数据支持

为了说明以上投资顺序在公共服务和直接生产方面的抉择,我们利用中国经济数据库(CEIC)的投资数据进行简要验证性说明(见图 5-7,各图投资数据的单位均为百万元人民币,不再一一注明)。

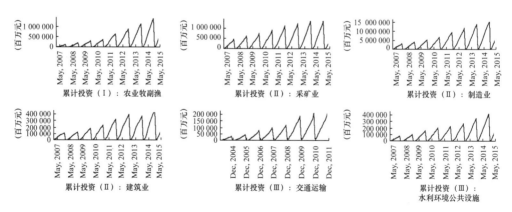

图 5-7 中国各产业内部代表行业累计投资规模变化数据

我们选择了 CEIC 中国投资数据中第一、二、三产业代表性的累计投资数据进行分析。数据显示,单就投资总规模而言,第二产业中的建筑业、制造业、采矿业仍然是中国投资的重点。但是，近年来，第三产业中交通运输、水利环境（含公共设施管理）的投资呈现大幅度上扬趋势，交通运输业在 2011 年前后投资规模达 2 000 亿元人民币的水平（最近 1—2 年数据还会更高）；而水利环境、公共管理设施的投资规模更是在 2014 年前后达到创纪录的 4 000 亿元人民币规模。这充分说明，政府的投资引导功能的潜在转变——由投资生产型大国转型为公共服务型大国（并且这个过程直接生产投资特别是第二产业的投资规模并未明显缩小，挤出效应不明显）。或者说，进一步改善投资结构的空间仍然存在，公共服务型产业的投资规模应继续保持甚至扩大。附带的一个结论是，需要注意这个投资转型过程对第一产业中粮食产业的挤出效应，任何公共服务、制造建设的投资，均不可妨碍粮食生产投资，特别是以占用土地的方式来实现的对基本良田粮食生产和其他基本农林牧副等产业的挤出。

（三）与新、旧结构经济学命题主张相关联的现象和矛盾

在对待投资主导的经济增长这个问题上，新、旧结构经济学均未否认投资对发展中经济体的重大作用。不同之处仅在于对投资领域和产业选择上的认识偏差。是否符合比较优势是两大理论体系争论的焦点。但事实上，中国现有的经济结构形成，一方面可从分工演进的角度理解结构转变的历程（高帆，2005）；另一方面可以理解为从前 30 年高增长过程的"铺摊子"到新阶段"上台阶"的历程。这个台阶一是"产业升级"的台阶，二是"创新"的台阶（刘世锦，2013）。而投资的领域，则决定了产业升级是否符合当前比较优势的发展方向及相关产业的创新概率，毕竟，投资多的领域，创新的概率远大于投资少的领域。根据李刚等（2011）的分析，经济快速发展时，往往是第二产业劳动生产率上升速度快于第三产业，进而第二产业劳动生产率会高于第三产业的时期，如果第二产业劳动生产率速度长期低于第三产业，往往是一国衰落的先兆。如果再加上按照购买力平价计算的中国第二产业比重仅为 32.53%，中国确有必要在第二产业投资发展上做文章。按上文的分析，中国的第二产业内部需要区分生产性投资和公共服务性投资，形成好的投资顺序，是实现以先发投资带动后续投资和消费的关键。我们将具体从投资结构调整的角度来分析中国经济"稳、活、托底"的政策方案。

三、中国经济结构调整的分类方案：
稳、活、托底的投资政策设计

有一种广为流行的观点认为，中国经济自 1978 年以来走的是投资拉动型经济增长模式，过去 30 年的增长严重依赖资本深化；因此，后续的结构调整之路似乎只能从消费启动、国有—非国有部门的效率改进、农业工业化、城镇化规模扩大等方式来推动结构变革。但事实上，这些调整手段要么是投资结构变化的副产品，要么严重依赖投

资结构的改善。而朱晓冬(2013)的相关研究数据①则更客观地说明了将中国投资结构调整作为切入点，实现结构升级仍有极大的可塑性。

(一) 投资要稳:把握投资顺序,政府与市场都要发挥各自作用

中国经济增长前沿课题组(2013)把中国经济增长划分为两个阶段,即投资驱动的高速增长阶段Ⅰ和城市化时期稳速增长阶段Ⅱ。并认为制造业部门投资增速降低一是由于其成本上升,二是由于服务业的替代。但服务业对投资增长的拉动能力远不如制造业部门,服务业带来的高增长冲击往往也如昙花一现,这个规律在由工业化过渡到城市化的成熟路径上,表现为全社会投资增长率逐渐趋于下降。而本文的分析表明,如不依赖持续的、有效率的投资,就算是我们刚刚获取的所谓"城市化时期稳速增长阶段Ⅱ"也是无法保证延续其良好势头的。投资减速只能带来经济增长速度的持续降低,从而使整体的全要素生产率改进空间变得狭小。新、旧结构主义的发展经济学思路在这里相互碰撞的结果是推导出"投资应稳并注重顺序"的结构调整战略,这一战略的核心是:(1)由市场决定投资项目的风险、收益、成本等指标,并由企业自主决策投资规模、区域和是否采取外部融资行为(如信贷等);(2)政府在启动新的投资冲击和协调各类企业投资方向时应主动出击②,尤其是不能任由整体经济结构过快地收敛为服务业占主导的产业结构体系,而应适度加大从"投资驱动的高速增长阶段Ⅰ"到"城市化时期稳速增长阶段Ⅱ"的过渡时期第二产业特别是制造业部门的投资力度。一些大中型国有企业和全国及地方性的融资平台可以为这个投资冲击发挥作用,实现政府对结构调整的协调与引领作用,这是把握投资顺序的微观实现机制。

这种思路,既照顾到了新结构主义按禀赋的比较优势序列发展产业的诉求,又部分采纳了旧结构主义对政府调整经济结构的合理描述:稳健而不冒进的投资战略,有望带来更加优化的产业结构调整空间。在这个过程中,Anne Krueger(2011:222—226)的观点值得重视,她指出,"应该由市场来决定比较优势,而且政府有责任保证一个合理的激励体系,并且提供相应的基础设施(包括硬件基础设施和软件基础设施)",由于基础设施的改善往往是产业专用的,那么,政府投资引导产业发展方向时,可以避免直接投资产业来挤出企业的投资空间,而将投资于制造业(第二产业)部门相关的基础设施或公共服务作为投资冲击发起的重点,这不能不说是政府应当有所作为的重要领域。③"因为财政资源和实施能力的限制,每一个国家的政府必须设立优先级,以决

---

① 朱晓冬指出:"尽管年均 GDP 中用于实际固定资本投资的份额在 1978—2007 年间从 33% 增加到 39%,但中国的资本产出比在此期间几乎没有增长。1978 年以后中国的资本投资随着快速的产出而加快步伐,但并没有起到引领作用。"朱晓冬(2013).

② 在日本、韩国和中国台湾地区,政府在私人投资和整个经济的基本结构及比较优势特点演进方面发挥发起、领导和管理的作用。

③ 例如,毛里求斯的纺织业,莱索托的服装业,布基纳法索的棉花产业,埃塞俄比亚的鲜切花业,马里的芒果产业和卢旺达的猩猩旅游业等,它们都需要政府提供不同类型的基础设施,这也是投资战略在发展中国家展开的必经之路。

定哪些基础设施应予以优先改善,以及公共设施的最优位置应设在哪里,这样才能取得成功"(林毅夫,2012:65)。

(二) 投资要活:把握关键节点,适应新兴产业革命的发展趋势

林毅夫(2012:154—155)强调,投资的产业选择应寻找、甄别在具有类似禀赋(相对本国而言)结构且人均收入均为本国两倍的发展国家中具有活力的贸易品产业作为本国具有比较优势产业的投资方向。旧结构主义则认为应倡导政府保护和补贴,以建立背离比较优势的新产业。事实上,新旧结构主义的思路均有特定的历史背景和投资规律可循,本质上都有各自的适用范围,但新结构主义过于强调比较优势学说,容易陷入"唯比较优势陷阱";旧结构主义则一味追求产业的高、精、尖,并力图在较短时间内实现赶超,这又显得机械主义并缺乏发展战略的调整空间。两种结构主义思潮,都可能将一个国家的投资战略引向某种"僵化"的格局,缺乏足够的灵活性。本文强调,适应中国经济结构调整的最佳投资模式,必须是面向市场决定作用的需求模式,它既不唯"比较优势",也不盲目追求高、精、尖,它应随着后危机时代市场需求的变化,来及时调整投资的产业结构与产品结构:(1) 投资现代农业,加强农业基础地位,利用生物产业等前沿产业的发展新趋势,塑造既能保底粮食安全,又具有国际竞争力的优势、高效、高产农业。(2) 紧跟近年来兴起的健康、节能、环保、低碳、创意等工业品、服务品的产业革命趋势,加大投资这类产业的力度,既用灵活的投资战略瞄准居民未来的消费热点;也用前沿性投资战略来创造"消费热点",实现旧结构主义保护国内产业(这里已经不是幼稚产业,而是具有产业革命孕育条件的前瞻性产业)的目标,也可在一定程度上创造出本国的比较优势。这也将实现新结构主义按比较优势发展产业和开展投资的目标,只不过,这里的比较优势,不再是按部就班、拾级而上的产业梯度序列,而是具有前瞻性和创造性的投资及产业发展战略。目前,在西方国家前沿、成熟产业的边缘上寻找投资热点,可能是迎接新兴产业革命、实现创造比较优势的可行途径。类似的例子,可参考日本的电子、电器、汽车制造业的边缘性投资创新,以及韩国手机、电视等产业的投资创新模式。(3) 根据市场调节功能,抑制一批产能过剩行业的投资,把节约下来的资金用于改善投资的自然生态环境与市场法制环境。(4) 投资制约了我国由制造业大国向制造业强国转变的精密制造、大型成套设备、核心元器件、特种材料等几个瓶颈领域,妨碍我们实现一批自主创新品牌的异军突起,形成投资的知识产权与自主创新集成效应。建立国家新兴产业投资战略规划部门,可能是宏观上把握投资新兴产业和投资布局的重要实现机制,毕竟,中国需要有这样一个牵头的部门来规划相应的重大战略投资,以前那种各部委"九龙治水"的格局需要适时打破,这样才能"不拘一格"实现战略投资的转变。

(三) 投资要托底:以解决民生难题作为投资的着眼点、跳出低均衡陷阱

"无论一种经济体系可以带来怎样的成功,如果体系保持不变就不可能持续发展。

历史上充斥着一朝繁盛、一朝落魄的经济体系。"（速水佑次郎，2005：300）而对寻找在经济增长、社会稳定、民生幸福、环境改善等几项具有相互制约力的目标面前，投资战略对当下中国经济体系的推动与改善能力无疑是巨大的。因为中国经济结构中具有保底和筑底功能的因素还是投资，特别是事关公共服务和民生建设的投资。毫无疑问，实现投资的保底和公共服务功能，实现机制根本上在于转变政府自身的职能，早日建成公共服务型政府。

1. 以开放型的投资模式来持续改善我国人口多、底子薄、发展不平衡的禀赋结构

新、旧结构经济学虽然在发展的战略主张上大相径庭，但是，在对发展中国家普遍面临的爆炸性人口增长、贫穷、基础设施匮乏、各领域和各区域的发展不平衡的基本禀赋结构的认识上却是没有异议的。改善路径的区别仅仅在于，新结构经济学强调按比较优势的现状，渐进升级产业及经济结构，逐步收敛于发达国家水平；而旧结构经济学则认为比较优势虽然重要，却不过只是一个基线，一个国家想要升级产业、改善结构、发展民生，就需要违背比较优势（Lin and Chang，2009：483—502），率先安排一些前瞻性的资本、技术、信息密集型产业。本文则认为，这两种观点不存在对与错，只存在对发展机遇和时间段的把握是否恰当的区别；现阶段，发达国家两百多年工业化进程中分阶段出现的人口结构变迁、资源环境承载力弱化及产业结构升级变缓等问题在我国集中凸显，如果没有可以吸引民间投资乃至外资的开放型投资模式将资本注入那些日渐紧俏的基础设施、公共服务（医疗卫生、教育、社保）及环境整治领域，上述凸显的矛盾就无法得到有效抑制。只是说，投资的领域应遵循市场决定、政府引导的原则，既不过慢（如新结构主义所述的按部就班），也不过快（如旧结构主义所述的快速拔高产业结构），而是适度加速投资，带动经济结构尽快走出可能的"低收入陷阱"或"中等收入陷阱"。

2. 投资保底应当作为一种机制贯穿于改革的全过程

Hausman（2005）指出"政府没有能力推进各项改革，政府需要影子价格揭示的信息排出各项改革的优先序"。投资于基础设施、公共服务、民生改善等领域的"保底"设计实际上既表明政府引导投资的顺序，也逐渐为政府构建出一种投资保底的机制。这种机制所蕴含的是对这样一个特征事实的必然回应，即对中国这样的发展中国家而言，实物基础设施与民生公务服务是一个紧约束；而在提供这些公用设施与民生服务以促进经济发展方面，政府的作用必不可少。也正如刘易斯（1998：463）所说的那样："离开高明政府的正面激励，没有一个国家能获得进步。"[①]这里的投资保底机制建议，政府的改革推动与制度设计必不可少。当然，像基础设施建设、民生公共服务提供等事务，也不是政府一力能够承担的，它需要集体行动，或至少需要基础设施、民生公共服务的提供者与工业企业之间协调行动。政府如果不自己推动建设基础设施及公共服务的话，至少也需要积极协调各方的行动。只有在政府有力且恰如其分的引导下，

---

① 本文发表于《复旦大学学报（社会科学版）》2016年第3期，发表时受版面限制，有删节。

市场价格才能真正反映中国的比较优势，这时的企业投资市场才会有的放矢，改革的全方位推进才能够有切实的经济基础作为保障。或者说，投资的保底机制，可望使中国经济结构调整的过程更加稳健，并恰当地在市场失灵与政府失灵之间找到切合点，使其互为检验。

参 考 文 献

[1] Anne, K. Comments on new structural economics, *The World Bank Research Observer*[M]. Oxford: Oxford University Press, 2011.

[2] Chang, P. *Agriculture and Industrialization*[M]. Cambridge, MA: Harvard University Press, 1958.

[3] 迟福林. 以公共服务建设为中心的政府转型[N]. 国家行政学院学报, 2011, 1.

[4] 付敏杰. 中国有多少结构问题[J]. 经济学动态, 2013, 5.

[5] 高帆. 论二元经济结构的转化取向[J]. 经济研究, 2005, 9.

[6] 高尚全. 公共服务体制建设的核心是政府转型[J]. 经济前沿, 2006, 8.

[7] Hausmann, R., Rodrik, D., and Velasco, A. Growth diagnostics, in Stiglitz, J., and Serra, N. (eds.), *The Washington Consensus Reconsidered: Towards a New Global Governance*[M]. Oxford: Oxford University Press, 2005.

[8] Hausmann, R., Rodrik, D., and Velasco, A. Growth diagnostics, in Stiglitz, J., Serra, N. (eds.). *The Washington Consensus Reconsidered: Towards a New Global Governance*[M]. Oxford: Oxford University Press, 2005.

[9] Hirschman, A. *The Strategy of Economic Development*[M]. New Haven, Conn.: Yale University Press, 1958.

[10] 郝希曼. 经济发展战略[M]. 北京: 经济科学出版社, 1991.

[11] 洪银兴. 关键是厘清市场与政府作用的边界——市场对资源配置起决定性作用后政府作用的转型[J]. 红旗文稿, 2014, 2.

[12] 怀特·黑德. 过程与现实[M]. 纽约: 麦克米伦出版公司, 1930: 6. 转引自: 郝希曼. 经济发展战略[M]. 北京: 经济科学出版社, 1991: 序言第 1 页.

[13] Kremer. The O-Ring theory of economic development[J]. *The Quarterly Journal of Economics*, 1993, 108(3).

[14] Kuznets, S. *Modern Economic Growth: Rate, Structure and Spread*[M]. New Haven, CT: Yale University Press, 1966.

[15] 科尔奈. 短缺经济学[M]. 北京: 经济科学出版社, 1986.

[16] Lewis, W. Economic development with unlimited supplies of labor[J]. *The Manchester School*, 1954, 22.

[17] Lin, J. Y., and Chang, H. Should industrial policy in developing countries conform to comparative advantage or defy it? A debate between Justin Lin and Ha-Joon Chang[J]. *Development Policy Review*, *Overseas Development Institute*, 2009, 27(5).

[18] Lin, J. Y., and Monga, C. Growth identification and facilitation: The role of the state in the dynamics of structural change[R]. Policy Research Working Paper Series 5313, The World Bank, 2011.

[19] 李刚等. 中国产业升级的方向与路径[J]. 中国工业经济, 2011, 10.

[20] 林毅夫. 新结构经济学[M]. 北京:北京大学出版社, 2012.

[21] 林毅夫. 新结构经济学——重构发展经济学的框架[J]. 经济学(季刊), 2010, 1.

[22] 刘世锦. 寻找中国经济增长新的动力和平衡[J]. 中国发展观察, 2013, 6.

[23] 刘易斯. 经济增长理论[M]. 北京:商务印书馆, 1998.

[24] Murphy, K., Shleifer, A., and Vishny, R. Industrialization and the Big Push[J]. *Journal of Political Economy*, 1989, 97(5).

[25] Myrdal, G. *Economic Theory and Under-developed Regions*[M]. London: Duckworth, 1957.

[26] 马晓河. 从两对变量变化看中国经济结构调整的难度[J]. 中国发展观察, 2013, 5.

[27] Rosenstein-Rodan. Problems of industrialisation of Eastern and South-Eastern Europe[J]. *The Economic Journal*, 1943, 53.

[28] Rostow, W. *Theorists of Economic Growth from David Hume to the Present: With a Perspective on the Next Century*[M]. New York, Oxford University Press, 1990a.

[29] Rostow, W. *The Stages of Economic Growth: A Non-Communist Manifesto* (3rd ed.)[M]. NewYork, Cambridge University Press, 1990b.

[30] 速水佑次郎. 发展经济学——从贫困到富裕(第三版)[M]. 北京:社会科学文献出版社, 2009.

[31] 王检贵. 劳动与资本双重过剩下的经济发展[M]. 北京:上海三联、上海人民出版社, 2002.

[32] 吴敬琏. 经济转轨过程中政府的基本职能[J]. 经济研究参考, 2000, 15.

[33] 吴敬琏. 提高政府决策科学性的八点建议[N]. 光明日报, 2003-4-17.

[34] 吴敬琏. 中国:政府在市场经济转型中的作用[J]. 河北学刊, 2004, 4.

[35] 吴敬琏. 转变发展方式,政府自身改革更关键[N]. 人民日报, 2011-1-19.

[36] 吴敬琏. 转轨中国[M]. 成都:四川人民出版社, 2002.

[37] 中国经济增长前沿课题组. 中国经济转型的结构性特征、风险与效率提升路径[J]. 经济研究, 2013, 10.

[38] 朱晓冬. 中国经济增长靠什么[J]. 中国改革, 2013, 9.

第六章 产业集群动态演化规律 与地方政府政策[*]

阮建青　石　琦　张晓波

摘　要

本文根据已有产业集群演化模型和产业升级路径,构建了一个产业集群动态演化三阶段模型,即集群发展早期处于数量扩张期,在数量扩张的鼎盛阶段,集群可能陷入内生质量危机;若能克服质量危机,集群将演化到质量提升期;在质量提升期末期,宏观经济的发展逐渐影响着区域间相对比较优势,产业集群较发达的区域将面临要素成本不断上涨的压力,生产环节的利润将日益微薄;此时,若产业集群能够将利润重心从生产环节升级到技术研发、品牌创新与市场开拓环节,则集群将向微笑曲线的两端演化,即集群演进到研发与品牌创新期。但是,上述三阶段演化模型中,不同阶段之间的演进并非自然而然发生的事情,而需要地方政府提供具有集群外部性的公共产品。本文不仅从理论上阐述了上述演化规律,而且运用案例和实地调研数据对上述模型进行了验证。

关键词

产业集群　产业升级　演化模型　产业政策　地方政府

一、引　言

在经历了三十多年的经济高速增长后,中国总体上进入中等收入国家行列。中国能否在未来几十年内摆脱"中等收入陷阱"从而进入高收入国家行列,是未来面临的关

---

*　本文是国家自然科学基金(71373229,71350002)、浙江省自然科学基金(LY13G030004)成果之一。感谢伍骏骞、江婧源在调研与数据处理上提供的帮助,感谢匿名审稿人的建设性意见。原文发表在《管理世界》2014年第12期。

键问题之一。影响一个经济体持续增长的因素很多,但是,能否实现产业的持续升级是其中至关重要的一点(林毅夫,2012)。当前中国东部沿海地区的劳动密集型产业能否成功转型升级将直接影响整个中国的经济增长甚至社会稳定。中国东部沿海地区的劳动密集型产业主要是基于产业集群的形式(Xu and Zhang,2008;Wang and Mei,2009;Long and Zhang,2012),甚至西部的农业生产也遵循集群的模式(Zhang and Hu,2014)。因而,探讨中国发达地区的产业转型升级,有必要从产业集群视角进行研究。

产业集群转型升级是否存在普遍性规律?对这一问题最深入的研究来自日本学者 Otsuka 和 Sonobe(2011),他们在对比了东亚、南亚和非洲多个产业集群的发展历史后,总结出产业集群演化的一般规律,即产业集群一般会经历数量扩张期与质量提升期两个阶段。但是,Otsuka 和 Sonobe 没有详细阐明从数量扩张期演进到质量提升期的内在机制,也没有进一步探讨在质量提升期之后,产业集群将如何进一步演进。

本文作者在对中国产业集群长期持续观察的基础上,结合 Otsuka 和 Sonobe(2011)的产业集群演化模型和 Humphrey 和 Schmitz(2000)的产业升级路径理论,提出了一个产业集群演化三阶段模型,即成功的产业集群一般会经历数量扩张期、质量提升期和研发与品牌创新期三个阶段。从数量扩张期演进到质量提升期的主要原因是内生质量危机,从质量提升期演进到研发与品牌创新期的主要原因是区域比较优势的变化。本文首先用两个案例故事描述了上述集群演化规律,进而应用经济学分析方法从理论上分析了上述演进的内在机制,并利用大规模产业集群调研数据对上述模型进行了间接验证。最后本文提出了相关政策建议。

本文的贡献主要体现在,本文结合产业升级理论修正并完善了 Otsuka 和 Sonobe(2011)的产业集群演化模型,不仅将 Otsuka 和 Sonobe(2011)的产业集群演化模型从两阶段扩展到三阶段,而且解释了不同阶段之间演化的内在机制。此外,本文为学者理解新结构经济学理论提供了案例参考。最后,本文得出的结论对地方政府制定产业政策具有实际参考价值。

后文安排如下:第二部分是文献综述,第三部分是案例研究,第四部分阐述本文所提出的产业集群演化模型,第五部分是经验证据,最后一部分是结论。

二、文 献 综 述

有关产业集群的研究可追溯到马歇尔。Marshall(1920)将同类产品生产企业在特定空间上大规模集聚的现象定义为"专业化产业区",Marshall 认为专业化产业区通过如下三种方式给集聚的企业带来了外部规模经济:(1)区域内技术、信息外溢。企业在特定地区的集聚有利于新知识、新技术、新创意在企业之间的传播和应用。(2)提供共享的中间投入品和市场服务。产业集群可以支持中间投入品的大规模生产,从而降低成本。靠近市场也大大降低了采购和销售成本。(3)提供区域专用性劳动力市场。产业区内集聚了大量潜在的劳动力需求和供应,既降低了工人的失业率,又保障了厂商的劳动力需求。

产业集群除了具有马歇尔所提出的三个优势外,还具有促进集体行动和降低进入壁垒的优势。集群内企业因为地理上的邻近和业务上的频繁交往,非常容易形成有利于整个集群发展的集体行动(Schmitz and Nadvi,1999)。产业集群通过分工,降低资本进入壁垒和技术壁垒,给农村地区广大潜在企业家提供了进入市场的机会(Huang et al.,2008;Ruan and Zhang,2009;Long and Zhang,2011);而且产业集群内的分工为企业家创造了成长的通道(阮建青等,2008,2011)。

正是因为这些优势,产业集群成为工业化过程中的一种普遍现象,发达国家与发展中国家均广泛存在。基于产业集群的发展模式不仅在意大利取得了成功,在东亚的日本、印度尼西亚、中国台湾地区、中国东部沿海地区等国家和地区也获得了成功,近年来,在部分非洲地区也逐渐出现了这一模式(Sonobe and Otuska,2006;Zeng,2008;Otsuka and Sonobe,2011;Zhang et al.,2011;Ali et al.,2014)。产业集群的发展模式不仅适用于制造业,在农业领域也发挥了重要的作用(Zhang and Hu,2014),联合国工业发展署因此倡议通过发展产业集群来减少世界贫困(Nadvi and Barrientos,2004)。

虽然产业集群对经济增长有着重要作用,但是系统归纳总结产业集群演化规律的研究一直到近几年才开始出现。日本学者 Otsuka 和 Sonobe(2011)详细总结了亚洲和非洲的 19 个产业集群的发展过程,归纳出产业集群的演化规律。他们将发展中国家产业集群的发展归纳为两阶段:首先是数量扩张阶段,这一阶段以斯密式增长为主;其次是质量提升阶段,这一阶段主要是熊彼特式增长;从数量扩张阶段到质量提升阶段的转变,就是产业集群的升级。从数量扩张阶段演进到质量提升阶段的原因主要有两点:一是随着国民收入的提高,对高质量产品的需求日益扩大;二是低质量产品竞争加剧,企业为寻求高额利润而选择进行产品升级。

Otsuka 和 Sonobe(2011)的产业集群演化模型是本文的基础,但是该模型仅仅将产业集群的演化界定为从低质量向高质量的演进,实际上,质量升级只是产业升级的一种途径。产业升级可以定义为企业通过一系列的创新活动增加附加值的过程(Giuliani et al.,2005),企业为达到这一目的可以有不同的途径,如提高产品质量、生产新产品、采用新技术,或者调整其在价值链上的位置等。Humphrey 和 Schmitz(2000)总结了四种产业升级路径:(1)流程升级(process upgrading),企业通过重组生产流程或者引入新的生产技术来提高投入产出效率;(2)产品升级(product upgrading),企业通过生产更高质量和更复杂的产品来提高利润;(3)功能升级(functional upgrading),企业从价值链的低附加值部分移动到高附加值部分,如从生产为主转向研发设计、品牌创新和市场开拓为主;(4)跨行业升级(intersectoral upgrading),企业从原行业转向相关的新行业。

实际上,Otsuka 和 Sonobe(2011)的产业集群演化模型与上述产业升级路径之间存在内在联系。在数量扩张阶段,企业的发展主要通过流程升级,因为此阶段集群内的企业主要进行的是数量竞争,而通过改造生产流程可以更有效地提高生产效率;在质量提升阶段,企业的升级主要体现为产品升级,即企业通过生产高质量或高复杂度的产品提升利润。当产业集群进一步演化,尤其是随着区域经济的发展,其要素禀赋随之发生变化,劳动力、土地、原材料等相对价格会上涨,原有的产业集群生产方式可能会丧失比较优势,即使有高质量的产品也不一定能维持原来的比较优势。这其实正是中国东部沿海地区部分成熟产业集群当前面临的问题。在区域间比较优势发生转变后,产业集群可能被迫升级到新阶段,在此阶段,企业通过提升研发水平、创建品牌、采用电子商务开拓市场等方式进行升级,即从价值链的低端向高端演进,也就是产业向微笑曲线两端演进,逐渐重视设计研发与市场开拓,这一个过程正是 Humphrey 和 Schmitz(2000)所提出的功能升级。

因而,有必要将 Otsuka 和 Sonobe(2011)的产业集群演化模型与 Humphrey 和 Schmitz(2000)的产业升级路径相结合,构建出一个更加具有解释力的产业集群动态演化模型,这正是本文所要努力的方向。

三、案例研究

(一)濮院羊毛衫产业集群演化历程①

濮院镇位于浙江省北部,地处杭州和上海之间,是明清时期江南"五大镇"之一,有着悠久的织造传统。濮院羊毛衫产业萌芽于 1976 年,当时一家集体企业开始生产羊毛衫,并迅速获得成功,许多个人,甚至一些国营与集体企业纷纷仿效。从 1976 年发展至今,该产业集群经历了三个阶段。

1. 数量扩张阶段

20 世纪 80 年代初期,随着中国农村改革的推进,农民收入快速提高,对服装的需求迅速增长。因为生产羊毛衫的机器机身小、成本低、易学易用,濮院周边的工人、农民纷纷加入羊毛衫生产的行列。1985 年,濮院镇羊毛衫产量达 93 万件,产值达 2 629.30 万元。濮院镇政府顺应羊毛衫产业发展需要,于 1988 年建立第一批羊毛衫交易市场,这进一步促进了产业发展。1988 年濮院拥有羊毛衫企业 373 家,全镇拥有羊毛衫生产横机 1 540 台,产量达 270 万件,产值近亿元。1992 年地方政府建设了第二批羊毛衫市场。1995 年,在地方政府协调下,濮院 27 家私有托运站联合成立股份制物流公司,共同经营 109 条货运线路,直达全国 140 多个大、中城市和各大市场。市场的扩建与物流中心的成立,使得濮院成为全国羊毛衫集散中心,市场年成交额超过 20 亿元。

---

① 本案例部分内容参考阮建青等(2010),部分内容来自作者最新调研。

2. 质量提升阶段

20 世纪 80 年代与 90 年代早期,濮院羊毛衫生产企业数量迅速增长,企业间竞争主要是价格竞争。一些生产企业受利益驱使,出现经销假冒伪劣商品等违法违规行为,这一现象在 1996 年表现特别突出,濮院羊毛衫的市场声誉严重受损,整个市场陷入"柠檬市场"困境。

面对危机,地方政府采取了一系列应对措施。濮院羊毛衫市场管委会和企业家共同协商后,采取了如下具体措施:(1)加强检查监督。1997 年起,濮院羊毛衫市场管委会邀请桐乡市技术监督局在羊毛衫市场设立产品质量管理所,派专门人员负责产品质量方面的宣传、咨询、巡检、查处等服务与管理工作,并受理产品质量投诉。市场管委会还与质量监督部门建立健全了一系列管理制度,先后制定了《濮院羊毛衫市场管理办法》《产品质量监督检查制度》《产品质量保证规定》《信誉卡使用制度》。同时,管委会坚持日常巡检工作,加大执法力度,如集中整治原料市场质量、引导园区内羊毛衫企业提升产品质量、加强对假冒商品的治理等。(2)树立精品一条街。濮院镇政府在加强监督检查的同时,通过树立优质守信典型引导生产者和销售商提升产品质量。2000 年,市场管委会和桐乡市质量技术监督局经过深入的调查摸底和严格的检查,对具备规定条件的街道,进行统一装修,建立精品一条街,实施精品经营。精品街设立达到了"多赢"目的:对市场经营户而言,提高了知名度,促进了销售;对消费者而言,起到了引导消费的作用;对政府主管部门而言,设立精品街,以点带面,对市场产品质量和产品档次的提高起到了推动作用。(3)设立第三方质量检测机构。在濮院羊毛衫市场管委会协助下,浙江经纬公证检验行有限公司于 2004 年 8 月组建了毛衫品检中心,从事第三方货物检验。

在提升质量的同时,地方政府也积极进行集群品牌的宣传。1997 年,濮院镇政府和毛衫商会创立了《濮院市场报》,为客商和经营户提供市场行情。1999 年,濮院镇政府通过物流公司向通往全国各地的 109 条线路的经营者发送市场宣传画册 150 万册,并在全国各大城市进行巡回宣传。从 2003 年开始每年组团参加"中国国际针织博览会",打响"濮院毛衫"品牌,并从 2004 年开始,在濮院举办每年一届的"毛衫国际博览会"。

2000 年,濮院镇政府建立了毛衫城工业园区,鼓励濮院原有企业迁入工业园区,并外出招商引资。镇政府公布了一系列包括税收减免、协助办理银行贷款等方面的优惠条件,这些优惠措施吸引了全国各地毛衫企业向濮院集聚。2006 年,濮院有羊毛衫生产企业 3 200 多家,羊毛衫交易区 10 个,门市部 6 000 余间,另外还有毛纱市场、辅料市场、托运中心和客运中心,年销售量 5 亿件,市场成交额达 150 亿元,成为全国最大的羊毛衫集散中心与生产加工基地。

3. 研发与品牌创新阶段

2006 年以来,濮院羊毛衫产业集群面临的宏观环境有了明显的变化。首先,劳动力成本大幅上涨。随着整个中国劳动力市场进入刘易斯转折期,劳动力短缺现象在东部沿海制造业基地表现得特别突出。从 2006 年开始,濮院羊毛衫产业集群内的工人工资进入快速增长期,濮院所在的桐乡市 2005 年工人年均工资是 14 675 元,2006 年上升到 18 336 元,到 2013 年增长到 38 661 元。[①] 工资水平的快速增长使得羊毛衫企业的用工成本大幅上升,传统的生产利润空间不断被挤压。其次,市场竞争加剧。濮院羊毛衫以内销为主,2008 年的国际金融危机最初对濮院羊毛衫产业影响较小;但是国际市场的疲软使得广东大朗镇原来以外销为主的羊毛衫企业开始转向国内市场,这加剧了国内市场的竞争。再次,电子商务的飞速发展对实体专业市场造成了巨大冲击。濮院羊毛衫市场作为全国最大的羊毛衫交易市场,发挥了集聚客户、传播信息的作用,但是以阿里巴巴为代表的网商正在迅速改变这一状况,生产企业及中间商可以利用网络平台,绕开实体市场直接面对消费者,这对实体市场造成了冲击。

新的形势迫使濮院羊毛衫产业集群必须进行产业升级。首先是品牌建设。从 2006 年开始,桐乡市由工商局牵头拟定了《桐乡市 2006—2010 年品牌工程实施五年规划》。工商局着手建立企业商标信息库,内容包括企业的登记信息、注册商标及使用状况、经济指标及信用记录等,并同步建立著名商标品牌培育库,对经过讨论选定的多家品牌培育企业作为著名商标培育对象。同时,桐乡市政府通过《桐乡市著名商标认定和管理办法(试行)》鼓励企业争创省市著名商标和国家驰名商标,该办法规定对新获得国家驰名商标、浙江省著名商标的企业,市政府分别给予一次性 50 万元、10 万元的奖励。2006 年,桐乡市有了第一家中国驰名商标,即濮院羊毛衫产业集群中的"兔皇"商标;此后,不断有企业进行中国驰名商标的申请,2012 年,桐乡市有 41 家中国驰名商标,当年商标注册数量达到 1 565 件。

其次是生产技术的升级。劳动力价格的上涨,迫使企业寻求用机器替换劳动力的方式。传统生产羊毛衫的手摇横机是劳动密集型的,电脑横机虽然在 2005 年之前就已出现,但是当时的电脑横机主要来自德国、瑞士与日本,每台机器价格接近 100 万元,在 2006 年之前使用电脑横机的羊毛衫生产企业很少。2006 年开始,濮院当地一家制造手摇横机的企业"飞虎机械"准备进军电脑横机领域,他们与高校和软件公司合作,通过模仿、创新的方式,研发了自有品牌的电脑横机,生产效率接近国外的电脑横机,但机器价格只有 10 万元左右,这一技术突破促使电脑横机在濮院迅速普及,甚至小的家庭作坊也开始采用电脑横机。在手摇横机时代,一个工人只能照看一台机器,而采用电脑横机后,一个工人可以同时看 5 台机器,这极大地节约了劳动力。在地方政府的协助下,2008 年,该公司被浙江省科技厅、财政厅联合认定为"高新技术企业",旗下品牌"华伦飞虎",先后被认定为中国驰名商标、浙江名牌、浙江著名商标。2010 年,地方政府协助飞虎机械获得了一块 137 亩的工业用地,帮助其扩大规模。

为进一步帮助企业从生产向研发设计与品牌创新上转型。地方政府的招商目标也从以往引进生产型企业转向引进产业链环节上的高科技企业,如染色后整理企业、

---

① 数据来源:历年《桐乡市统计年鉴》。

新型面料开发企业等。同时,地方政府创建了科技创新平台,建设"320"创意广场,通过免租金的形式,吸引服装设计、品牌设计等公司进入濮院。为应对电子商务潮流,地方政府协助企业成立了电子商务行业协会。同时在"320"创意广场中专门吸引一批电子商务服务企业,如图片摄影公司、模特公司、网店装修、网店运营公司等,传统企业如要进入电子商务市场,可以在"320"创意广场中获得一条龙服务。2013 年,濮院羊毛衫产业市场成交额接近 300 亿元,成交羊毛衫 7 亿件左右,其中电子商务成交额约 20亿元。

濮院羊毛衫产业集群演化界历程如图 6-1 所示。

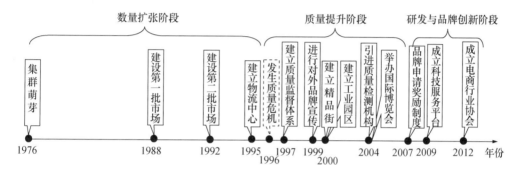

图 6-1　濮院羊毛衫产业集群演化历程

(二)温州灯具产业集群演化历程

温州灯具产业集群是非常典型的曾经盛极一时,最终却日薄西山的产业集群。温州灯具产业集群的发展大致可以分为两个阶段。

1. 数量扩张阶段

1981 年,温州灯具厂开始生产现代灯具,这是温州灯具产业集群的起源。当时,一种名叫架子灯、叶片花灯的产品在温州问世,一下子就打破了照明市场球泡灯一统天下的局面(胡建军,2007)。随后不少小作坊相继诞生,生产企业增加到二十余家,随着生产灯具的小企业和小作坊越来越多,灯具的款式也在不断变化。

1989 年,温州三家灯具厂在温州一个叫矮凳桥的地方开始设立门市部。其他企业纷纷仿效,至 1992 年,已有近百家灯具生产企业在矮凳桥设立了门市部。全国各地采购灯具的商人接踵而至,陆续不断,一个全国灯具集散地在矮凳桥自发形成,并迅猛发展起来。市场的出现促进了企业发展,1990 年时,温州市区有灯具厂 44 家,从业1 052 人,年产灯具 295 万只,并逐步形成专业分工网络(姚晓宏,2008)。1992 年温州灯具产业有灯具及零配件生产厂家 200 多家,年产值超过亿元,形成了专业化生产网络(潘国强,2008)。

1993 年,温州玻璃钢厂的总经理预见到这个新兴行业的潜力,将 35 万平方米的玻璃钢厂改建成灯具商铺,并命名为东方灯具大市场。东方灯具大市场是中国第一家专业灯具卖场,并迅速成为全国的灯具批发中心。成立当年,市场交易额就达到了3亿元。1994年,温州灯具生产企业发展到400多家,进入东方灯具大市场的企业有260多家,产品销售到全国各大中小城市,产品类型覆盖各个方面,工程照明、家用灯具、光源等均有企业生产。1996年,温州灯具生产厂家达700多家,年生产总额接近70亿元,产量占全国灯具市场份额的三分之一。温州因此成为当时中国最大的灯具产业基地,东方灯具大市场则成为全国最大的灯具专业市场,时任中央政治局多位领导先后考察了温州灯具产业集群(胡建军,2007;潘国强,2008)。

2. 产业衰落阶段

但是,温州灯具产业集群的辉煌并没有持续多久。从1997年开始,大批生产企业开始向广东古镇转移。实际上,来自广东古镇的竞争从1995年就开始了。当时,广东古镇也有一些灯具生产企业,他们看到温州灯具市场很红火,就把产品运到温州销售,在温州这些灯当时被称为"广东灯"。开始时,广东灯因价格高,几乎无人问津。但1997年之后,广东灯被越来越多的人青睐。因为广东接近香港,比较容易从香港获得国际灯具的流行款式,所以广东灯款式变化快,质量也好(潘国强,2008)。与此同时,市场的兴旺使温州灯具企业并没有考虑进行质量与款式的升级,企业之间依然是以价格进行竞争,低质量商品在市场上泛滥。广东灯的高质量与新款式给客商传递了广东能生产高质量灯具的信息。因此,很多客商陆续开始直接去广东古镇进货,全国各地前往温州采购灯具的经销商逐年减少,市场经营开始滑坡。

雪上加霜的是,温州地方政府在灯具产业发展上不仅没有采取积极行动,反而制造了产业发展障碍。1996年前后,地方税务部门在温州大桥等三个关口设置了检查站,当发现灯具客商发票开不足时,便拦下罚款5万元。当时,一个客商每月一车货销售利润还不到5万元,所以很多灯具批发商不敢来温州,便直接到广东去了。客商的流失,使得当地灯具生产企业也萌发了转移生产基地的想法,而这正是广东古镇地方政府梦寐以求的。从20世纪90年代中期开始,广东古镇地方政府为灯具产业的发展进行了积极的努力,1997年古镇政府投入4 000万元,举办第一届国际灯具博览会;同时,政府领导分几个小组带队跑全国各大市场做宣传,吸引灯具客商与灯具生产企业。在这样的形势下,从1997年开始,大批温州灯具生产企业开始千里迢迢转移到广东古镇。1998年之后,广东古镇的灯具工厂一下子猛增,大量温州灯具企业相继搬到广东古镇,并在古镇形成了"温州灯具一条街"(潘国强,2008)。

截至2005年,温州已有600多家灯具生产企业在广东古镇落户,古镇灯具年产值近200亿元,产品占据全球50%以上市场,古镇成为中国灯都(潘国强,2008)。而曾经辉煌的温州东方灯具市场在2005年时市场成交额还不到22亿元(陈又新,2006)。

温州灯具产业集群演化历程如图6-2所示。

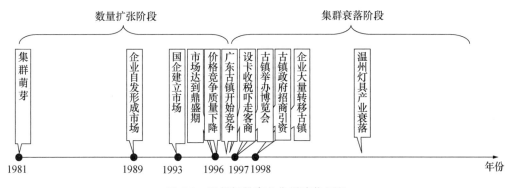

图 6-2　温州灯具产业集群演化历程

（三）公共产品是否是促进集群演化的关键[①]

从温州灯具产业集群演化的案例中可以看出地方政府行为的差异对产业的发展有着至关重要的影响。但是在濮院羊毛衫产业集群案例中，我们只是看到了单个成功者的发展轨迹，从逻辑上依然不能严密地推出下述结论：地方政府提供的公共产品是促进濮院羊毛衫产业集群升级的关键因素。要推出上述结论，我们需要进行更深入的对比分析。

实际上，从 20 世纪 80 年代开始，江苏和浙江两省出现过十多个大小不等的羊毛衫产业集群。它们从浙江的杭嘉湖平原延伸到苏北地区，比较著名的有江苏吴江的横扇、江苏张家港的妙桥、浙江桐乡的濮院及浙江嘉兴的洪合。经过 30 年大浪淘沙，许多羊毛衫产业集群消亡了，部分生存了下来。在生存下来的集群中，濮院成了全国最大的羊毛衫集散中心。

江苏吴江的横扇镇在 20 世纪 70 年代末羊毛衫工业已经初显规模，集体羊毛衫工厂达到十多家。2002 年，横扇镇羊毛衫专业户达到 3 000 多户，横机 5 万多台，从业人员 5 万多人。但是，横扇没有建立羊毛衫交易市场，横扇生产的羊毛衫绝大部分需要到濮院羊毛衫市场销售，这使得横扇羊毛衫大部分利润被批发商、零售商赚走，留给横扇的利润空间非常小。随着濮院工业园区的建立，濮院整合了市场和生产基地的优势，开始注重品牌，逐渐抢了横扇本来所具有的生产基地的优势。在江浙四个主要羊毛衫产业集群中，濮院、妙桥、洪合都在产业发展到一定阶段通过地方政府的努力建立了羊毛衫市场，而横扇却没有适时建立市场，这是导致横扇衰落的主要原因。

江苏张家港的妙桥镇素有"针织之乡"美称。早在 20 世纪 50 年代妙桥就诞生了针织社，60 年代起生产羊毛衫，改革开放初期，全镇已有 24 家集体针织厂，2 000 多台横机，年产上百万件羊毛衫和其他各类针织服装。20 世纪 90 年代初，妙桥是张家港的骄傲，家家户户生产羊毛衫，绚丽多彩的各式羊毛衫风靡一时，八方客商如潮而至，

[①]　本节案例主要参考张晓波和阮建青（2011）。

妙桥因此有了"金妙桥"的美誉。但是在市场繁荣的背后,却隐藏着深层次的危机:企业生产只计数量不计质量。到1996年下半年,这种危机逐渐显露出来。市场销售出现大幅度滑坡。羊毛衫市场的第二轮招商中,3 300个摊位只租出一半,客流量急剧下降,从以前的每天上万人直线下滑到数千人,有时甚至几百人都不到,羊毛衫生产作坊锐减,一些餐馆和娱乐厅也纷纷倒闭。张家港妙桥羊毛衫产业集群的失败在于地方政府和企业没有及时行动起来应对质量危机。与此相对比,濮院羊毛衫产业集群在地方政府的帮助下渡过了质量危机。

与濮院一河之隔的洪合羊毛衫起步于20世纪70年代后期,几名来自上海的知青在洪合镇办起了第一家针织厂,洪合镇于1988年建起了第一批羊毛衫市场。在20世纪90年代初期,濮院羊毛衫市场有一段时间因为政府管理过于严格,许多商户纷纷从濮院逃往洪合,洪合迎来了一个发展高峰期。1993年,洪合羊毛衫市场被评为"全国工业品百强市场"。2004年,洪合羊毛衫市场拥有营业用房近4 000间,市场成交额23.88亿元。但是到了2012年,洪合羊毛衫市场成交额约80亿元,只有濮院羊毛衫市场190亿元成交额的40%,可见洪合已经远远落后于濮院。洪合是在2000年之后落后于濮院的,2000年,濮院镇政府建立了毛衫城工业园区,一方面鼓励濮院原有企业迁入工业园区;另一方面外出招商引资,吸引其他地方的企业家来濮院投资。2004年,国家对工业园区的清理整顿过程中,濮院镇政府及时把握时机获得了国家的认可,保留并扩大了工业园区的范围。与濮院一河之隔的洪合却未能及时建立工业园区,在2004年开始的全国工业园区整治行动中,洪合地方政府未能如濮院镇政府那样及时抓住机会扩大工业园区,从而使得洪合羊毛衫产业集群错失了发展机会。

上述案例表明即使生产同样的产品、处于类似的宏观环境下,地方政府在建设专业市场、提升质量、建设工业园区等公共产品提供上的差异,会导致不同的产业集群在长期演化过程中走向不同的命运。

四、产业集群演化模型

从濮院羊毛衫产业集群演化历程可以看出,一个持续生存下来的产业集群大概需要经历三个阶段,分别是数量扩张期、质量提升期及研发与品牌创新期。这一周期规律并非仅仅濮院羊毛衫产业集群所特有,实际上,浙江许多产业集群也经历着类似的演化规律,如温州鞋业集群在20世纪80年代早期迅速扩张,在1987年前后遭遇了非常严重的质量危机,随后在地方政府与行业协会的共同努力下,进行了一系列质量提升策略,集群演进到质量提升阶段。近年来,随着要素价格的上涨及国际市场的反倾销行为,该产业集群中的许多企业走上品牌创新道路,涌现了一些国际品牌,产业集群正在向研发与品牌创新期演进。从温州灯具产业集群的演化历程中可以看出,一个曾经辉煌的产业集群如果未能觉察形势的变化,未能从数量扩张期演进到质量提升期,则将走向衰落。温州灯具产业集群并非特例,2006年《中国商报》的一则报道显示,包括温州灯具、桥头纽扣在内的温州多个曾经很辉煌的专业市场正在走向衰落(颜菊阳,2006)。

现实中,产业集群的演化会表现出各自的行业特性与区域特性,甚至一些偶然的历史因素也会影响产业集群的演化轨迹。但是,当我们从现实中总结普遍性规律时,我们可以忽略那些细节因素,把现实进行简化,从中得出具有理论意义和现实指导意义的模型。我们将产业集群的演化总结为如下一般规律:产业集群的演化一般会经历数量扩张期、质量提升期、研发与品牌创新期三个时期。这三个时期分别对应了产业升级路径中的流程升级、产品升级与功能升级(见图6-3)。

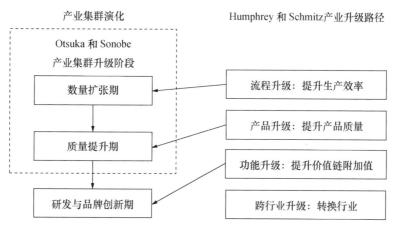

图 6-3 产业集群演化与产业升级路径间的关系

从数量扩张期演进到质量提升期的主要动因是内生质量危机,从质量提升期演进到研发与品牌创新期的主要动因是比较优势变化。当然,这并不是说现实中每一个产业集群都必须严格遵守这一演进程序,有些产业集群可能质量提升期与品牌创新期的区别并不是很明显,有些产业集群从数量扩张期演进到质量提升期并没有特别明显的内生质量危机。但是,这些例外并不影响我们模型的解释力。

我们以集群的企业数量与总产值作为衡量集群发展的指标,图6-4描述了本文构建的产业集群演化模型。图6-4中,横轴表示集群演化时间,纵轴表示集群企业数量与集群总产值。在数量扩张期,产业集群内企业数量快速增长,主要原因是产业集群的低门槛效应。当企业数量增长到高峰期时,企业间的竞争很可能会引发质量危机,下文将详细介绍这一内生质量危机的过程。如果产业集群不能渡过质量危机,集群将趋向消亡,企业数量会日益减少;但是如果集群能够渡过质量危机,则企业数量虽然相对于高峰时有所下降,但不会大幅减少,并且在长期内将有一个缓慢增长的过程。到了质量提升期末期,因为比较优势的变化,集群需要将利润空间从传统的制造环节转移到微笑曲线两端,即需要进行技术研发与品牌创新。如企业无法进行有效的创新,那么集群在新的形势下,依然会趋向消亡;如果集群能够进行有效的研发与品牌创新,则集群企业数量将会维持在比较稳定的水平上。集群总产值的变化在数量扩张期与质量提升期与集群企业数量的变化类似,但是在研发与品牌创新期,虽然企业数量维持在一个比较稳定的水平上,但是因为产业升级到了微笑曲线两端,因而,单个企业的总产出会迅速增加,从而集群总产值也会较快增长。

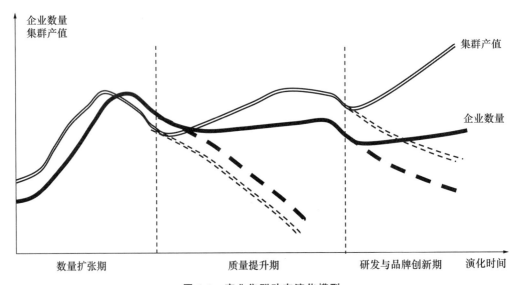

图 6-4　产业集群动态演化模型

上述模型的关键是如何解释从一个时期演进到另一个时期的内在机制。我们认为,内生的质量危机与外在比较优势的变化是导致上述演化规律的关键。

(一) 数量扩张期演进到质量提升期:内生质量危机

在产业集群早期,生产低质量的产品是一种非常普遍的现象,Otsuka 和 Sonobe (2011)总结了东亚、南亚、非洲等地区的 19 个产业集群演化案例,从中发现了这一普遍性规律。集群早期,生产低质量的商品是一种理性的选择,这时的竞争是"竞次竞争"(race to the bottom)。根据信息经济学的理论,这样的竞争会成为 Akerlof(1970)所说的"柠檬市场",即最终会发生质量危机。当然现实世界是非常复杂的,很多时候我们可能无法观察到明显的质量危机的现象,因为危机可能在较早的时候就被处理掉了。

为简化分析,我们假定产业集群是一个完全竞争市场,企业是价格的接受者;而且企业是同质的,即企业有着相同的成本曲线。进一步假定,产业集群有两个效应:一个是马歇尔效应,另一个是低门槛效应。马歇尔效应体现为集聚降低了单个企业的成本曲线,低门槛效应则表现为集聚降低了新企业的进入门槛,即企业总数量会不断增长,从而使得供给曲线外移。

运用典型企业的边际成本曲线、平均成本曲线和产业集群的供给需求曲线来分析企业行为和市场均衡变化,如图 6-5 所示。集群形成之初,假设集群内有 N_1 家企业,

N_1 是一个较小的值。此时,市场的需求曲线是 D_0,行业的供给曲线是 S_0,集群的均衡点为 E_0。

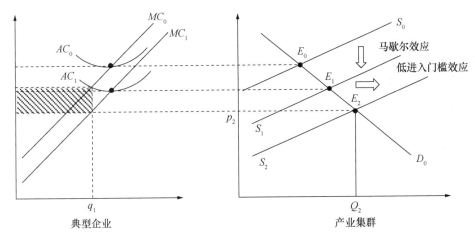

图 6-5　内生质量危机 1:低进入门槛效应导致典型企业亏损

随着集群内分工的深化和配套行业的集聚,集群的优势逐渐显现,马歇尔效应发挥作用。在马歇尔效应的作用下,单个企业的生产成本开始下降,边际成本曲线由 MC_0 移动到 MC_1,平均成本曲线由 AC_0 移动到 AC_1。典型企业生产成本的变化导致整个行业供给曲线的变化,市场供给曲线下移到 S_1,均衡点变为 E_1。与此同时,产业集群降低了企业的进入门槛,在低门槛效应的作用下,更多的企业进入该集群,企业数量由 N_1 增加到 N_2。企业数量增多导致供给的增加,供给曲线右移至 S_2,均衡点变为 E_2。相对于 E_1 来说,此时市场的均衡数量增加,均衡价格下降。低门槛效应并不影响企业的生产技术,因此企业的边际成本曲线和平均成本曲线没有发生变化。根据经济学理论,企业在边际成本等于价格的地方做决策,在均衡价格 p_2 下,企业将生产 q_1 数量的产品。此时,由于企业的平均成本高于价格,企业将会面临亏损,亏损额如图 6-5 阴影区域所示。

当企业面临亏损时,从长期来看,企业可以退出行业以减少亏损。但是,在产业集群内,企业在长期经营过程中积累了重要的物质资本与社会资本,而这些资本具有很强的集群专用性,从而退出集群的机会成本很高。因此,企业会选择继续在集群内生存下去。在完全竞争市场中,企业是价格的接受者,因而企业只能通过降低成本来减少亏损。一般来说,降低成本有两种方法。一是提高生产技术,二是通过利用低成本原材料或在工序上偷工减料,以牺牲产品质量来降低成本。提高生产技术需要大量的投资,同时集群内的信息外溢使新技术很容易被模仿,投资收益的不确定性较大,因而,一般企业会选择第二种方法。第二种方法实施后,企业的边际成本曲线和平均成本曲线均会下降,如图 6-6 所示。经过市场的长期调整,企业的边际成本曲线和平均成本曲线变为 MC_2 和 AC_2,此时市场价格等于平均成本,企业重新获得正常利润。

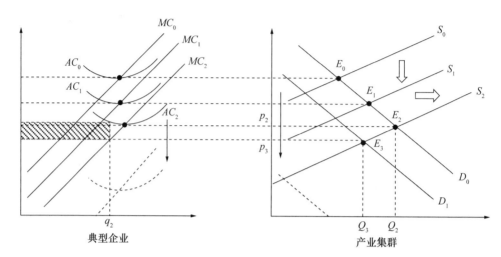

图 6-6   内生质量危机 2：产业集群变成"柠檬市场"

产品质量的变化会引起需求的变化。短期内，由于产品的购买和消费并不同步，消费者不会察觉到产品质量的下降，需求曲线不变。但一段时间后，消费者逐渐意识到产品质量已经下降，因而会修正其消费行为，对产品的支付意愿随之下降。这使得需求曲线下移，由 D_0 移动到 D_1。市场均衡点随之移动到 E_3，均衡产量下降为 Q_3，均衡价格下降为 P_3。此时，企业再次进入亏损状态，亏损额如图 6-6 阴影部分所示。

同样地，为减少亏损，企业会进一步降低产品质量。而消费者则会继续降低支付意愿，需求曲线随之继续下移。为应对亏损，企业再次降低质量，如此恶性循环，如黑色虚线所示。最终，整个市场变成充斥着劣等品的"柠檬市场"，市场规模不断萎缩。理论上，产业集群最终会走向消亡。

当集群陷入低价低质竞争时，单个企业很难改变"柠檬市场"的命运。此时，如果地方政府能够提供合适的公共产品，从三方面帮助产业集群实现质量升级，则集群将演化到质量提升阶段。首先，地方政府需要阻止低质量产品的生产，这可以通过建立质量监督与检查制度等方法实现；其次，地方政府需要提供企业在提升质量的同时不大幅增加生产成本的公共产品，如利用公共平台提供具有外部性的新技术、建立完善物流体系等；最后，地方政府需要通过对外宣传提升消费者的支付意愿，如通过集群品牌宣传、举办博览会等方式进行。图 6-7 显示了上述公共产品的作用机制。

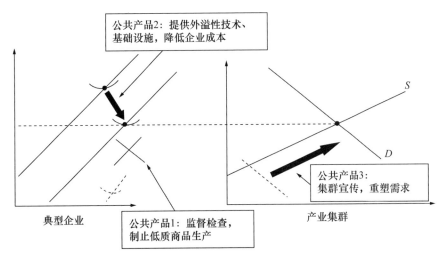

图 6-7 内生质量危机 3：地方政府提供公共产品促进质量升级

（二）质量提升期演进到研发与品牌创新期：比较优势的变化

集群的优势之一就是可以降低投资门槛，使更多人成为企业家，进一步带动大量的非农就业。随着产业集群的发展，就业的形势也会发生变化。实际上，20世纪在全球发生的产业转移正是由各个国家与地区间比较优势的变化所导致的。在过去的三十多年中，中国东部沿海地区的劳动密集型产业集群获得了巨大的成功，吸引了千千万万的农村富余劳动力。但是，最近几年来，东部沿海地区劳动密集型产业集群的比较优势正在逐渐削弱。关键原因在于劳动力价格的快速上升及其他区域的竞争。诸多研究表明，中国劳动力市场已经进入刘易斯转折期，劳动力短缺将成为一种普遍现象（Wang and Mei，2009；Zhang et al，2011）。东部沿海地区最近几年面临着越来越严重的招工难问题，工人的工资水平也开始快速增长，而东部沿海地区传统的劳动密集型产业集群以制造业为主，利润比较微薄，随着劳动力价格的上涨，企业的利润空间被不断挤压（曲玥等，2013）。

与此同时，中国的中西部地区及经济发展水平低于中国的发展中国家因为土地价格与劳动力价格相对较低，开始具备进入原先东部沿海地区所从事的劳动密集型产业的优势。这种宏观形势的变化，使得东部沿海地区的劳动密集型产业集群面临新的发展危机。如果当地的产业不能进行有效地升级，那么企业将会逐渐在市场竞争中失去优势，企业将会倒闭，或者转移到其他地区。如果产业的转移没有导致新产业的填补，那么整个地区将会陷入发展困境。此外，新技术的出现，尤其是电子商务的盛行，正在强有力地冲击着传统的市场经营模式。产业集群如果不能及时适应电子商务的潮流，也将在新的形势下失去竞争优势。

这些外在比较优势的变化可能迫使产业集群从质量提升期演进到研发与品牌创新期。即如果产业集群内的企业能够在原有产业基础上，逐渐将利润重心从制造环节移动到微笑曲线的两端,即通过技术水平的提高与品牌价值的创造,以及电子商务模式的使用提升利润空间,那么产业集群将在新的形式下获得发展。如果无法实现这种转变,产业集群将走向衰落。

在濮院羊毛衫产业集群案例中,可以看到明显的要素价格对企业技术升级与品牌创新的影响。图 6-8 显示了当地工人工资水平上涨与濮院企业申请专利数之间的演化趋势,从图中可以看出,2005 年之前,工资上涨幅度相对较平稳,同期企业申请的专利数量一直处于较低的水平;2005 年之后,工资上涨速度加快,当地企业申请的专利数量也在随后两年进入飞速增长期。图 6-9 进一步显示了濮院所在的桐乡市的商标注册数,从中可以看出,2008 年之前,商标注册的数量较少,大部分企业没有意识到商标的重要性,但是从 2009 年开始,商标注册数量急速上升到一个新的水平,这表明当地的企业越来越重视品牌的建设。上述现象表明,比较优势的变化会促使产业集群内的企业进行转型升级。

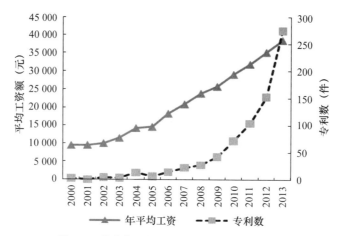

图 6-8 濮院专利授权数量与平均工资的关系
数据来源:濮院专利数据来自中国专利局,年平均工资数据来自历年《桐乡统计年鉴》。

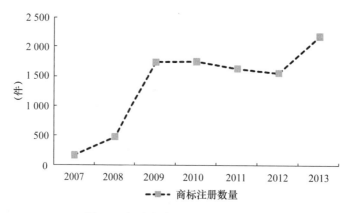

图 6-9 桐乡市商标注册数量的增长
数据来源:注册商标数来自历年桐乡市《国民经济和社会发展统计公报》。

但是,从质量提升期演进到研发与品牌创新期并非一个自然而然的过程,产业集群内,新技术具有很强的外部性,集群品牌也是一种公共产品,电子商务的引进需要当地有配套的服务行业,单个企业往往难以提供这些公共产品。地方政府如能在合适的时候提供技术研发支持、品牌建设支持,进行集群品牌宣传,通过优惠措施吸引电子商务服务行业进入产业集群,则产业集群就有可能实现从质量提升期到研发与品牌创新期的演进。

五、经 验 证 据

如能获得多个产业集群发展历史中连续的统计资料,就可以检验上述产业集群演化模型,可惜的是,实际中有关产业集群的统计资料是非常缺乏的,只有一些零星的历史记录。为了对上述模型进行间接的验证,我们在 2012 年暑假,招募大学生在浙江省进行了一次规模较大的产业集群调研,主要调研产业集群起源时间,发展过程中的关键事件,以及 2011 年该产业集群的企业数量与集群总产出。总共在浙江进行了 86 个产业集群的调研,因为有部分集群的关键数据缺失,本文用于最终分析的产业集群是其中的 79 个,这 79 个产业集群分布在浙江各地市,但主要集中在经济较发达的浙东、浙北、浙中地区。表 6-1 报告了这 79 个产业集群的技术来源。从表 6-1 中可以看出,产业集群的初始技术既可以来源于当地也可以来源于外地,这表明历史渊源并非产业集群发展的必备条件。

表 6-1　产业集群的历史渊源

产业集群的历史渊源	集群数量(个)	占比(%)
历史上当地就有该产业	30	38
历史上当地有类似的产业	14	18
没有历史渊源	35	44

(一) 集群演化时间与企业数量、产出水平

我们的模型预测了产业集群的企业数量在演化过程中会出现先快速增长,然后下降的趋势。虽然集群的历史资料难以获得,但是从 2012 年调查中,我们比较容易获得 2011 年每个集群的企业数量与产出水平。因为不同的产业集群有着不同的起源时间,因而我们可以比较 79 个产业集群演化到 2011 年的时间,以及 2011 年企业数量与集群总产值。但是,一个技术上的难题是,不同行业的产业集群在企业数量与产出规模上可能并不具备可比性。为解决这一问题,我们将 79 个产业集群按照演化时间分成几组,然后计算每组集群的企业数量和总产值的平均值,因为每一组中包含了好几个集群,取平均值后在一定程度上降低了行业间差异的影响。

图 6-10 描述了集群截至 2011 年的演化时间与 2011 年集群的平均企业数量、平

均产出水平间的关系。从图中可以看出,产业集群随着演化时间的推移,平均企业数量与平均产出水平均有一个先向上增长,然后再向下的趋势,尤其是平均产出水平的这一走势尤其明显。这与我们前文模型预测中的走势类似,但并不完全一致,原因有两点:其一,在前文模型中我们讨论的是单个产业集群的演化规律,而在此我们是用79个产业集群的总体演化规律进行类比;其二,在前文模型中我们预测的是产业集群演化的整个时期,而实际上,浙江产业集群演进到技术提升与品牌创新期的集群还非常少,大部分的企业还处于数量扩张期与质量提升期。

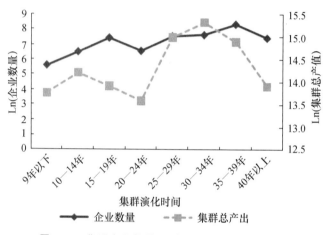

图 6-10 集群企业数量、总产值与演化时间的关系

(二)地方政府提供的公共产品

在产业集群发展的不同阶段,地方政府有不同的产业政策选择,提供公共产品是其中的核心。地方政府可以提供的公共产品很多,但是在产业集群发展过程中,三项公共产品是非常关键且很容易界定的。它们分别是建立市场、建立工业园区、建立行业协会。建立市场主要是促进数量扩张,建立工业园区不仅促进数量扩张也促进质量提升,建立行业协会则促进了质量提升,同时也促进了技术创新。市场、园区、协会具有很强的外部性,一般而言,无法依靠单个企业提供这些服务,政府的介入正是克服了市场失灵。这三项公共产品在集群演化的不同时期内出现,也能够反映集群的内在演化规律。图 6-11 描述了这一结果,从图 6-11 中可以看出,产业集群演化早期,主要以建立市场为主,到后期则开始以建立工业园区和建立行业协会为主。

建立市场、工业园区、行业协会这些公共产品是否有效地促进了产业集群的发展?表 6-2 比较了是否有这些公共产品的情况下,集群平均水平的表现。从表 6-2 可以看出,这些公共产品显著提高了产业集群在未来的企业数量与总产出,这表明从平均水平上而言,这些公共产品的提供是有效的。

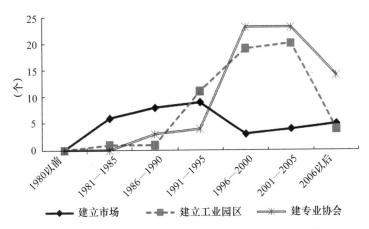

图 6-11　不同时间内建立市场、工业园区、行业协会的集群数量

表 6-2　公共产品对产业集群发展的影响

		集群演化时间 （年）	企业数量均值 （家）	工人数均值 （人）	产出均值 （亿元）
是否有专业市场	是	26.17	2 451.63	78 437.50	320.34
	否	23.50	648.80	27 354.15	145.53
是否有工业园区	是	23.38	1 770.02	57 273.04	253.82
	否	28.29	556.81	33 733.84	137.80
是否有行业协会	是	24.82	1 512.96	56 366.27	248.42
	否	23.82	1 043.00	18 261.20	65.69

六、结　　论

　　本文从产业集群发展案例中总结出一个产业集群演化规律模型,即产业集群一般会经历数量扩张期、质量提升期和研发与品牌创新期三个时期。从数量扩张期演进到质量提升期的主要动因是内生质量危机;从质量提升期演进到研发与品牌创新期的动因是外在比较优势变化。当然,本文提出的模型描述的是产业集群演化的一般规律,但是这并不表示每一个产业集群必须完全按照这样的规律演进。有些产业集群在从数量扩张期向质量提升期演变的过程中,并没有发生明显的内生质量危机;不同行业类型的产业集群,演化规律上也存在差异,如高新技术产业集群可能并不依照这一规律演进;此外,中国东部沿海地区许多产业集群在当前这个历史时点上大部分还没有进入研发与品牌创新期。但是,这并不表明本文提出的产业集群演化模型没有意义。事实上,本文提出的产业集群演化规律模型为分析具体产业集群演化规律提供了一个参照系。

　　本文的政策含义是非常明显的,即地方政府能够在产业集群发展过程中发挥积极作用,尤其是在产业升级过程中,地方政府能否提供合适的公共产品将决定一个产业在未来能否保持竞争力。然而,地方政府官员是否有激励为产业集群提供公共产品呢?地方政府官员作为理性人,其行为遵循经济学中的收益最大化原则。近年来,许多针对中国政府官员升迁的研究证实,经济绩效是促进政府官员升迁的关键因素(Blanchard and Shleifer, 2001;Li and Zhou, 2005)。因而,地方政府官员有激励去实现区域的经济发展。地方政府提供的公共产品带来的总绩效取决于公共产品所能服务的企业数量,如果不存在产业集群,针对行业的公共产品只能为少数企业服务,那么对这种公共产品的投资对于政府而言有可能是得不偿失的。但是,在产业集群内,大量同类或相关的企业集中在一起,针对行业的公共产品能够使众多的企业获益,因而地方政府更有激励去提供针对整个行业发展的公共产品,而不是单纯为个别企业提供帮助。此外,地方政府尤其是县级和镇级政府官员大部分是本地人,他们的很多亲戚朋友甚至家人从事的就是与当地产业集群相关的行业,因而与上级政府官员不同,县级和镇级政府官员与当地产业有着千丝万缕的联系,在对待产业的发展上,他们具有较低的机会主义倾向,更加愿意为当地产业的长期发展提供帮助。

本文的研究支持了新结构经济学。新结构经济学认为,在经济发展过程中,市场和政府应当共同发挥作用——市场是资源配置的基本机制,但政府必须提供具有外部性的公共产品(林毅夫,2012)。学术界对新结构经济学有许多质疑,其中一种观点认为,因为信息不对称的存在同样会导致政府失灵,因而政府不可能制定正确的产业政策。本文的研究表明,在地方政府层面上,政府与产业之间的信息不对称程度是非常低的,地方政府能够为产业的发展提供合适的公共产品,从而促进地方经济发展。

参 考 文 献

[1] Akerlof, G. A., The market for 'lemons': Quality and the market mechanism[J]. *Quarterly Journal of Economics*, 1970, 84: 488—500.

[2] Ali, M., Peerlings, J., and Zhang X. Clustering as an organizational response to capital market inefficiency: Evidence from microenterprises in Ethiopia[J]. *Small Business Economics*, 2014, 43(3): 697—709.

[3] Blanchard, O., Shleifer, A. Federalism with and without political centralization: China vs. Russia in transitional economics: How much progress? [R]. IMF *Staff Papers*, 2001, 48: 171—179.

[4] 陈又新,温州年鉴[R].温州市地方志编纂委员会,2006.

[5] Giuliani, E., Rabellotti, R., and Pietrobelli, C. Upgrading in global value chains: Lessons from Latin American clusters[J]. *World Development*, 2005, 33(4): 549—573.

[6] Huang, Z., Zhang, X., and Zhu, Y. The role of clustering in rural indus-

trialization：A case study of Wenzhou's Footwear Industry[J]. *China Economic Review*，2008，19：409—420.

[7] Humphrey，J.，and Schmitz，H. Governance and upgrading：Linking industrial cluster and global value chain research[R]. IDS Working Paper，Institute of Development Studies，Brighton，University of Sussex，2000，120.

[8] 胡建军.谋求再度辉煌的温州灯具产业[J].灯饰世界,2007,6.

[9] Li，H.，and Zhou，L. Political turnover and economic performance：The incentive role of personnel control in China[J]. *Journal of Public Economics*，2005，89(9)：1743—1762.

[10] Long，C.，and Zhang，X. Cluster-based industrialization in China：Financing and performance[J]. *Journal of International Economics*，2011，84（1）：112—123.

[11] Long，C.，and Zhang，X. Patterns of China's industrialization：Concentration，specialization，and clustering[J]. *China Economic Review*，2012，23(3)：593—612.

[12] 林毅夫.新结构经济学:反思经济发展与政策的理论框架[M].北京:北京大学出版社,2012.

[13] Marshall，A. *Principles of Economic* [M]. London：Macmillan Press，1920.

[14] Nadvi，K.，and Barrientos，S. Industrial clusters and poverty reduction [R]. United Nations Industrial Development Organization，2004.

[15] Otsuka，K.，and Sonobe，T. A cluster-based industrial development policy for low-income countries[R]. Policy Research Working Paper，World Bank，2011.

[16] 潘国强.也说温州灯具业,收录于温州民营经济的兴起与发展[M].全国政协文史和学习委员会,浙江省政协文史资料委员会,温州市政协,编.北京:中国文史出版社，2008.

[17] 曲钥,蔡昉,张晓波."飞雁模式"发生了吗？——对1998—2008年中国制造业的分析[J].经济学(季刊),2013,12(3):757—776.

[18] Ruan，J.，and Zhang，X. Finance and cluster-based industrial development in China[J]. *Economic Development and Cultural Change*，2009，9：143—164.

[19] 阮建青,张晓波,卫龙宝.不完善资本市场与生产组织形式选择[J].管理世界,2011,8:79—91.

[20] 阮建青,张晓波,卫龙宝.基于产业集群的包买商制与企业家才能[J].管理世界,2008,11:119—128.

[21] 阮建青,张晓波,卫龙宝.危机与制造业产业集群的质量升级——基于浙江

产业集群的研究[J].管理世界,2010,2:69—79.

[22] Schmitz，H.，and Nadvi，K. Clustering and industrialization：Introduction[J]. *World Development*，1999，27：1503—1514.

[23] Sonobe，T.，and Otsuka，K. *Cluster-based Industrial Development：An East Asian Model*[M]. UK：Palgrave Macmillan，2006.

[24] Wang，J.，and Mei，L. Dynamics of labor-intensive clusters in China：Relying on low labor costs or cultivating innovation? [R]. International Institute for Labour Studies，Discussion paper 195，2009，7.

[25] Xu，C.，and Zhang，X. The evolution of Chinese entrepreneurial firms：Township-village enterprises revisited[Z]. Memo，2008.

[26] 颜菊阳.温州专业市场走到十字关口[N].中国商报,2006-12-1(1).

[27] 姚晓宏.中国如何打赢产业战争[M].北京:中国时代经济出版社,2008.

[28] Zeng，D. Z. *Knowledge，Technology，and Cluster-Based Growth in Africa*[M]. Washington DC，World Bank，2008.

[29] Zhang，X.，and Hu，D. Overcoming successive bottlenecks：The evolution of a potato cluster in China[J]. *World Development*，2014，64：102—112.

[30] Zhang，X.，Ayele，G.，and Moorman，L. Infrastructure and cluster development：A case study of handloom weavers in rural Ethiopia[J]. *Journal of Development Studies*，2011，47(12)：1869—1886.

[31] Zhang，X.，Yang，J.，and Wang，S. China has reached the Lewis turning point[J]. *China Economic Review*，2011，22(4)：542—554.

[32] 张晓波,阮建青.中国产业集群的演化与发展[M].杭州:浙江大学出版社,2011.

第七章 "有为政府"与集聚经济圈的演进：一个基于长三角集聚经济圈的分析框架[*]

胡晨光　程惠芳　俞　斌

摘　要

本文从发展战略、产业与贸易政策、市场制度、公共投资建设等政策手段的四个维度研究了"有为政府"对集聚经济圈产业集聚的影响力。研究认为,政府通过政策手段改变了集聚经济圈产业外在的发展环境,从而改变了其要素禀赋的使用与发展方向,发挥了集聚经济圈要素禀赋在国际分工中的比较优势,促成了集聚经济圈的产业集聚,成为集聚经济圈产业集聚的外部动力。研究丰富了产业集聚理论研究,为分析集聚经济圈产业集聚外部动力问题,提供了一个"有为政府"的分析框架。

关键词

集聚经济圈　有为政府　比较优势　产业集聚　外部动力

一、引　言

政府在经济发展中应该"有为"还是"无为",经济学家为此曾进行了激烈争论。一般认为,政府在宏观领域,应该发挥其促进增长、稳定物价、增加就业和调节国际收支的作用;同时对于市场失灵的微观领域,应该发挥其提高效率的作用,比如提供公共物品、反垄断、解决外部性问题、改善收入分配等。

────────────

* 本文受国家自然科学基金委面上项目(批准号:70873109)、国家自然科学基金青年项目(批准号:70703030)、浙江省教育厅基金(项目编号:Y201018594)及浙江工业大学高层次人才引进科研启动基金项目支持。

对于一个国家的经济发展而言,仅仅依靠实施"有效需求"和"微观效率"管理的政策,似乎还难以实现其管理宏观经济的目标。经济学家从区域发展管理、产业政策等方面对政府干预经济的职能和维度进行了多方面的探讨。主要涉及的领域有以下三方面:(1) 不平衡的地区发展战略理论。地区不平衡发展战略理论认为,经济发展空间具有非均质性,一些地区由于优越的要素禀赋条件,经济发展会快于其他地区,国家应该运用稀缺资源去发展一些具有相对发展优势的地区(Perroux,1955;Myrdal,1957;Friedmann,1966,1972;谭崇台,2004)。(2) 不平衡的产业或部门发展理论。产业或部门不平衡发展理论认为,由于产业发展优势的非均衡性,国家应该运用稀缺资源去发展一些具有相对优势的产业,通过这些产业的产业关联带动经济增长(Hirschman,1958;Rostow,1960,1971)。(3) 贸易保护理论。贸易保护理论认为自由贸易不符合发展中国家的经济实际,发达国家也会为了自身的就业和经济增长问题实施贸易保护政策;因而发展中国家为了保护幼稚工业和进口替代工业,改善贸易条件和国际收支,应该实施贸易保护(List,1856;Cody and Hughs,1980;谭崇台,2004)。

国家和地区经济增长的目的能否实现,取决于其产业的竞争力。政府无疑在发展中国家产业竞争力的提升中扮演重要角色,林毅夫(2008)认为,政府是发展中国家最重要的制度,政府政策将会塑造其他制度和激励结构,并影响它们的质量。然而,当今世界,在交通通信革命促进的全球化背景下,国家之间的竞争日益以其内部集聚经济圈为媒介。集聚经济圈构成国家参与国际竞争的空间载体,没有集聚经济圈产业竞争力的支撑,就没有国家产业的竞争力(胡晨光,程惠芳和杜群阳,2010)。集聚经济圈的形成离不开产业在经济圈的集聚,在这过程中政府扮演什么作用,国内外还鲜有深入研究。本文拟以集聚经济圈产业集聚外部动力的研究为切入点,为集聚经济圈产业集聚的外部动力问题提供一个"有为政府"的理论分析框架。

研究集聚经济圈产业集聚的外部动力,即"有为政府"的作用问题,不仅有利于丰富区域经济与产业集聚的理论研究,而且其理论成果对于国家集聚经济圈的建设也具有重要理论借鉴和实践指导意义。本文研究认为,政府是构成集聚经济圈发挥要素禀赋分工优势、促成产业集聚的外部动力。政府在集聚经济圈产业集聚过程中所起作用,主要集中在基于比较优势的发展战略、产业与贸易政策、市场制度建设与公共投资等方面。在政府政策干预的推动下,集聚经济圈在国内外分工中具有比较优势的产业充分发挥自身在世界市场的产业竞争力,促成了区域经济的高速增长和集聚经济圈的产业集聚。

论文框架安排如下:第二部分是本文的文献综述,明确本文研究重点;第三部分从理论上创新性地研究"有为政府"对集聚经济圈产业集聚的促进作用,提出政府政策干预经济促进集聚经济圈产业集聚的概念模型;第四部分以中国政府在长三角集聚经济圈形成及产业集聚过程中所发挥作用为例,对概念模型进行实证分析;第五部分是本文的总结性评论。

二、文 献 综 述

Porter(1990)从产业集群的角度,结合钻石理论对政府在产业集聚过程中的作用做了粗略阐述,认为政府与其他关键要素的关系既非正面,也非负面,主要影响如下:(1)政府的补贴、教育和资金市场等政策会影响钻石体系的生产要素,对国内市场需求也有影响,政府对产品规格标准的制定和政府的需求,可能使得政府既是产业发展的助力,又是产业发展的阻力;(2)政府影响相关产业的发展环境,从而影响企业的结构战略和竞争者的形态;(3)相关与支持性产业、需求条件、生产要素的基本情况反过来也影响政府的政策。Porter从产业集群角度研究政府政策对产业发展的影响,其着眼于国家竞争优势,而对于产业集群位于国家何处,产业集聚在何地,并不关心。Porter对政府在产业集群形成中所起作用的分析,类似于对政府在国家产业或者经济发展中所起作用的分析。

新产业区理论看到了政府在产业区形成中的作用,Piore 和 Sabel(1984)强调了政府在平衡竞争与合作制度建立方面的作用;但是 Amin 和 Thrift(1992)强调,产业区的形成有许多严格的约束,这些约束包括关键多数的专业技术、技能、快速变化和增长市场的融资、商业文化传统及制度基础,还有企业家通过劳动分工促进增长的传统,如果缺乏这些条件,鼓励马歇尔式增长的努力则可能失败。

Jacobs(1961,1969)认为政府主要在分配资本与城市规划方面起作用:分配资本帮助城市新企业的产生,促成城市的多样化;城市规划帮助城市产生导致城市多样化的条件。O'Sullivan(2000)认为政府可以在地方公共服务基础设施与工业基础设施的供给方面发挥作用,吸引劳动力和厂商的流入,促进城市经济的增长。

新经济地理学(Baldwin and Venables,1995;Puga and Venables,1997,1999;Forslid and Wooton,2003;Baldwin *et al*.,2003;Forslid *et al*.,2002)对政府促成产业集聚作用的研究主要集中在政策影响方面,认为政府政策通过价格指数影响产业集聚,可能促进也可能阻止集聚,但是集聚并不完全取决于价格指数从而取决于政府政策,产业集聚的决定因素还有消费者对于工业产品的支出份额,产品之间的替代弹性等。

世界上除了少数特殊自然资源和工艺人群组成的集群产业或产业区[①],基本上所有的集群产业或产业区都位于集聚经济圈内部。这是因为如果没有集群产业、产业区、城市产出和产能的支撑,就没有集聚经济圈。集聚经济圈集群产业、产业区和城市化多样化产业集聚的形成机制与集聚经济圈的形成机制紧密联系在一起,集聚经济圈产业集聚形成的机制就是集群产业、产业区与城市多样化产业集聚的形成的机制。

---

① 本文集群产业内涵特指能代表国家竞争优势的集群产业,其测度一般以集聚经济圈为地理边界(胡晨光,程惠芳和杜群阳,2010)。

集聚经济圈的产业集聚,从产业维度看,离不开集聚经济圈内部众多集群产业的产业支撑;从空间维度看,离不开集聚经济圈内部以城市为基本单位的繁荣产业区的产业支撑。相反,集群产业或产业区,如果脱离了集聚经济圈发展提供的市场关联和要素关联支撑,也很难实现自己的发展和繁荣。因此集聚经济圈集群产业、产业区或城市多样化产业集聚的发展与集聚经济圈的发展互为表里,合而为一。① 众多产业基于产业关联和产业竞争力集聚在一起,构成集聚经济圈的产业集聚,但单独从产业维度和城市维度考察,其又构成集群产业、产业区和城市。无论产业集群、产业区与城市多样化产业集聚理论有关产业集聚的地理边界,与集聚经济圈产业集聚的地理边界有多么不同,产业集聚的原动力或根本动力与集聚机制仍基本一致,集聚经济圈内部产业在国内外分工中以人力资本及技术资本等要素禀赋比较优势为内核的产业竞争力构成产业集聚的原动力,基于产业竞争力基础上的产业关联和市场关联构成产业集聚的集聚机制。研究政府对集聚经济圈产业集聚的促进作用,必须紧紧围绕这两个环节展开论述。

以往研究还缺乏对"有为政府"在集聚经济圈产业集聚中所起作用的比较系统和深入的研究。其不足之处有二,一是没有从集聚经济圈整体视角去考察集聚经济圈产业集聚的外部动力。产业地方化(产业集群)、产业区和城市多样化产业集聚理论等各种主流研究范式虽按各自研究目的对产业集聚的政府作用进行过粗略分析,但这种对集聚经济圈组成部分产业集群、产业区和城市产业集聚政府作用的特殊性研究并不能代替对集聚经济圈产业集聚政府作用的一般性研究。本文从集聚经济圈整体的视角去研究产业集聚的外部动力问题,更能全面地把握集聚经济圈产业集聚的规律性。二是没有将政府对集聚经济圈产业集聚的促进作用与经济圈要素禀赋的比较优势结合起来。② 以往研究对于政府是否能够对集聚经济圈构成部分(集群产业、产业区、城市多样化产业集聚,以及集聚经济圈的产业集聚)发挥积极作用缺乏明确认识。本研究将"有为政府"的积极作用与集聚经济圈要素禀赋国际分工的比较优势结合起来,通过系统的分析方法研究集聚经济圈产业集聚的外部动力问题,能够突破原有研究的局限。

集群产业、产业区、城市多样化产业集聚构成集聚经济圈的组成部分,因而政府对集聚经济圈产业集聚所起作用与对其内部集群产业、产业区和城市多样化的产业集聚所起作用存在一致性。政府对集群产业、产业区和城市多样化产业集聚所起作用研究,可以主要以政府对集聚经济圈产业集聚所起作用为例进行分析。

---

① 集聚经济圈城市多样化的产业集聚过程,是经济圈的城市产业不断根据外界发展环境和区域要素优势的变化,不断更新产业结构的过程,它内生于集聚经济圈的集群产业和产业区的发展和更新之中,由集聚经济圈促成产业集聚的原动力——要素禀赋的优势决定。

② 新经济地理理论研究了中心—外围意义上集聚经济圈的产业集聚,但其检验的规模报酬递增、要素禀赋同质性的分析框架及其他苛刻假设,使其过分强调了其金钱外部性与技术外部性对产业集聚的作用,而忽略了对要素禀赋国际分工比较优势架构下"有为政府"作用的探析。

三、政府与集聚经济圈产业集聚的关系

历史上，经济学家由于所代表国家利益的不同，对于政府在经济发展中应该发挥何种作用有过不同的看法。在当代，经济学家一般都赞同政府应该在促进就业、提高效率和促进经济增长方面发挥职能。不过由于不同国家所处发展阶段不同，各国政府为了实现其职能，在经济发展过程中所运用的政策手段存在差异。总结政府发展经济所运用的政策手段，主要有发展战略、贸易政策、制度建设、财政政策和货币政策、产业政策、收入政策及公共投资。

收入政策主要用来保持劳动者收入的稳定，避免通货膨胀对劳动者收入的影响。财政政策和货币政策作为影响国家经济发展目标的重要手段，既可以影响总量，又可以影响结构，但财政政策和货币政策的很多内容都体现在产业政策与公共投资之中。因此在分析政府对产业空间集聚的影响力时就不讨论收入政策、财政政策和货币政策。本文主要从发展战略、产业政策与贸易政策、市场制度建设与公共投资四个维度研究"有为政府"在促成集聚经济圈产业集聚方面所发挥的外部动力作用。

基于比较优势的发展战略选择，这包括两部分：第一，基于世界市场各国产业分工格局的不平衡发展战略；第二，基于国内地区比较优势分工的不平衡发展战略。前一发展战略主要是指世界各国参与国际分工的产业不平衡发展战略，由于国家参与国际竞争的优势产业及其优势要素禀赋在国家内部非均衡分布，因而前一发展战略以后一发展战略为支撑；而后一发展战略是指由于国家用于发展经济的稀缺资源有限而选择的地区不平衡发展战略，地区的不平衡发展战略由国家优势产业及其优势要素空间分布的非均衡性所决定，因而地区的不平衡发展战略内含着世界各国参与国际分工的产业不平衡发展战略。

任何市场经济国家产业的发展战略都是一个非平衡发展过程，这由世界各国在国际分工体系中的比较优势和工业化进程所决定。各国要实现自身经济的高速增长，必须尊重经济发展的客观规律，选择适合自己比较优势的发展战略。林毅夫和李永军（2003）指出，比较优势是产业集群形成的基础与必要条件，并围绕比较优势与竞争优势这一主题从钻石体系的生产要素、同业竞争、需求条件、相关与支持性产业四方面论述了比较优势与产业集群形成的关系。集群产业构成集聚经济圈的产业内容，基于比较优势发展战略的选择构成产业集聚的前提，国家要形成产业集聚经济圈，必须在尊重国家比较优势的基础上选择产业不平衡发展战略。

林毅夫和李永军（2003）是从国家竞争优势的抽象意义上去研究比较优势与产业集群的形成关系，然而，产业集群在什么地方形成是进一步研究产业集聚需要关注的内容。在国家内部，一些区域由于历史传承的要素优势，使得其同一产业在资金、技术及人力资本等要素禀赋方面和其他区域相比较具有"异质性"优势。这些异质性要素由于其自身的区域"嵌入性"，从而使得国内那些具有国际比较优势产业的区域，在经济发展方面相对其他区域而言,具有更多的产业竞争力。区域基于产业竞争优势基础上的高速增长引起要素和产能集中,最后形成集聚经济圈。因而,各国地区之间内部的增长必然是不平衡的增长,这是世界各国内部区域基于各自比较优势分工的产物。

缪尔达尔不平衡发展理论(Myrdal,1957)强调区域偶然增长产生的循环累积作用引起了产业集聚及中心—外围二元经济结构的形成。不平衡增长理论偶然的增长带来集聚的观点受到了学者的批评,王缉慈(2001)认为,当一个新工业在一个地区配置时,如果区位条件很差,它本身发展将会遇到很多困难,其对周围的影响也非常有限。

因而,发展产业集聚并不需要什么新产业,只要区域产业具有竞争优势就可以由于产业的前后向关联、旁侧关联和市场关联导致产业集聚。政府违背区域的比较优势,而企图通过在区域强制性地嵌入一些所谓推动性工业而带动经济增长的做法,必然不具备成功的可能性。集聚经济圈在世界各国内部形成及其产业集聚的过程,实质是其在世界分工格局中发挥要素优势的过程,集聚经济圈在世界市场相对国内外其他区域的企业或产业的分工优势越明显,竞争优势越大,产业或产能的集聚优势就越高。

要实施比较优势发展战略,必须配合相应的产业政策和贸易政策,这既是世界各国出于就业和经济增长的压力在不同程度上实施贸易保护政策的结果,又是国家按照比较优势参与国际竞争的需要。产业政策包括产业结构政策、产业组织政策、产业技术政策与产业布局政策。林毅夫和孙希芳(2003)强调,随着经济发展、资本积累速度和要素禀赋结构带来的产业和技术结构的变化,经济快速发展对金融、信用、产权等制度安排的需求也会变化很快,政府必须在信息、协调和促进制度演化等可能出现市场失败的方面发挥比"守夜人"更为积极的角色,特别是在产业政策的制定方面发挥积极作用。

要促进国家在国际分工中具有比较优势产业的集聚,发挥产业在国内外的竞争力,形成集聚经济圈,除了要明确基于比较优势的发展战略,通过产业与贸易政策形成有利于"具有比较优势产业"发展的政策环境外,国家内部还必须营造那些有利于发挥具有国际竞争比较优势地区产业竞争优势和促成集聚经济圈产业集聚的其他发展环境,这包括市场制度建设与公共投资两个方面。如此,这些区域才可能在竞争中赢得高速的经济增长。

政府要加强市场制度的立法和执法建设,推进国内经济的一体化,建立国内统一、开放、竞争、有序的市场体系。政府要维护市场的竞争性与规则性,比如,建立市场规则、实施反垄断法,这是保证市场机制有效运作的关键(林毅夫和孙希芳,2003)。只有建立合理的市场规则、推进国内的市场一体化,才能发挥国内具有比较优势区域的产业竞争力,促进该地区的高速增长,从而通过市场关联和产业关联促使产业在该区域集中,继而形成集聚经济圈。因此,政府在市场制度方面的有效建设,构成集聚经济圈发挥比较优势、促进产业集聚的又一政策手段。

政府要采取适当的方式,对能源、交通、污水处理等基础设施投资、教育等具有明显外部性的行业进行公共投资。公共投资包括能源、道路及高速公路投资、污水处理设施投资、公用事业投资、教育投资等。政府参与建设和投资能源行业，可以为国内产业发展提供能源动力。政府参与建设交通行业，既可以通过交通干线的建设将具有要素优势区域的内外部高效、快速连接起来，降低区域间原料和产品的运输成本与交易成本，又可以通过对具有比较优势的区域或者集聚经济圈内部交通建设的投资，加快区域内部的经济一体化进程，促进要素流动和资源配置的优化，提升区域的产业竞争力，从而促使要素更快地在区域集聚。政府参与污水处理等公共环境的建设与投资有利于保护国内或者区域内部居民的健康，为长期的经济增长和人力资本的发展提供要素上可持续的发展环境。具有要素比较优势集聚经济圈的良性发展为企业和外国直接投资提供了良好的市场环境，而公用事业等基础设施投资建设则为企业和外国直接投资的发展提供了良好的软硬件环境。这些因素都有利于促进企业集中和产业集聚。政府参与建设和投资教育行业的意义在于可以根据集聚经济圈发展的工业化阶段、进程和产业结构转变进程，及时为这些区域培养和提供经济发展所需的各类人才、提供所需技术等生产要素，为这些区域的发展发挥优势、创造优势，促进集聚。

国家内部那些具有国际比较优势的产业在区域的高速增长给其他产业的发展提供了良好市场机遇和要素禀赋。比如一个具有轻纺产业国际比较优势的区域由于经济发展带来的剩余改变了区域经济发展的要素禀赋、人均生活水平和市场需求，完全可能发展出其他产业，如电器、电子等集群产业，从而在该区域引起新的产业集聚，形成集聚经济圈，这是区域工业化进程和比较优势动态变化的结果。

政府作为产业集聚的外部动力，在促成集聚经济圈形成，以及促进产业集聚方面所发挥的作用可以用图 7-1 概念模型说明。

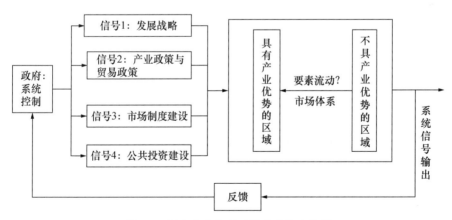

图 7-1 国家产业集聚系统中的政府作用

政府根据国家在世界分工体系中所处的地位和比较优势确定明确的产业不平衡发展战略，根据国内要素禀赋分布的空间非均衡性，确定地区不平衡发展战略，这是促成集聚经济圈产业集聚的战略前提条件。

政府在国家参与国际竞争的贸易分工体系中实施合理的产业与贸易政策，增强国内产业在国际分工体系中的产业竞争力,促进整个国家的经济增长,是促成集聚经济圈产业集聚的国际分工条件。

产业不平衡发展战略决定了国家一定时期产业发展的重点,而地区发展战略则决定了国家区域发展规划和资源配置机制。国家按地区不平衡发展战略发展经济,必须尊重国内地区之间的比较优势,尊重市场机制,发挥市场对资源配置的基础性作用。因而,市场制度建设是促成集聚经济圈产业集聚的市场制度条件。提高国内市场经济的效率,强化市场制度建设,在国内清除各种市场壁垒,实施国内经济的一体化,这样,才能发挥具有比较优势区域产业的竞争力,促进产业集聚,最终形成集聚经济圈。

公共投资建设一方面为具有比较优势的区域提供经济发展所需的生产要素,另一方面降低具有比较优势区域产品生产和销售,以及要素获取的空间运输成本和交易成本,为区域企业发展和产业集聚提供有利的软硬件环境,提升区域产业竞争力,构成促成集聚经济圈产业集聚的外在发展环境条件。

公共投资建设与发展战略、产业与贸易政策、市场制度建设一起构成政府干预经济、有效配置资源的重要手段。四大政策如果实施成功,具有比较优势的区域就能发挥其产业竞争力,吸引其他区域要素向该区域集中,形成集聚经济圈。如果政府干预不成功,通过市场系统信号输出的反馈机制,政府可以调整政策,进行再次干预,直到能够发挥具有比较优势区域产业的竞争力为止。

政府通过发展战略、产业政策与贸易政策、市场制度建设和公共投资四个维度干预经济,促成集聚经济圈产业集聚的重点,主要是根据国家经济发展工业化进程和集聚经济圈在国际分工中的比较优势,确定国家的不平衡发展战略,改变国家内部区域经济的发展环境,从而改变集聚经济圈要素禀赋的使用与发展方向。其中,国家不平衡发展战略、产业与贸易政策、市场制度建设主要由中央政府主导,在公共投资建设方面,地方政府也可以发挥积极作用。政府的政策干预最终发挥国内集聚经济圈要素禀赋的比较优势,促成产业在集聚经济圈集聚,实现国家竞争力的提升。当然由于国家和国内区域经济发展的阶段、重点不同,政府对国内集聚经济圈产业和区域经济发展的干预,也会因地制宜,因时而异。

四、长三角产业集聚中的政府作用

截至 2007 年,改革开放以来的 30 年间中国 GDP 连续维持了平均每年 9.8% 以上的高增长,世界产出和产能向中国部分集中。在中国高速增长过程中,长三角两省一市无疑发挥了重要的作用,它们占中国约 2% 的国土面积,但其 1978 年 GDP 占全国 GDP 的 17.8%,2004 年则达到约 25%(陈建军和胡晨光,2007)。改革开放以来,长三角产业集聚在增加,长三角两省一市构成的集聚经济圈与中国国内除华南经济圈(广东、福建)、环渤海经济圈(京津冀、辽宁、山东)外的其他区域构成了中心—外围的二元经济结构,成为世界知名的城市聚居地。长三角集聚经济圈的形成离不开中国政府在产业集聚过程中发挥的重要影响,本文结合中国政府的发展战略转型、产业政策与贸易政策、市场制度建设、公共投资四个部分对长三角产业集聚过程中的政府作用进行了论述。

首先是基于比较优势发展战略的转型,这包括产业发展战略与地区发展战略两方面。发展战略的转型为长三角发挥其在中国经济中的比较优势提供了前提条件。中华人民共和国成立以来,出于建立比较完整的国民经济工业体系、实现初级工业化的考虑,采取了重工业优先发展的战略,通过计划经济集中有限人力和物资,较快地实现了国家的初级工业化。但中国经济为此付出了经济结构扭曲、微观经济效率低下、人民生活水平提高缓慢等代价(林毅夫和孙希芳,2003)。为了改变国民经济发展效率低下的状况,中国产业发展战略自 1978 年中共发布第一个有关工业发展的重要文件(《中共中央关于加快工业发展若干问题的决定》)后,开始了遵循国际分工比较优势向轻工业优先发展直至三次产业协调发展的转变。改革开放以来,在地区发展战略方面,中国政府基于对于经济平衡发展战略弊端的认识,开始了基于地区比较优势的区域经济不平衡发展战略的转型,这在中国《国民经济和社会发展第六个五年计划》和《国民经济和社会发展第七个五年计划》中有充分体现,邓小平也多次强调了中国区域经济不平衡发展的重要性。中国基于比较优势发展战略的转型,改变了长三角集聚经济圈产业要素禀赋的使用环境和使用方向,使得长三角集聚经济圈历史上积累的轻纺织和日用消费品工业在中国发挥比较优势具备了现实可能。

其次是产业政策与贸易政策。中国产业政策主要体现在国民经济和社会发展的"五年计划"和其他政策文件之中,产业政策主要通过税收、财政拨款、信贷、投资及工商行政措施等对不同产业提供优惠或者加以限制。由于国内产业政策的制定与国家基于比较优势的产业发展战略与地区发展战略的选择息息相关,其服务和服从于国家基于比较优势的产业与地区发展战略,故对于产业政策的国内部分本文不予关注,本文主要关注国家对外贸易的产业政策。

贸易政策是指国家为保护本国产品和服务在本国市场上免受外国产品和服务的竞争,对本国出口的产品和服务给予优待或补贴的各种措施。国家对于贸易活动的干预主要有经济手段、行政手段和法律手段。经济手段包括关税和出口退税、汇率、出口信贷,行政手段和法律手段主要有许可证制度、配额、检验检疫等技术性壁垒。中国在1984 年之前实施的是全面关税政策,在 1985 年之后随着改革开放的深入,关税保护由全面保护向区别对待转变(黄晓玲,2003)。在 1979 年至 1992 年之间,关税保护的具体原则是对国内建设和群众生活所需而国内不能生产的产品,实行免税或低税;对原材料与半成品、成品实行低税;对国内能够生产的非国计民生必需产品实施高税;对国内能够生产且需要保护的产品,实行更高的税率,并鼓励出口,实施出口退税制度。1992 年之后,中国实行了适度开放与适度保护的关税政策(徐复和刘文华,2002;黄晓玲,2003)。从中国对外贸易政策的实践来看,中国在贸易政策方面为发挥本国要素禀赋的比较优势,采取了一系列有利于经济发展的政策措施,这些措施极为有利地发挥了长三角产业在中国的比较优势,促进了区域的产业集聚,限于本文篇幅,这里就不展开论述。

再次是市场制度建设。中国的计划经济体制一度给中国的初级工业化带来了积极促进作用,但随着中国初级工业化的实现,由于这一体制在信息机制、动力机制、决策机制方面的天生缺陷,其对于中国经济发展的制约作用逐渐明显。改革开放以后中国的经济体制开始了向包括增量改革在内的市场体制的逐渐转型,1992年中共第十四次党代会确定了建立社会主义市场经济体制的目标。中国渐进型的市场化改革进程有利于长三角集聚经济圈发挥比较优势、促进该地区经济的高速增长和产业集聚。陈建军(2005)研究了长三角区域经济一体化的三次浪潮,认为产业集聚、产业转移、产业分工等因素是影响要素流动的主要解释变量,而这些因素内生于经济发展和市场化进程。

最后是公共投资。张军等(2007)研究了改革开放以来中国在物质基础设施上所取得的成就,认为基础设施水平的差异反映了政府治理和政府作为的差异,一个国家基础设施的水平是它的政府治理水平、政治的管理模式以及地方分权竞争效率的体现。部分研究认为,基础设施资本对经济增长有正面影响(Aschauer,1989a,1989b;Démurger,2001;范九利和白暴力,2004)。在基础设施的地区分布方面,李泊溪和刘德顺(1995)的研究结论表明中国东部地区的优势明显,张军等(2007)的研究支持这一结论。根据《长江三角洲地区区域规划综合研究报告》的分析,长三角集聚经济圈在全国的基础设施建设水平处于全国前列,不仅通过规模扩张、地区结构调整和服务结构优化满足已经存在的社会经济需求,而且正处于引导社会经济活动的前瞻性发展阶段。范九利和白暴力(2004)提出了基础设施投资对经济增长的五大功能,在文中强调基础设施投资具有加速人流、物流、信息流,降低运输成本,提高贸易效率,扩大贸易规模的功能。长三角集聚经济圈领先于全国的基础设施投资对于发挥其在国内外的比较优势,实现率先发展,促进产业集聚具有重要作用,有利于维护其在中国华东连接全球的门户地位。

公用事业投资是广义基础设施投资的一部分。表7-1报告了2008年全国与长三角公用事业的部分指标,表7-1表明长三角的公用事业投资基本满足区域经济发展需要,在全国处于领先地位,为长三角企业发展和产业集聚提供了良好的发展环境。

表7-1 2008年全国与长三角公用事业指标比较

区域	人均日生活用水量(升)	公共交通车辆/万人(标台)	运营线路网长度/亿人(公里)	邮政营业点数/亿人(处)	邮政信筒信箱数/亿人(个)	生活垃圾无害化处理率(%)
全国	178.2	11.13	11 095.39	5 206.70	11 776.78	66.8
上海	202.0	12.51	37 113.35	25 820.97	19 735.17	74.4
江苏	205.0	12.41	19 120.75	4 637.23	12 094.57	90.8
浙江	194.2	13.24	17 474.61	5 259.77	24 154.30	89.6

注:表中涉及的人均指标除公共交通车辆/万人由《中国统计年鉴》按城区人口和暂住人口之和计算之外,其余均按常住人口处理。

数据来源:本表数据根据《中国统计年鉴2009》数据整理。

　　在公共投资的教育部分,由于中国教育公共投资的数据不易在各地统计年鉴中获得,本文用普通中高等学校教师人数的变化来代替中国和长三角公共投资中教育支出的变化,通过表7-2可以看出,改革开放以来,中国对于普通中高等学校的投资,在日益增加。上海作为中国的经济、文化中心在改革开放之前已经拥有国内非常发达的教育;所以虽然改革开放以来,上海对教育投资的绝对幅度在增加,但是增加的相对幅度不如全国大。而江苏、浙江两省对教育投资增加的相对幅度就大于全国。中国教育公共投资不仅注重投资数量的增加,而且注重投资质量的提高;这主要体现在1983年邓小平为景山学校的教育要"面向现代化、面向世界、面向未来"的题词上,特别强调教育要与经济建设、追赶世界先进技术和国家的长远发展结合起来。中国和长三角教育公共投资数量和质量的改善,从整体上改善了中国和长三角集聚经济圈经济发展的要素环境,而长三角区域历史上具有要素禀赋比较优势的产业通过自身竞争优势和在此基础上吸引的优质劳动力要素的流入,促进了长三角集聚经济圈比较优势的发挥和产业的集聚。

表7-2　全国及长三角集聚经济圈改革开放以来普通中高等学校专职教师情况

(单位:万人)

时间	全国		上海		江苏		浙江	
	高等学校	中等学校	高等学校	中等学校	高等学校	中等学校	高等学校	中等学校
1978	20.600	328.100	1.631	5.965	1.338	6.080	0.539	10.180
1992	38.800	362.400	2.387	5.594	2.700	20.320	1.111	10.980
2004	85.839	543.839	2.874	6.106	5.904	30.195	3.577	18.900
R_1	1.883	1.105	1.463	0.938	2.018	1.264	2.061	1.079
R_2	4.167	1.658	1.762	1.024	4.413	1.878	6.637	1.857

注:表格中时间对应为中国和长三角集聚经济圈两省一市在当年的中高等学校教师人数;R_1和R_2分别表示各单位1992年、2004年与1978年人数之比。

数据来源:根据《新中国统计资料五十五年汇编》整理。

　　改革开放之前,轻纺工业是长三角在中国乃至世界的重要比较优势所在。中国中央和地方政府的政策干预——经济发展战略的转型、产业与贸易政策、市场制度建设、公共投资等政策手段有效发挥了中国和长三角产业的比较优势,促进了长三角地区的产业集聚。中国的中央和地方政府政策干预重点,在于改变了长三角要素禀赋的使用环境和发展方向,发挥了要素禀赋的比较优势,促进了长三角的产业集聚和集聚经济圈的形成。[①]

　　表7-3和图7-2报告了改革开放30年来,中国和长三角集聚经济圈轻纺工业在世界市场竞争优势发挥的过程。表7-3表明,中国改革开放以来轻纺工业在世界市场的

---

　　① 集聚经济圈形成的关键在于发挥要素禀赋的比较优势,从而通过市场关联、产业关联促进产业集聚和经济发展。通过政策干预,发挥经济圈要素禀赋比较优势,促进集聚经济圈形成与产业集聚的规律,对于其他任何集聚经济圈(包括华南集聚经济圈、环渤海集聚经济圈)的形成过程也同样适用。

比较优势在不断加深,其纺织业、成衣和化学纤维在世界的产出比重日益提高。在中国发挥其在世界分工格局中要素禀赋比较优势的同时,通过图7-2可以看出,长三角发挥其在世界分工格局中的比较优势,其在中国经济格局中,轻纺工业占中国产值的比重,改革开放以来一直在逐步增加:长三角的纺织业,纺织服装、鞋、帽制造业及化学纤维制造业分别由1978年占中国的37.2%、24.8%、41.5%增长至2003年的50.0%、52.5%、60.4%,明显构成长三角的优势或集群产业。图7-2表明中国基于地区比较优势的发展战略、产业政策与贸易政策、市场化改革和公共投资等政策干预手段发挥了长三角在中国的比较优势,促进了长三角具有比较优势产业的发展和产业集聚。不过从2008年的数据来看,长三角传统产业在中国的比较优势正在发生动态变化,纺织业及纺织服装、鞋、帽制造业出现了比重明显下降的情况,分别由2003年占比50.0%、52.5%下降为44.9%、40.6%。因而,如果长三角经济后续要维持持续健康发展,需要当地政府顺应区域经济比较优势的变化,发展新的优势产业,这样才能维持和促进区域经济的健康发展。

表7-3　中国纺织、成衣出口与化学纤维产量占世界比重　　　　　　　(单位:%)

时间	纺织品出口	成衣出口	化学纤维产量
1980	4.6	4.2	3.0
1985	6.6	5.0	5.6
1990	6.9	8.9	8.1
1995	9.3	15.3	12.3
2000	10.2	18.1	20.3
2005	20.2	26.9	40.6

数据来源:根据《中国纺织工业发展报告,2001—2002》和《中国纺织工业发展报告,2006—2007》整理。

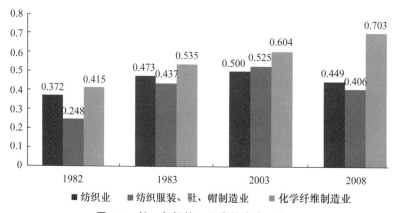

图7-2　长三角轻纺工业产值在全国占比

数据来源:根据中国和上海、江苏、浙江相关年份的统计年鉴数据整理。

长三角纺织业,纺织服装、鞋、帽制造业,化学纤维等具有比较优势的轻纺工业在发挥自身在中国及世界市场比较优势，实现自身高速增长的同时，也带来了长三角区域要素禀赋和市场需求的改变。优势产业提供的前后向关联、旁侧关联和市场关联，促进了长三角其他产业的发展。长三角 2008 年常住人口占全国比例约 11%，按照长三角产业产值占全国 25% 作为优势产业或者集群产业的衡量标准，表 7-4 表明 2008 年长三角全国优势产业，除上述 3 类产业外，其余 13 类产业也构成长三角的集群产业或者优势产业。[①] 表 7-4 报告的 1988 年、1998 年、2008 年的数据表明改革开放 30 年来长三角轻纺工业比较优势的发挥，提供了长三角其他产业发展所需的市场关联和产业关联，促进了其他产业的产业集聚和经济发展。

表 7-4　长三角制造业占中国产业产值总量的比　　　　　　（单位：%）

产业分类	1988 年	1998 年	2008 年
皮革、毛皮、羽毛（绒）及其制品业	28.4	28.4	28.0
家具制造业	21.6	26.8	25.5
造纸及纸制品业	19.6	22.8	25.0
文教体育用品制造业	44.3	40.7	36.8
化学原料及化学制品制造业	25.0	31.0	32.3
橡胶制品业	24.9	28.6	26.5
塑料制品业	35.5	35.3	31.8
金属制品业	30.8	36.8	35.4
通用设备制造业	29.6	45.3	37.8
交通运输设备制造业	18.3	30.2	25.7
电气机械及器材制造业	32.6	36.7	34.9
通信设备、计算机及其他电子设备制造业	37.4	25.7	37.9
仪器仪表及文化、办公用机械制造业	38.4	32.0	40.5

数据来源：根据相关年份上海、江苏、浙江和中国统计年鉴数据整理。

五、总结性评论

发展产业集群，促进集群产业内部企业及各国集群产业之间的竞争，有利于提升国家的竞争力，这一点已经成为世界各国的共识。然而从各国参与国际竞争的空间载体来看，产业集群在空间上主要分布在代表国家参与国际竞争的空间载体集聚经济圈内部，构成集聚经济圈参与国际竞争的产业实体。

以往研究对政府在集聚经济圈产业集聚过程中的积极作用还缺乏一个清晰、系统

---

① 如果按照某制造业总产值占中国总产值 25% 作为划分优势产业或者集群产业的标准，长三角 1998 年、2003 年、2007 年集群产业或者优势产业数在 19 个以上，进入 2008 年变为 16 个，优势产业或者集群产业的数目明显减少，这表明长三角近年在中国的制造业优势正开始减弱。

的认识,本文基于发挥国家区域要素禀赋比较优势的理论视角,以长三角为例,创新性地从"有为政府"干预经济的发展战略、产业政策与贸易政策、市场制度建设、公共投资等四个维度分析了集聚经济圈产业集聚与政府干预之间的关系,提出了分析政府对集聚经济圈产业集聚影响力的概念模型。

研究表明在遵循区域在国内外分工中要素禀赋比较优势的基础上,政府构成发挥集聚经济圈要素禀赋比较优势,促成集聚经济圈产业集聚的外部动力。没有科学合理的政府干预,就不会有集聚经济圈与集群产业的形成。政府政策干预改变了集聚经济圈产业发展的外在环境,从而改变了集聚经济圈要素禀赋的使用与发展方向,发挥了区域要素禀赋的比较优势,促进了集聚经济圈的高速增长和产业集聚。

本文的研究丰富了区域经济与产业集聚领域的研究,为分析国家集聚经济圈建设的外部动力问题提供了一个有益的理论视角。在保持中国东部沿海集聚经济圈经济持续增长的同时,通过"有为政府"对经济发展的积极干预,结合当地经济实际,适时在中国中西部地区通过中部崛起和西部开发的政策干预,建设如东部沿海长三角、华南和环渤海一样的集聚经济圈,对于中国经济国际竞争力的提升具有重要意义。[①] 本文构建的集聚经济圈产业集聚外部动力的"有为政府"分析框架,也许可以为当前中国中西部开发建设实践提供一个有益的理论借鉴。

参 考 文 献

[1] Amin, A. , and Thrift, N. Neo-Marshallian nodes in global networks[J]. *International Journal of Urban and Regional Research*, 1992, 16 (4).

[2] Aschauer, D. A. Is public expenditure productive[J]. *Journal of Monetary Economics*, 1989a, 23.

[3] Aschauer, D. A. Public investment and productivity growth in the group of seven[J]. *Economic Perspectives*, Federal Reserve Bank of Chicago, 1989b, 13(5).

[4] Baldwin, R. E. , and Venables, A. J. Regional economic integration, in Grossman, G. and Rogoff, K. (eds.). *Handbook of International Economics*[M]. Amsterdam: North Holland Press, 1995, 3.

[5] Baldwin, R. E. , Forslid, R. , Martin, P. *et al*. *Economic Geography and Public Policy*[M]. Princeton, New Jersey: Princeton University Press, 2003.

[6] Baldwin, R. , Martin, P. , and Ottaviano, G. Global income divergence, trade and industrialization: The geography of growth take-off[J]. *Journal of Economic Growth*, 2001, 6(1).

---

① 中西部集聚经济圈的崛起,意味着产业产出和产能在中国境内的相对分散,但是只要中国东部长三角集聚经济圈、华南经济圈和环渤海经济圈经济能保持健康的成长,中西部集聚经济圈的崛起将意味着中国经济在世界上经济总量的增大、竞争地位的上升和综合国力的增强。

[7] Cody，J.，and Hughs，H. *Policies for Industrial Progress in Developing Countries*［M］. Oxford：Oxford Univ. Press，1980.

［8］陈建军.长江三角洲区域经济一体化的三次浪潮［J］.中国经济史研究.2005，3.

［9］陈建军,胡晨光.长三角的产业集聚及其省区特征、同构绩效［J］.重庆大学学报(人文社科版)，2007，4.

［10］Démurger，S. Infrastructure development and economic growth：An explanation for regional disparities in China?［J］. *Journal of Comparative Economics*，2001，29(1).

［11］Forslid，R.，and Wooton，I. Comparative advantage and the location of production［J］. *Review of International Economics*，2003，11(4).

［12］Forslid，R.，Haaland，J.I.，and Knarvik，K.H.M. A U-shaped Europe? A simulation study of industrial location［J］. *Jorunal of International Economics*，2002，57(2).

［13］Friedmann，A. *General Theory of Polarized Development*［M］. New York：The Free Press，1972.

［14］Friedmann，J. *Regional Development Policy：A Case Study of Venezuela*［M］. Cambridge，Massachusetts：MIT Press，1966.

［15］范九利,白暴力.基础设施与中国经济增长的地区差异研究［J］.人文地理.2004，2.

［16］Hirschman，A.O. *The Strategy of Economic Development*［M］. New Haven，Connecticut：Yale University Press，1958.

［17］胡晨光,程惠芳,杜群阳.集聚经济圈集群产业的扩散与转型——基于多元化集群产业结构演化视角的分析［J］.经济学家,2010，7.

［18］黄晓玲.中国对外贸易概论［M］.北京:对外经济贸易出版社,2003.

［19］Jacobs，J. *The Death and Life of Great American Cities*［M］. New York：Random House，1961.

［20］Jacobs，J. *The Economy of Cities*［M］. New York：Random House，1969.

［21］李泊溪,刘德顺.中国基础设施水平与经济增长的区域比较分析［J］.管理世界,1995，2.

［22］林毅夫.经济发展与转型:思潮、战略与自身能力［M］.北京:北京大学出版社,2008.

［23］林毅夫,李永军.比较优势、竞争优势与发展中国家的经济发展［J］.管理世界,2003，7.

［24］林毅夫,孙希芳.经济发展的比较优势战略理论——兼评《对中国外贸战略与贸易政策的评论》［J］.国际经济评论,2003，6.

［25］Marshall，A. *Principles of Economics*［M］. London：Macmillan，1890.

［26］Myrdal，G. *Economic Theory and Under-Developed Regions*［M］. London：Duckworth，1957.

［27］O'Sullivan. *Urban Economics*（4th ed. ）［M］. New York：The McGraw-Hill Companies，Inc. ，2000.

［28］Perroux，F. Note sur la notion de pole de croissance［J］. *Economic Applique*，1955，7：307—320.

［29］Piore，M. ，and Sabel，C. *The Second Industrial Divide*：*Possibilities for Property* ［M］. New York：Haper & Row，1984.

［30］Porter，M. E. *The Competitive Advantage of Nations* ［M］. New York：Macmillan，1990.

［31］Puga，D. ，and Venables，A. J. Agglomeration and economic development：Import substitution versus trade liberalisation ［J］. *Economic Journal*，1999，109.

［32］Puga，D. ，and Venables，A. J. Preferential trading arrangements and industry location ［J］. *Journal of International Economics*，1997，43.

［33］Rostow，W. W. *Politics and the Stages of Growth*［M］. Cambridge：Cambridge University Press，1971.

［34］Rostow，W. W. *The Stages of Economic Growth*［M］. Cambridge：Cambridge University Press，1960.

［35］谭崇台. 发展经济学［M］. 太原：山西经济出版社，2004.

［36］王辑慈. 创新的空间：企业集群与区域发展［M］. 北京：北京大学出版社，2001.

［37］徐复，刘文华. 中国对外贸易概论［M］. 天津：南开大学出版社，2002.

［38］张军，高远，傅勇，张弘. 中国为什么拥有了良好的基础设施？［J］. 经济研究，2007，3.

第八章　新结构经济学视角下观浙江经济转型升级：从"斯密型"增长到"熊彼特型"增长的过渡[*]

姚耀军

摘　要

浙江经济发展对"斯密型"经济增长表现出明显的路径依赖性，而从"斯密型"增长过渡至"熊彼特型"增长亦即现代经济增长，乃浙江经济转型升级的本质所在。作为发展经济学的第三波思潮，新结构经济学对产业转型升级提供了深刻的洞见。本文对新结构经济学的理论进展进行了简要回顾，然后基于该框架，对浙江经济转型升级的诸多问题进行了梳理。文章力图表明，新结构经济学对浙江经济成功实现转型升级具有重要的指引价值。

关键词

"斯密型"增长　"熊彼特型"增长　转型升级　新结构经济学

一、引　言

改革开放三十余年来，浙江率先进行市场取向改革，大力发展区域特色经济，从一个相对封闭的、以传统农业为主体的经济体逐步发展成为一个开放、以现代工业为主体的经济体。2008 年，浙江人均 GDP 达到 42 214 元，以当年平均汇率折算，约合 6 078 美元；以当年购买力平价标准折算，约合 11 984 美元。若按照 Chenery(1975)经济发展阶段的划分标准，则 2008 年是浙江跨过工业化成熟期，向工业化发达期迈进的

---

* 本文受到浙江省人文社科重点研究基地(浙江工商大学应用经济学)资助，发表于《浙江学刊》2014 年第5 期。

标志之年。浙江经济社会发展正步入一个崭新的阶段,而世界经济发展史实表明,经济社会发展在此阶段将发生许多深刻的改变。确实,一个越发明了的事实是,浙江经济发展的外部环境正面临一系列转折性变化,能源和原材料价涨、建设用地紧缺、节能减排约束加强、人民币升值和劳动用工成本高企等诸多挑战接踵而至。以史为鉴,如果浙江能够在这一关键阶段成功应对挑战,顺利过渡到后工业化社会,就可跻身于世界发达地区之列。

浙江经济以产业内实行纵向一体化分工的"块状经济"和不断拓展的专业市场网络而扬名,其过往的发展历程可以归结为"斯密型"经济增长之路。经济增长大致分为三种类型(张宇燕等,2006):一是"斯密型"增长(Smithian growth),表现为分工和市场规模的深化与扩大("斯密动力")成为总产出与人均产出增长的推动力量;二是"熊彼特型"增长(Schumpeterian growth),表现为总产出与人均产出增长是技术和制度创新与扩散的产物;三是"粗放式"增长(extensive growth),即只注重产出总量增加而不甚关心人均拥有量提高的增长。"斯密型"经济增长之路成就了浙江经济过往的荣光,然而,"斯密型"增长的最大不足在于没有明确彰显那些催生"熊彼特型"增长的技术变革的价值。由于过多依靠市场规模而缺少必要的技术突破,"斯密型"增长面临着一个理论上的极限——市场的容量,此即所谓"斯密极限"。

横亘于浙江经济面前的"斯密极限"以产能过剩的形式初现端倪。浙江省经济和信息化委员会2013年第二季度对重点企业进行的调查显示,44.6%的企业产能发挥不足80%,产能过剩矛盾比较突出。产能过剩的主要根源在于,浙江企业主要集中在低端产业或初级加工领域,生产劳动密集型产品和初级的资本(技术)密集型产品,而这些产品的需求收入弹性与价格弹性都不高,市场很容易饱和。产能过剩再加上逐渐高企的劳动力成本对传统价格竞争优势的侵蚀,让浙江制造业不仅难以扩展市场范围,甚至维持现状都困难重重。

浙江经济产业层次低的弊端在2008年国际金融风暴冲击下暴露无遗,由此引燃了浙江政、学、业三界对产业转型升级的热烈讨论。本文以为,从"斯密型"增长到"熊彼特型"增长的过渡,正是当前浙江经济转型升级的本质所在。[①] "熊彼特型"增长也称为"库兹涅茨型"增长(Kuznetzian growth)或现代经济增长,其主要特征是持续性的技术创新、产业升级、经济多样化和收入增长加速(林毅夫,2012a)。只有从"斯密型"增长顺利过渡至"熊彼特型"增长,浙江经济才能打破"斯密极限"的诅咒,跃升至高质量发展阶段。

虽然各界已对浙江经济从"斯密型"增长过渡至"熊彼特型"增长的必要性和重要

---

① 当然,"熊彼特型"增长并非与"斯密型"增长完全不兼容。林毅夫(2013a)认为,对现代经济增长更合适的描述是包括了"斯密型"增长的"熊彼特型"动态增长,而非如韦森(2013)所言,是包括了"熊彼特型"增长的"斯密型"动态增长。显然,林毅夫教授认为"熊彼特型"增长主导了现代经济增长。由于浙江经济对"斯密型"增长的路径依赖性过于强大,为强调"熊彼特型"增长对浙江经济发展的重要意义,本文把浙江经济转型升级理解为"从'斯密型'增长到'熊彼特型'增长的过渡"。或许更恰当的表述是,"从'斯密型'增长过渡到包括了'斯密型'增长的'熊彼特型'动态增长",但这种表述不仅用词累赘,而且也可能弱化"熊彼特型"增长对浙江经济发展的重要性。

性达成共识，但关键的问题乃在于，浙江经济究竟应该选择怎样的发展路径，才能成功实现过渡。本文基于新结构经济学这一新鲜的发展经济学理论进展，对浙江经济转型升级问题进行一些学理层面上的思考，力图表明新结构经济学对浙江经济成功实现转型升级具有重要的指引价值。

二、新结构经济学：发展经济学新思潮

新结构经济学应用新古典分析方法，研究一个国家经济结构的决定因素及其变迁的原因，以说明发展过程中经济结构为什么不同，为什么发展过程本身是一个经济结构不断调整、不断变动的过程（林毅夫，2012b）。作为发展经济学的第三波思潮，新结构经济学是对前两波思潮的扬弃。发展经济学的第一波思潮称为结构主义，其主要观点是拥有和发达国家一样的现代化资本、技术密集型产业，是发展中国家收入收敛至发达国家水平的前提。然而如果让市场配置资源，则由于市场失灵，现代化产业将无法在发展中国家获得发展。因此，政府应直接动员、配置资源，以克服市场失灵。然而令人失望的是，第一波思潮下的经济发展战略并未在发展中国家取得早先所预期的成功。[①] 作为对第一波思潮的反思，第二波思潮即新自由主义登上舞台。新自由主义推崇市场的作用，把发展中国家糟糕的经济发展绩效归咎于政府失灵。新自由主义的政策含义由所谓的"华盛顿共识"所浓缩，其核心见解是私有化、市场化与自由化。但事与愿违，在推行"华盛顿共识"的 20 世纪 90 年代，发展中国家的经济增长绩效比推行结构主义的六七十年代还要差，而且经济危机的发生频率也更高。[②]

经过二十余年来不懈努力，林毅夫教授在 2009 年左右构建出新结构经济学基本理论框架。作为发展经济学的第三波思潮，新结构经济学对前两波思潮进行了系统性反思。新结构经济学（林毅夫，2013a）认为结构主义的失败在于对市场失灵原因的认识。在赶超战略之下，政府要优先发展的资本、技术密集型现代化大产业与资本相对短缺的发展中国家的比较优势不相符，产业中的企业在开放竞争的市场中缺乏自生能力，只有在政府给予的各种保护、补贴的情况下才能生存。因此，结构主义所强调的市场失灵误判了发展中国家资本密集型先进产业不能自发发展起来的原因。而新自由主义的失败则在于对政府失灵的原因缺乏正确的认识。如果发展中国家把所有保护补贴一并取消，那么缺乏自生能力的企业必然会土崩瓦解，从而出现失业潮，甚至引发社会政治动荡，于是经济发展也就成为空中楼阁。为了避免这种状况出现，转型中国

---

① "进口替代"是结构主义思潮下的典型发展战略，然而该战略推行的结果是，经济在一段时间内由于投资拉动而快速增长，但接下来出现停滞，然后危机连连，最后导致发展中国家与发达国家的收入水平鸿沟不仅没有缩小，反而越来越大。

② 拉美国家中智利就是一个典型的例子。智利在 20 世纪 80 年代依照"华盛顿共识"实行了改革，把各种政府干预所形成的保护补贴一并清除，但始料未及的是，三十多年来智利并未出现新的产业，而是深陷中等收入陷阱，面临严重的失业问题和收入分配恶化问题。

家政府在取消了对那些缺乏自生能力的企业的保护、补贴之后,经常又引进了种种新的、隐蔽的保护补贴,而其效率与以往相比甚至更低,这就是在苏联,以及俄罗斯等东欧国家所上演的一幕。新自由主义的失败还在于把"婴儿和洗澡水一起倒掉",矫枉过正地反对政府在结构变迁过程中所应发挥的因势利导的作用。

"熊彼特型"增长或现代经济增长,虽然表现为劳动生产率的不断提高,但本质上所反映的是技术、产业、软硬基础设施等结构不断变迁的过程。为了理解这种结构变迁的动力机制,新结构经济学提出的核心假设是要素禀赋及其结构决定了一个经济体的总预算和各种要素的相对价格(林毅夫,2013b)。不同要素的相对价格决定了经济体的比较优势。如果一个经济体的所有产业都符合这个经济体的比较优势,那么这个经济体就具有竞争优势。新结构经济学对产业结构升级的洞见是在任何给定时点,一个经济体的最优产业结构内生决定于该时点上的禀赋及其结构(林毅夫,2012b)。而产业升级和发展的速度不仅取决于要素禀赋结构提升的速度,还取决于软硬基础设施是否做出了相应的改进。经济体要素禀赋的变化是其最优产业结构偏离之前的要素禀赋所决定的情况,为减小交易费用,使经济重返生产可能性边界,这种产业结构的偏离要求新的基础设施服务。换言之,通过产业结构和基础设施的提升,经济始终保持动态最优性。在微观层面,由于所选择的产业和技术皆与经济体要素禀赋所决定的比较优势相符,企业也最有竞争力,将占有更大的国内、国际市场份额,同时也将以工资和利润的形式创造出最多的经济剩余。而且,在由要素禀赋结构所决定的最优产业结构下,这些经济剩余的投资回报也是最大的。随着物质和人力资本的不断积累、要素禀赋结构和产业结构的不断提升,企业将在资本和技术密集型产业中越来越具有竞争力。

新、旧结构经济学皆以发展中国家与发达国家之间的结构性差异为基础,并且都承认政府在经济发展过程中所起的积极作用。然而,新结构经济学并非是对旧结构经济学的简单重复,两者在政府的目标和干预措施上大异其趣:旧结构经济学支持发展中国家的政府采用违背经济体比较优势的发展政策,通过行政手段和价格扭曲措施来优先发展资本密集型产业,而新结构经济学则强调市场对资源配置的中心作用,并认为政府应在产业升级过程中对企业所面临的外部性和协调问题发挥因势利导的作用(林毅夫,2012b)。

三、浙江经济转型升级:新结构经济学框架下的三个问题

尽管新结构经济学以发展中国家为主要研究对象,但其关于经济结构变迁的深刻洞见对于一个国家的区域经济发展也具有指引价值。特别是,由于财政体制的高度分权,中国在一定意义上已成为具有自身特色的财政联邦制国家(Jin et al.,2005)。在此背景下,新结构经济学框架对于我们思考区域经济转型升级尤具启发意义。就浙江经济转型升级而言,沿着新结构经济学的逻辑线索,本文思考如下三个问题。

（一）要素禀赋结构是否为转型升级奠定了基础?

按照新结构经济学,经济体的最优产业结构内生决定于要素禀赋结构。因此,制定经济转型升级战略首先要仔细考量自身的要素禀赋结构条件。超越要素禀赋结构条件的转型升级必将使新产业缺乏比较优势,产业中的企业丧失自生能力,结果招致"揠苗助长"与"欲速则不达"的后果。那么,浙江的要素禀赋结构条件表现如何呢? 在自然要素禀赋方面,据专家测算,若用人均自然资源拥有量综合指标衡量,则浙江位居全国倒数第七位(黄先海,2008),属于自然资源小省。然而经济增长史实表明,自然要素禀赋状况并非经济增长的决定因素,因此本文接下来围绕劳动力与资本(包括物质资本与人力资本)两种要素来考察浙江经济的要素禀赋结构。

在劳动力方面,劳动力供给约束开始收紧,"刘易斯拐点"已经来临。刘易斯认为,当一个经济体的第一产业就业比重降至 20% 以下时,二元经济结构开始向一元转换,曾经无限供给的劳动力将与其他生产要素一样稀缺,从而形成劳动力过剩向短缺的转折点,此即所谓的"刘易斯拐点"(Lewis,1972)。浙江第一产业的就业比重在 2008 年已经低于 20%,在 2010 年进一步下降为 16%,这表明"刘易斯拐点"在浙江经济中已经全面形成(杜平,2012)。进一步的佐证资料是,根据新华网报道,2011 年浙江省技能人才缺口达到 700 万人,用工荒已经从季节性向常态化发展,缺工类型从技工短缺向普工、技工双短缺转变,缺工行业从制造业向批发零售等服务业扩展。

在资本方面,浙江跻身全国领先水平。《中国人力资本报告 2013》显示,2010 年浙江人均物质资本达到 11.8 万元(1985 年价),约为全国平均水平的 1.7 倍,与经济发展水平相近的兄弟省市相比,浙江低于京沪,稍逊江苏,大约是广东的 1.5 倍。人均人力资本达到 29.6 万元(1985 年价),接近全国平均水平的 2 倍,低于京沪,与江苏基本持平,略高于广东。尚需指出的是,由于量化困难,通常的人力资本水平核算并未考虑企业家资源因素。熊彼特认为,企业家创新精神是一种重要的生产要素,是经济持续增长最重要的驱动力(Schumpeter,1911)。因此,忽略企业家资源因素的人力资本水平核算存在明显的不足。虽然目前还没有公认的能准确测度企业家资源丰裕度的指标,但若用"每万人中企业家人数"这一实证研究中常用的代理指标来衡量的话,浙江的企业家资源显得十分可观。《浙江民营企业国际竞争力报告》显示,截至 2009 年 11 月底,浙江每十万人中就有 1112 位企业家,位居全国各省市之首。

总体而言,本文认为浙江经济的要素禀赋结构已经为转型升级奠定了比较坚实的基础,而余下来的问题则是浙江的产业结构是否正沿着要素禀赋结构所决定的潜在比较优势路径拾级而上。

（二）现存产业结构是否与要素禀赋结构相匹配?

按照新结构经济学,如果产业升级转型的速度与要素禀赋结构提升的速度不匹配,则经济体的潜在比较优势就无法转化为现实比较优势。这里的不匹配既指产业转型升级相对于要素禀赋结构提升的停滞，也指产业转型升级过于超前，以致缺乏要素禀赋结构的坚实支撑。为了较准确地评价浙江现存产业结构与要素禀赋结构的匹配程度，我们需要寻找一个与当前浙江要素禀赋结构相似而又成功实现转型升级的经济体作为标尺。从人均产出这一浓缩反映经济体要素禀赋结构状况的指标来看，根据世界银行 2009 年购买力平价标准，2008 年浙江人均 GDP 相当于 1970 年的日本、1977年的新加坡、1986 年的中国台湾地区与 1990 年的韩国。由此推之，在要素禀赋结构方面，当前浙江与 20 世纪 70 年代初的日本、70 年代末的新加坡、80 年代中期的中国台湾地区与 90 年代初的韩国相似。这些国家与地区在相应时期的转型升级被国际经济学界公认为成功典范。然而不幸的是，与这些标尺相对照，浙江经济转型升级的步伐确实显得"步履蹒跚"，主要表现在三个方面。

第一，制造业领先行业的资本技术密集度明显偏低。在成功转型升级经济体的工业化中后期阶段，制造业领先行业均以资本技术密集型产业为主。例如，1990 年韩国制造业第一领先行业为电器机械业，约占制造业产值比重的 14.6％；1965 年日本制造业第一领先行业为化工业，约占制造业产值比重的 10.6％；然而 2010 年浙江制造业第一领先行业为劳动密集型的纺织业，约占制造业产值比重的 11.7％（杜平，2012）。

第二，城市化水平相对偏低。经济发展历史表明，城市发展为产业转型升级提供平台，其水平的提升将引领产业结构向高端化发展，使传统制造业逐步向以服务业为主的产业序列升级。因此，城市化水平是产业转型升级的一个重要先导性指标。然而，浙江目前的城市化率仅相当于韩国 20 世纪 70 年代中后期的水平。2008 年，浙江城市化水平只有 56％，而 1985 年中国台湾地区的城市化率为 76％，1990 年韩国的城市化率（含邑）高达 83％（徐剑锋，2012）。

第三，服务业发展相对滞后。2009 年浙江服务业从业人员占就业人员总数的比重为 33.6％，2010 年服务业增加值占 GDP 的比重为 43.5％，这两个指标均略低于韩国在 1980 年的水平（徐明华等，2010）。另外，浙江服务业内部结构转换相对滞后（杜平，2012），这主要表现在，房地产、金融两者占服务业比重比韩国在 90 年代初的水平高出约 16 个百分点，存在过度繁荣之虞；而服务业中信息科研、交通运输仓储、批发零售等所占比重低于韩国水平至少 5 个百分点。

上述三个方面的证据表明，浙江产业升级转型的速度滞后于要素禀赋结构提升的速度，两者不匹配。按照新结构经济学，浙江经济的潜在比较优势还无法转化为现实比较优势，经济转型升级尚存较大空间。在进一步推进转型升级过程中，虽然市场应在资源配置中发挥决定性作用，但按照新结构经济学，政府在产业转型升级中的因势利导作用也不可或缺，此即"有为政府"观点。本文接下来对浙江政府在产业转型升级中的因势利导作用进行一个简单的评估。

(三) 政府对产业转型升级是否做到了因势利导?

新结构经济学是建立在市场经济理论基础上的一个分析框架[①],但新结构经济学反对"自由放任"(*laissez-faireist*)[②],认为政府应该在促进企业技术创新、扶植产业升级和实现经济多样化方面发挥积极的因势利导作用。其缘由在于,产业结构的升级和基础设施的相应改善需要协调投资行为,并对先行者产生的无法被私营企业内部化的外部性予以补偿。没有这样的协调和对外部性的补偿,经济发展的进程将放缓。因此,政府应主动设法缓和协调问题和外部性问题,从而促进结构转变(林毅夫,2012b)。

浙江政府在如何发挥因势利导作用以助推产业转型升级方面具有不少的亮点。例如,浙江省委、省政府从实际出发,于 2010 年推出要加以重点支持的九大战略性新兴产业。浙江省政府联合中国最大的 B2B 电子商务企业阿里巴巴打造大规模电子商务工程,即"万企工程",推动更多的中小企业通过网络化、信息化手段转变经营方式。浙江省创业风险投资引导基金 2009 年 3 月正式成立,是全国首家投入运营的省级政府引导基金。然而,在完善软硬基础设施方面,浙江政府还有提升的空间。结合笔者从事的专业领域,本文以金融结构问题为例,简要探讨浙江进一步完善金融软基础设施的重要性。

熊彼特很早就对金融在经济发展中的作用进行了论述,认为金融的核心功能在于筛选具有创新精神的企业家并为其提供信贷资金;信用制度在所有国家都是从为新的组合提供资金而产生并繁荣起来的(Schumpeter,1911)。自现代内生经济增长理论兴起以来,金融发展的熊彼特观点(Schumpeterian view of financial development)已经被很好地模型化,并获得大量经验研究的支持。[③] 新结构经济学赞同现代金融发展理论的核心结论——金融发展对经济增长具有重要促进作用,但又对现代金融发展理论进行了重要拓展,提出了新结构经济学最优金融结构理论。其主要的见解是,现有文献缺乏有关最优金融结构演化的理论,隐含了金融结构外生给定,不会随着产业结构的升级而发生变化的假设(王勇,2013)。[④] 然而,随着产业的升级,产业的资本密集度和相关厂商要求的资本规模越来越高,同时产业所面对的风险和不确定性也随着技

---

① 新结构经济学认为,在经济发展的每一个阶段上,竞争性市场都是一个经济体资源配置的最优机制。采取市场机制来配置资源是经济发展遵循比较优势的必要条件。仅仅在竞争性的市场经济中,相对价格才能反映禀赋结构中各种要素的相对稀缺性,而追求利润最大化的企业在技术和产业选择上将会遵循经济的比较优势(林毅夫,2012b)。

② 林毅夫(2013b)认为新古典经济学的精髓不在于"自由放任",而在于以理性人的基本假设为研究经济问题的出发点。现有的大多数新古典经济学理论是研究发达国家的社会经济现象所取得的成果,结果可能让人们产生新古典经济学推崇"自由放任"的错觉。

③ 最具代表性的一份经验研究或许是 King 和 Levine 于 1993 年在《经济学》(季刊)上所发表的一篇论文,该论文的标题为"金融与增长:熊彼特可能是对的"。

④ 在这里,金融结构的定义是指小银行、大银行、风险投资、股票市场等金融中介与市场在金融体系中的相对重要性。金融结构外生观点误导很多发展中国家的政策制定者,使其认为经济金融最发达国家的金融结构是其学习的榜样,也是适合自己国家的最优金融结构,结果导致其金融体制上的赶超和盲目模仿,使得金融结构与产业结构不匹配,影响了产业升级和经济增长。

术阶梯的攀升而变得越来越大。这就意味着产业所需要的金融服务的特性也会随着产业的升级发生变化。不同的金融制度安排在资金规模和处理投资风险的能力上并不相同。因此,显然存在与最优产业结构相匹配的最优金融结构问题。

银行业居主导地位,资本市场发展滞后,这是中国金融结构的主要特征。初步来看,这种金融结构与中国经济整体所处的发展阶段是相适应的。然而在一些经济发展水平已经较高的地区,银行主导型的金融结构并不能有效满足实体经济转型升级对金融服务的需求。[①] 在浙江,资本市场发展的滞后就制约着产业转型升级的顺利实现。按照浙江省发改委课题组(2010)的研究,浙江资本市场存在如下不足:第一,资本市场创新能力不足。省内证券公司其整体实力落后于全国其他经济发达省份中的同行;债券市场发行主体结构不合理,债券发行人过度集中于国有企业,民营企业发债较少;期货业尽管发展较快,但业务范围狭窄,盈利能力不强。第二,与资本市场配套的创新工具有限。浙江金融衍生品市场发展较晚,品种较为单一,市场规模较小。同时,衍生品市场还面临着交易主体结构不平衡、基础产品市场发展滞后、债券收益率曲线不完善与专业人才缺乏等因素的制约。第三,产权交易机构众多,但单体实力弱小、整体联系松散,从而难以形成合力,产生规模效应。另外,多数机构尤其是县级产权交易机构对业务领域拓展不深,没有充分发挥产权市场在资源整合及优化配置方面的重要作用。部分县市在当地国有企业改革基本完成后,甚至把原有的产权交易机构变更为政府招投标中心,完全改变了当初设定的主要职能。

以浙江金融结构不合理、资本市场发展相对滞后为例,本文试图阐明的重要事实是,浙江政府诚然在助推产业转型升级诸多方面表现不俗,但在完善软硬基础设施方面,尤其在完善金融软基础设施方面,还需要进一步加大工作力度,以更好地对产业转型升级发挥因势利导的作用。

四、结束语:以 GIFF 作为浙江经济转型升级的指南

理论的作用在于帮助人们认识世界、改造世界。秉持这一理念,林毅夫(2012b)基于新结构经济学的主要思想,提出"增长甄别与因势利导框架"(growth identification and facilitation framework,GIFF),从而为推动经济转型升级提供了一份政府行动指南。GIFF 由"两轨六步"构成。其中"两轨"是指,首先确定具有潜在比较优势的新产业;然后消除那些可能阻碍这些产业兴起的约束,并创造条件使这些产业实现现

---

① 通过花费高额的资金来获取企业的信息,银行能够从企业提取大量的租金。因为企业要将收益的很大部分交给银行,从而降低了企业从事高风险、高回报项目的能力(Rajan,1992)。此外,考虑债务合同的性质,银行无法从公司的高收益中得到好处却要被公司的高风险所损害,因此银行更偏向于对安全和低收益的项目提供贷款,从而抑制了创新和增长。与之相比,资本市场允许投资者分散化和更为有效地管理风险,从而鼓励更多的外部资金供应。资本市场还有利于竞争,进而为研发和增长提供更强的激励效应,因此在推动创新和促进更多研发企业发展方面更为有效(Allen and Gale,2000)。

实的比较优势。建立在"两轨"基础上的"六步"是指:(1) 政府可提供一份符合要素禀赋结构的贸易商品和服务清单;(2) 在这份清单中可优先考虑那些私人企业已自发进入的产业;(3) 清单上的某些产业可能是全新产业,应鼓励外资进入,还可以设立孵化计划扶持国内私人企业进入这些新产业;(4) 关注本国成功的私人企业,为新兴产业扩大规模提供帮助;(5) 建立工业园区和出口加工区为新兴产业的成长提供良好的基础设施和商业环境;(6) 给先进企业或外资提供一定激励,如减税或其他优惠政策。

GIFF 不仅能作为政府行动指南,形成清晰的经济转型升级思路,而且还可以为我们梳理经济转型升级政策实践提供一个较完整的线索。就浙江而言,锁定目标新产业的第一步已经完成。浙江政府于 2010 年推出九大战略性新兴产业,并加以重点支持。这些产业是生物、新能源、高端装备制造、节能环保、新能源汽车、物联网、新材料、海洋新兴及核电关联产业。统计数据显示,浙江战略性新兴产业发展迅猛。例如,在温州市经贸委重点监测的 855 家行业龙头企业中,23 家战略性新兴产业企业在 2011 年 1—5 月实现产值 43 亿元,同比增长 40.8%,超过规模以上工业平均增速。如果这些产业不具有潜在的比较优势,出现如此的发展势头是令人难以置信的,由此可以判断,浙江已经成功地跨出了经济转型升级的第一步。

经济转型升级的第二步尚处于进展之中。为了消除制约战略性新兴产业发展的约束,浙江采取了如下措施:(1) 鼓励外资进入。迄今为止,浙江已创建了 10 个"浙江省外商投资新兴产业示范基地"。(2) 推进科技企业孵化工作。截至 2010 年年底,浙江全省各类投入运行的科技企业孵化器超过 100 家,其中国家级科技企业孵化器 26 家,省级以上科技企业孵化器 53 家;总孵化面积从 2008 年的 175 万平方米发展到 312 万平方米还有余,增长了 73%。(3) 引导民间资本进入新兴产业。目前浙商资本的资金流向正在发生改变,新兴产业的投资比重明显上升,尤其在装备制造、电子信息、节能环保、新材料这四个行业,浙商资本加大了投入力度。(4) 打造诸如杭州临江工业园区、湖州南太湖生物医药高新技术产业园与嘉兴出口加工区这样的大型项目,集聚新兴产业。浙江产值超过百亿元的省级高新技术特色产业基地在 2011 年已达 16 个。(5) 为新兴产业提供优惠政策。例如,在温州,据不完全统计,截至 2013 年 9 月,全市已有 51 家战略性新兴产业企业享受各类税费优惠减免达 1.59 亿元之多。

在行文结束之际,特别需要澄清的是,以 GIFF 为浙江经济转型升级的行动指南,绝非意味着强势政府在产业转型升级中"越俎代庖",取代自由市场做出决定。产业转型升级取决于企业自发主动的选择,而政府的作用则是以有限的资源来帮助那些具有潜在比较优势部门内的企业消除它们自己难以解决的具有外部性或需要多个企业协调才能成功解决的增长瓶颈限制(林毅夫,2013a)。浙江是民营经济的发祥地,一直立于中国改革开放的最前沿,而浙江政府也素有"亲市场"之美名。因此,我们对充溢着"市场"色彩的浙江经济转型升级之路信心满满!

参 考 文 献

[1] Allen，F．，and Gale，D．Diversity of opinion and financing of new technologies[J]．*Journal of Financial Intermediation*，1999，8.

[2] Chenery H．*Patterns of Development，1950—1970*[M]．Oxford：Oxford University Press，1975.

[3] 杜平.基于新比较优势的浙江产业结构优化提升[C].浙江省发展与改革研究所工作论文,2012.

[4] 黄先海.浙江开放模式：顺比较优势的"倒逼型"开放[J].浙江社会科学,2008,1.

[5] Jin，H．，Qian，Y．，and Weignast，B．Regional decentralization and fiscal incentives：Federalism，Chinese style[J]．*Journal of Public Economics*，2005，89.

[6] King，R．and Levine，R．Finance and growth：Schumpeter might be right [J]．*Quarterly Journal of Economics*，1993，108：717—737.

[7] Lewis，W．A．Reflections on unlimited labor，in L．DiMarco（ed.），*International Economics and Development：Essays in Honor of Raul Prebisch*[M]．New York：Academic Press，1972.

[8] 林毅夫.解读中国经济[M].北京:北京大学出版社,2012a.

[9] 林毅夫.新结构经济学的理论框架研究[J].现代产业经济,2013b,3.

[10] 林毅夫.新结构经济学——反思经济发展与政策的理论框架[M].北京:北京大学出版社,2012b.

[11] 林毅夫.新结构经济学评论回应[J].经济学(季刊),2013a,4.

[12] Rajan，R．G．Insiders and outsiders：The choice between informed and arms length debt[J]．*Journal of Finance*，1992，47.

[13] Schumpeter，J．*The Theory of Economic Development*[M]．Cambridge，MA：Harvard University Press，1911.

[14] 王勇."新结构经济学"的新见解[J].经济资料译丛,2013,2.

[15] 韦森.探寻人类社会经济增长的内在机理与未来道路——评林毅夫教授的新结构经济学理论框架[J].经济学(季刊),2013,4.

[16] 徐剑锋.浙江已进入中速增长阶段——兼析浙江未来经济走势[J].浙江经济,2012,6.

[17] 徐明华,贾玲芝.结构转型的一般理论及其对浙江转型升级的启示[J].当代社科视野,2010,6.

[18] 张宇燕,高程.海外白银初始制度条件与东方世界的停滞:关于中国何以错过经济起飞历史机遇的猜想[A].载于华民,韦森,张宇燕,文贯中等,制度变迁与长期

经济发展.上海:复旦大学出版社,2006.

[19] 浙江省发改委课题组.浙江资本市场:现实与差距[J].浙江经济,2010,10.

[20] 浙江省工商局,浙江民营企业发展联合会.浙江民营企业国际竞争力报告[R].2010.

[21] 中央财经大学.中国人力资本报告 2013[R].2013.

第九章 制造业选择、比较优势与河北省产业结构升级

郑　涛　左　健　韩　楠

摘　要

　　本文以新结构经济学为理论基础解释河北省产业结构升级的现状,并利用河北省2003—2012年的经济数据建立动态面板数据模型对此进行验证。结果表明,河北省的制造业选择以资本密集型的制造业为主,背离了自身劳动力资源丰富的比较优势,导致河北省产业结构升级滞后。本文最后对河北省如何把握京津冀协同发展的机遇有效承接京津地区劳动力密集型制造业产业转移,加速产业结构升级提出相应的建议。

关键词

　　新结构经济学　　比较优势　　产业结构　　制造业

一、文　献　综　述

　　所谓新结构经济学是应用新古典的分析方法,研究一个国家经济结构的决定因素及其变迁的原因,以说明发展过程中经济结构为什么不同,为什么发展过程本身是一个经济结构不断调整、不断变动的过程(林毅夫,2013a)。新结构经济学的核心观点是一国的要素禀赋决定其比较优势,本国应采取符合比较优势的产业发展战略。这样该国企业才具有自生能力,才能在国际竞争中处于优势地位,本国经济也才能具备竞争力,并因此取得快速发展。在此过程中,市场应是配置资源的基础性制度,但政府也应在协调投资、减少外部性、增长甄别、因势利导等方面发挥积极作用(林毅夫,2010)。同时,韦森(2013)认为,政治与法律制度的完善是新结构经济学理论发挥作用的必要条件。余永定(2013)认为,在采取符合国家要素禀赋和比较优势的产业发展战略的同

时,应适当利用"进口替代战略"去培育一些背离本国要素禀赋的产业,这样经济会更加有活力。黄少安(2013)认为,对一个国家要素禀赋结构和产业结构的考察不应只局限于数量结构,还应该扩展到空间结构。

产业结构升级是新结构经济学关注的重要问题之一。按照新结构经济学的观点,一个地区持续快速的产业结构升级要求要素禀赋结构升级,即由劳动力相对丰裕的要素禀赋结构升级到资本相对丰裕的要素禀赋结构。当要素禀赋结构升级到资本相对丰裕的结构时,现代服务业将成为符合比较优势的产业,相关企业自生能力强,从而推动产业结构的快速升级(林毅夫,2014)。而一个地区要素禀赋结构升级的最佳方法是在任一特定时刻根据当时给定的要素禀赋结构所决定的比较优势来发展其产业。此时经济将最富有竞争力,经济剩余将最大,资本积累和要素禀赋结构的升级也将是最快的(林毅夫,2013b)。具体来说,在一个地区经济发展的初期,本地劳动力资源相对丰裕,而资本相对稀缺,因此劳动力的价格较低,资本价格较为昂贵。此时应发挥本地劳动力丰裕的比较优势,选择劳动密集型制造业,相关企业自生能力较强,在国内和国际竞争中能占据优势。劳动密集型的制造业能吸纳本地大量劳动力,促使本地居民收入水平提高,资本稀缺的状况得到改善,要素禀赋结构由劳动力相对丰裕的结构向资本相对丰裕的结构升级。此时现代服务业将会成为符合本地比较优势的产业,相关企业会具备自生能力而快速发展,从而推动该地区由以制造业为主的产业结构向以现代服务业为主的产业结构升级。

与此相反,如果一个地区在劳动力相对丰裕而资本相对稀缺的阶段选择背离自身比较优势的资本密集型制造业,那么相关企业将缺乏自生能力,抑制本地经济增长和居民收入水平的提高,进而要素禀赋结构无法从劳动力相对丰裕的结构升级到资本相对丰裕的结构,现代服务业因缺乏自生能力而发展缓慢,该地区的产业结构升级必将陷入停滞状态。本文将按照该理论对河北省产业结构升级现状进行解释与实证检验。

二、河北省产业结构升级现状

河北省的产业结构升级不仅落后于京津地区,而且低于全国平均水平。以第三产业所占比重为衡量标准,京津冀地区和全国2003—2012年第三产业产值与GDP的比例如图9-1所示,第三产业就业人数与总体就业人数的比例如图9-2所示。

由此可以看出,无论是产值结构,还是就业结构,河北省产业结构水平和升级速度都十分落后。产业结构升级滞后导致河北省的经济增长方式不能有效转变,依然沿袭资源消耗型的粗放增长模式,对环境破坏严重,污染雾霾等问题很难根治。本文将结合新结构经济学关于经济发展和产业结构升级的理论对此进行解释。

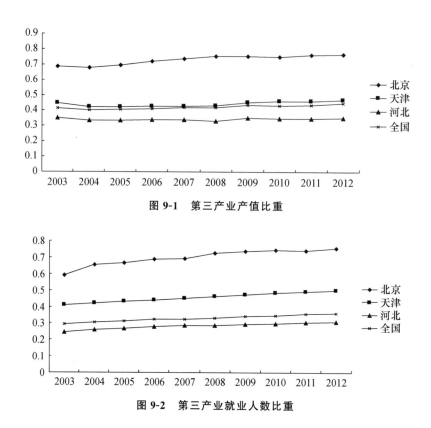

图 9-1　第三产业产值比重

图 9-2　第三产业就业人数比重

三、河北省制造业选择分析

（一）河北省制造业的劳动力密集度分析

河北省人口规模大,在全国排名第六位,劳动力资源丰富是河北省的比较优势。促进经济快速增长和产业结构升级的正确方法是选择符合自身比较优势的劳动密集型制造业,但计划经济时期河北省发展了相当大规模的钢铁、水泥等资本较为密集的制造业。由于产业发展具有路径依赖特征,可能制约了河北省制造业的合理选择,导致改革开放以后河北省制造业的劳动密集度较低。本文首先采用偏离份额分析法研究河北省制造业增加值及就业增长情况,通过对比分析判断河北省制造业的劳动密集程度,偏离份额分析法的原理如下:

$$\Delta x_i^k = x_{i0}^k r_i^k \tag{9-1}$$

将式(9-1)进行拆分,得到式(9-2):

$$\Delta x_i^k - x_{i0}^k r_w = x_{i0}^k (r_w^k - r_w) + x_{i0}^k (r_i^k - r_w^k) \tag{9-2}$$

其中,x_{i0}^k表示i地区k行业基期的值;r_i^k表示i地区k行业该时期内的增长率;Δx_i^k表示i地区k行业该时期内的增量;r_w代表该时期内全国所有行业的总体增长率;r_w^k代

表该时期全国范围内 k 行业的增长率。将式(9-2)进一步变形为式(9-3),并将式(9-3)表示为式(9-4):

$$\frac{x_{i0}^k(r_w^k - r_w)}{\Delta x_i^k - x_{i0}^k r_w} + \frac{x_{i0}^k(r_i^k - r_w^k)}{\Delta x_i^k - x_{i0}^k r_w} = 1 \tag{9-3}$$

$$\text{STR} + \text{DIF} = 1 \tag{9-4}$$

式(9-4)中 STR 代表结构效应部分,表示全国制造业增加值及就业增长对河北省制造业增加值和就业的推动作用。DIF 代表效率部分,表示由河北省制造业自身竞争力的提升对本地制造业增加值和就业增长的推动作用。2002—2012 年河北省制造业增加值及就业增长的偏离份额分析结果如表 9-1 和表 9-2 所示。

表 9-1 2002—2012 年河北省制造业增加值的偏离份额分析结果 （单位:%）

	GDP 增长率		制造业增加值增长率			
	ACT	NRC	ACT	NRC	STR	DIF
全国	423.1	0.0	416.2	−6.9	100.0	0.0
河北	426.4	3.3	456.8	33.7	−20.3	120.3

表 9-2 2002—2012 年河北省制造业就业的偏离份额分析结果 （单位:%）

	就业增长率		制造业就业增长率			
	ACT	NRC	ACT	NRC	STR	DIF
全国	6.4	0.0	43.3	36.9	100.0	0.0
河北	20.7	14.3	53.4	47	78.5	21.5

注:表中 ACT 代表绝对增长率,NRC 代表相对于全国总体水平的净增长率。

由表 9-1 可知,由于 2002—2012 年在全国范围内服务业的快速发展,制造业增加值的增长速度稍慢于全国 GDP 的增长速度。在此情况下,河北省 STR 部分为−20.3%,DIF 为 120.3%,这表明全国制造业增加值的增长对河北省制造业增加值的增长几乎没有推动作用,而河北省制造业增加值增长很快,远高于全国水平,这完全是由于自身快速发展引起的。由表 9-2 可知,2002—2012 年全国及河北省制造业就业增长都很快,河北省 STR 部分为 78.5%,DIF 为 21.5%,这表明河北省制造业就业的增长大部分是由于全国制造业就业增长所推动的,由自身产业发展引起的就业增长很少。

对比表 9-1 和表 9-2 可以看出,虽然河北省制造业增加值的增长速度快于全国水平,但制造业就业增长速度较低,这说明河北省制造业对劳动力的吸纳能力很差,劳动密集度较低。这很可能导致制造业的选择与自身比较优势背离过大。

(二) 河北省制造业与自身比较优势的背离程度分析

在新结构经济学的理论中,一般以技术选择指数(TCI)来衡量某地区制造业选择与自身比较优势的背离程度。

$$\mathrm{TCI}_{i,t} = \frac{\dfrac{\mathrm{AVM}_{i,t}}{\mathrm{LM}_{i,t}}}{\dfrac{\mathrm{GDP}_{i,t}}{L_{i,t}}} \tag{9-5}$$

其中，$\mathrm{AVM}_{i,t}$ 是 i 地区制造业在 t 年的增加值；$\mathrm{GDP}_{i,t}$ 是 i 地区在 t 年的 GDP；$\mathrm{LM}_{i,t}$ 是 i 地区在 t 年制造业的就业人数；$L_{i,t}$ 是 i 地区在 t 年就业总人数。如果一个地区在要素禀赋结构处于较低水平，即资本相对稀缺、劳动力相对丰裕的阶段选择背离自身比较优势的资本密集型制造业，那么制造业部门中的企业会缺乏自生能力。此时政府会给予这些企业在产品市场上的垄断地位并提供补贴性贷款来提高它们的营业利润，以解决其自生能力不足的问题。此时，相对于其他情况，$\mathrm{AVM}_{i,t}$ 的数值较大，又因为制造业资本密集度较高，其吸纳劳动力较少，因此对于制造业选择背离自身比较优势的地区而言，公式（9-1）的分子较大，所以在其他条件不变的情况下，技术选择指数可以被用作一个地区制造业选择与自身比较优势的背离程度的代表变量。2003—2012 年京津冀各城市及全国的技术选择指数如图 9-3 所示。

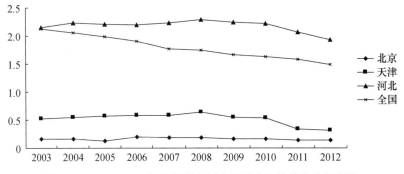

图 9-3　2003—2012 年京津冀各城市以及全国的技术选择指数

　　由图 9-3 可知，河北省 2003—2012 年的技术选择指数高于全国平均水平，更高于京津地区，这表明河北省制造业选择与自身比较优势的背离程度较大。

四、河北省制造业选择对产业结构升级抑制作用的实证检验

（一）计量模型

　　由于河北省制造业选择与自身比较优势的背离程度较大，甚至高于全国平均水平。因此相关企业缺乏自生能力，在国内竞争与国际竞争中不具备优势，导致河北省经济发展和资本积累的速度较为缓慢，严重减缓了要素禀赋结构由资本稀缺结构向资本丰裕结构的升级速度，进而阻碍了河北省产业结构的快速升级。本文将利用河北省 1998—2012 年的经济数据建立动态面板数据模型，对河北省背离自身比较优势的制造业选择对产业结构升级的抑制作用进行验证。

计量模型的表示形式如式(9-6)所示。

$$\text{TGDP}_{r,t} = \alpha_0 + \alpha_1 \text{TGDP}_{r,t-1} + \alpha_2 \text{TCI}_{r,t} + X_{r,t} + \mu_{r,t} \quad (9\text{-}6)$$

其中,各变量下标 r 代表河北省某城市,t 代表年份。以产业结构作为计量模型的被解释变量,用 r 城市第 t 年第三产业产值比重代表,记作 $\text{TGDP}_{r,t}$。用产业结构的一阶滞后项 $\text{TGDP}_{r,t-1}$ 代表产业结构自身变化的影响。制造业选择与比较优势的背离程度采用 r 城市第 t 年的技术选择指数代表,记作 $\text{TCI}_{r,t}$。$X_{r,t}$ 代表模型的控制变量,包括人力资本水平、医疗条件、文化水平、交通运输能力等衡量城市发展水平的因素。其中,人力资本水平用 r 城市第 t 年的高等学校在校生人数表示,取对数后记为 $\ln\text{Student}_{r,t}$;医疗条件用 r 城市第 t 年医院床位总数来表示,取对数后记为 $\ln\text{Bed}_{r,t}$;文化水平用 r 城市第 t 年的人均公共图书数量来表示,记为 $\text{Book}_{r,t}$;交通运输能力用 r 城市第 t 年的货运总量来表示,取对数后记为 $\ln\text{Transport}_{r,t}$。

(二) 实证分析

1. 数据来源和描述性统计

本文采用数据均来自《中国城市年鉴》,相关数据的描述性统计如表 9-3 所示。

表 9-3　变量数据的描述性统计

变量名称	变量定义	变量数据观测数	均值	标准差	最小值	最大值
TGDP	产业结构	165	0.3483	0.0617	0.2400	0.5170
TCI	技术选择指数	165	1.3135	0.3095	0.7908	2.0635
lnStudent	人力资本水平	165	10.5935	1.0052	8.2941	12.8881
lnBed	医疗条件	165	9.5824	0.4879	8.5877	10.6359
Book	文化水平	165	0.1937	0.1073	0.0400	0.5735
lnTransport	交通运输能力	165	8.9321	0.6704	7.1967	10.6371

2. 数据平稳性检验

为了减少伪回归的出现,本文首先采用 HT 检验法对数据平稳性进行考察,所用变量均通过了平稳性检验,检验结果如表 9-4 所示。

表 9-4　样本数据的平稳性检验

变量名称	HT 检验结果	数据平稳性
TGDP	-14.199^{***}	平稳
TCI	-3.245^{***}	平稳
lnStudent	9.948^{***}	平稳
lnBed	-10.577^{***}	平稳
Book	-11.437^{***}	平稳
lnTransport	-13.791^{***}	平稳

注:***、**、* 分别表示在 1%、5%、10% 的显著水平下拒绝所检验数据为"非平稳面板数据"的原假设。

3. 计量模型估计结果与实证结论

分别对不考虑被解释变量自身变化影响的普通面板数据的固定效应和随机效应模型进行估计,而后采用系统 GMM 估计方法对考虑自身变化影响的动态面板数据模型进行估计,计量模型的估计结果如表 9-5 所示。

表 9-5 计量模型的估计结果

$TGDP_{r,t}$	固定效应模型	随机效应模型	系统 GMM 估计结果
$TGDP_{r,t-1}$			-0.026^*
			(0.054)
$TCI_{r,t}$	-0.131^{***}	-0.115^{***}	-0.171^{***}
	(0.000)	(0.000)	(0.000)
$\ln Student_{r,t}$	0.024^{***}	0.029^{***}	0.031^{***}
	(0.000)	(0.000)	(0.000)
$\ln Bed_{r,t}$	-0.107^{***}	-0.106^{***}	-0.127^{***}
	(0.000)	(0.000)	(0.000)
$Book_{r,t}$	0.108^{***}	0.107^{***}	0.139^{***}
	(0.007)	(0.005)	(0.001)
$Transport_{r,t}$	0.014^*	0.019^{***}	0.036^{***}
	(0.057)	(0.004)	(0.000)
常数项	1.144^{***}	1.025^{***}	1.461^{***}
	(0.000)	(0.000)	(0.000)
调整的 R^2	0.751	0.706	0.797
AR(1)统计量及 p 值			-2.935
			(0.003)
AR(2)统计量及 p 值			-1.511
			(0.131)
Sargan 统计量及 p 值			14.342
			(1.000)
是否选择随机效应的检验:Hausman test	Chi2(5)=18.25 (0.0027)		

注:表中"( )"里的数据为相应估计量的伴随概率 p 值,***、**、* 分别表示在 1%、5%、10% 的显著水平下显著。

由表 9-5 的估计结果可知,在不考虑产业结构自身变化的影响时,以固定效应模型的估计结果为准,此时技术选择指数对第三产业比重的上升具有明显的抑制作用,技术选择指数增加 1 单位会导致第三产业的比重下降 0.131 单位。此外,人力资本水平、文化水平和交通运输能力的提升都会促进城市的产业结构升级,而医疗条件的改善对城市产业结构升级并没有促进作用。当考虑产业结构自身变化的影响时,AR(2) 统计量及 Sargan 统计量的结果表明不存在二阶序列相关和工具变量过度识别的问题。系统 GMM 估计结果显示,产业结构的一阶滞后项对产业结构的改善具有一定抑制作用,技术选择指数对第三产业的比重依旧存在显著的负向影响,技术选择指数上升 1 单位可以导致第三产业的比重降低 0.171 单位。此时,人力资本水平、文化水平和交通运输能力的提升同样会促进城市的产业结构升级,而医疗条件的改善对产业结构升级依旧没有促进作用。

通过以上的分析可知,技术选择指数对河北省的产业结构升级具有显著的抑制作用,表明河北省背离自身比较优势的制造业选择抑制了本地的产业结构升级。由于受制于传统计划经济体制,河北省的制造业选择以资本密集型制造业为主,无法有效利用本地区劳动力资源丰富的比较优势,致使经济缺乏竞争力,本地居民收入水平无法提高,要素禀赋结构升级受阻及产业升级滞后。

五、京津冀协同发展战略的启示

由于产业发展存在路径依赖的特征,产业选择具有很强的黏性,单靠河北省自身的力量很难纠正制造业选择与自身比较优势的偏差,所以河北省需要有效承接外部劳动密集型制造业的转移,而京津冀协同发展将为河北省改变这一现状提供机遇。

近年来,京津地区制造业增长逐渐放缓,以现代服务业为主的第三产业发展迅速。加之京津地区房价高,劳动力成本提高,以及城市拥堵等原因,该地区劳动密集型制造业存在向河北省转移的趋势。因此,在京津冀协同发展的过程中,应促进京津地区的劳动密集型制造业向河北省转移。与此同时,河北省要加强省内各城市之间的经济关联程度,改善各城市之间的基础设施,减少地方保护,增强商品和要素在河北省内部的流动性,形成统一的商品市场和要素市场,以充分发挥规模经济的作用。此外,河北省还要改善企业基础设施和社会基础设施,营造一个良好的投资环境,在各城市创建工业与科技园区,为迁入河北省的劳动密集型制造业企业提供税收减免和优惠贷款等政策,为相关企业的迁入和发展提供良好的外部条件。

如果河北省能有效承接劳动密集型制造业的转移,本地区的劳动力会与该制造业产业结合,在河北省内形成一定规模的制造业集聚。当一个地区制造业的集聚初步形成时,由于价格指数效应的存在,该地区实际工资水平会大幅提高,这会吸引更多劳动力参与制造业生产。此时,本地市场效应将发挥作用,使得该地区制造业集聚规模进一步扩大。河北省劳动力资源丰富,能为劳动密集型制造业的集聚与发展提供良好先决条件。如果本地区劳动力尤其是农村劳动力能够大规模与制造业相结合,那么本地区居民收入水平会显著提高,经济会极具竞争力。在此基础上,要素禀赋结构的升级速度也将得到大幅提高,本地区资本稀缺的状况将会得到明显改善,此前由于本地要素禀赋结构落后而缺乏自生能力的资本密集型制造业也会迎来良好的发展机遇。这会使得河北省的要素禀赋结构升级进入良性循环,现存服务产业将会迎来更好的发展环境,产业结构升级滞后的现状也将会得到根本性的改变。

参 考 文 献

［1］黄少安.《新结构经济学》侧评［J］.经济学（季刊）,2013,3.

［2］林毅夫.新结构经济学的理论框架研究［J］.现代产业经济,2013a,3.

［3］林毅夫.新结构经济学——反思经济发展与政策的理论框架［M］.北京:北京大学出版社,2014.

［4］林毅夫.《新结构经济学》评论回应［J］.经济学（季刊）,2013b,3.

［5］林毅夫.新结构经济学——重构发展经济学框架［J］.经济学（季刊）,2010,10.

［6］韦森.探寻人类社会经济增长的内在机制和未来道路——评林毅夫教授的新结构经济学的理论框架［J］.经济学（季刊）,2013,3.

［7］余永定.发展经济学的重构——评林毅夫《新结构经济学》［J］.经济学（季刊）,2013,3.

第十章　劳动密集型制造业中小企业转型升级融资研究：最优金融结构的视角[*]

罗仲伟　黄阳华

摘　要

　　传统产业升级是转变中国经济发展方式的重要内容，而劳动密集型中小企业转型又是传统产业升级的关键。本文以最优金融结构理论为视角，分析劳动密集型中小企业转型升级的内涵和转型融资的四大特征，认为当前劳动密集型制造业中小企业融资是常规融资和转型融资的叠加，解决经济转型和产业升级背景下劳动密集型制造业中小企业融资问题，必须同时考虑制度性因素和周期性因素。本研究还通过问卷调查和案例研究，分析了劳动密集型制造业中小企业转型融资的供求状况，发现银行仍然是中小企业最为重要的融资来源，但以银行为代表的间接融资渠道并不符合转型融资的需求特征。同时，限制中小企业融资的主要障碍并非融资的财务成本高企，而在于融资的交易成本过高。此外，助推劳动密集型中小企业转型升级的公共服务体系不健全，中小企业转型升级的综合成本和转型风险居高不下，放大了中小企业融资难的问题。因此，不仅要通过融资政策加大对中小企业的扶持力度，更要通过中小企业公共服务体系的建设降低转型的综合成本和风险，以缓解劳动密集型中小企业的融资难题。

关键词

　　劳动密集型　中小企业　转型升级　融资　最优金融结构

---

　　* 本文为国家自然科学基金委管理科学部主任基金应急项目 2013 年第 1 期"纾解中小企业融资困境策略研究"（批准号：70141007），中国社会科学院创新工程项目"中小企业公共服务体系建设研究"（批准号：SKGJCX2013-07），以及国家自然科学基金面上项目"中国产业政策理论反思、微观机制解析与实施效果评估"（批准号：71373283）研究成果。

一、问题的提出

改革开放以来,中国逐渐形成了按照比较优势参与国际分工的发展模式,即依靠劳动力相对丰富、产业配套较为完整和后发国家技术进步的后发优势驱动工业化进程,实现经济快速增长。这一恢弘的历史变迁过程基本符合罗斯托模型:以农业居于首位、消费水平很低的"传统社会",通过积累和投资过程,为经济起飞创造前提条件(罗斯托,1962)。但是,中国的经济发展模式又不完全符合罗斯托模型,即中国从传统社会向成熟社会的演进并不是依托于农业生产力的革命性变化,而是按照刘易斯模型,将大量农村剩余劳动力转移至工业部门所释放的结构红利驱动经济增长(Lewis,1954)。这一变化在产业层面表现为技术和资本门槛相对较低的劳动密集型制造业迅速扩张,大量的劳动密集型中小企业在促进经济增长、增加财政收入、扩大人员就业、促进科技创新和优化经济结构等方面发挥了不可替代的作用,成为奠定中国经济增长奇迹的微观基础。但经过三十余年的发展,当前劳动密集型制造业中小企业已经进入了转型升级的新的发展阶段,其转型升级的成效直接关系到中国经济发展方式的转变成效。

本文研究中国劳动密集型制造业中小企业转型升级过程中所面临的融资问题,试图回答如下三个研究问题。第一个问题是,劳动密集型中小企业转型的经济含义是什么? 或者说,怎么从经济理论上阐述劳动密集型中小企业的转型升级? 转型升级有什么特征? 第二个问题是,劳动密集型制造业中小企业转型融资的基本特征和金融供求结构特征分别是什么? 或者说,如何将劳动密集型中小企业的融资研究纳入规范的经济理论分析框架? 第三个问题是,中小企业公共服务体系建设在应对劳动密集型中小企业融资难问题中发挥什么样的作用? 或者说,如何通过中小企业公共服务体系建设来应对中小企业转型融资市场失灵的问题? 前两个问题是实证分析,后一个问题是规范分析。

按照切入点的不同,现有研究转型的文献可被分为宏观层面经济发展战略转型,中观层面产业转型和微观层面企业战略转型三个层次。相比于前两类转型,企业战略层面的转型研究相对较少。代表性的文献研究了企业升级的理论模型,转型与升级的界定,并对中小企业转型升级的情况进行了调查研究。例如,金碚(2011)提出了中国工业企业转型升级的总体方向和七种可供选择的转型升级方向。总体方向是向高附加值产业端攀升,可供选择的转型升级方向包括基于比较优势的空间转移战略,基于全制造产业链技术优势的一体化战略,向全球制造体系渗透的精致制造战略,跨业转型战略,向服务业延伸的二、三产业互融战略,向重型高端制造领域的顺势攀进战略和进入高端、新兴产业的新技术突进战略。吴家曦和李华燊(2009)对浙江中小企业转型升级的方式、分布特点、影响因素进行了分析。杨桂菊(2010)以提升企业核心能力为视角,通过多案例研究提出了中国代工企业转型升级路径的理论模型。孔伟杰(2012)

基于大样本的问卷调查，研究了影响制造业企业转型升级的主要因素。赵昌文和许召元（2013）对转型升级动因和影响因素进行了综述，并利用调研和问卷调查资料检验了影响企业转型升级成效的主要因素。

与本文研究主题密切相关的另一类文献是中小企业融资问题。相较于中小企业转型升级问题的研究，中小企业融资问题则受到更多的关注。[①] 概括起来，现有文献的主要研究问题包括中小企业融资的现状（林汉川等，2003；梁冰，2005；巴曙松等，2013），融资难的形成原因、国际经验比较及其对策建议。林毅夫和李永军（2001）认为，发展劳动密集型中小企业是符合中国资源禀赋特征的生产组织方式，中小企业融资难的根本原因在于长期实行违背资源禀赋结构的"赶超"战略，唯一解决办法是发展中小金融结构，提高为中小企业提供贷款的金融市场的竞争度。不少学者将信息成本引入中小企业融资问题，为中小企业融资问题研究提供了主流研究框架，研究银行信贷配置、金融成长周期、银行市场竞争结构、企业规模对中小企业融资的影响（李志赟，2002；张捷，2002；杨丰来和黄永航，2006；鲁丹和肖华荣，2008）。张捷（2002）认为银行的决策过程受其自身规模的影响，决策的信息成本与代理成本之间存在最优权衡，并以此分析大银行和小银行在进行中小企业关系型贷款决策时的比较优势和专业化分工。林毅夫和孙希芳（2009）认为非正规金融拥有中小企业的"软信息"优势，能够改进整个信贷市场的资金配置效率。这一观点已经成为主张发展地方性中小金融机构，为中小企业提供金融服务的主要理论依据。

虽然现有研究对中小企业融资相关的主要研究问题均有所积累，但总体而言，现有研究仍需在如下三个方面加以拓展：一是"转型升级"的研究需要从政策概念向理论研究转变；二是加强对劳动密集型中小企业转型升级的专门研究；三是重视对处于转型升级阶段的劳动密集型中小企业所面临的独特融资需求关注不足的问题。

本文余下部分安排如下：第二部分借用最优金融结构理论，分析中国劳动密集型中小企业转型升级的经济内涵和风险特征；第三部分分析劳动密集型中小企业转型融资的特征，并基于调研数据和案例研究，从资金供给和需求两方面分析劳动密集型中小企业转型融资面临的主要困难；第四部分总结全文，并从金融体系和公共服务体系两方面提出了疏解劳动密集型中小企业转型融资难的政策建议。

二、劳动密集型中小企业转型升级及其风险

（一）劳动密集型中小企业的转型升级

按照中国统计部门的惯例，只有规模以上的工业企业才有连续的统计数据，而为数众多的规模以下工业企业尚游离在统计监测范围之外，因此难以利用翔实的统计资

---

① 在中国知网中，以"中小企业融资"为主题关键词检索，共有超过 41.5 万条文献检索结果，其中期刊文章多达 22.35 万条，CSSCI 索引文献 2.8 万条。

料刻画它们的特征。① 按照产业发展的一般规律,处于工业初中期发展阶段的国家和产业,企业规模与劳动密集度之间存在正相关关系,因此数量众多的规模以下制造业中小企业劳动密集程度要比规模以上企业更高。2010 年,在规模以上工业企业中,中小型工业企业数量占比高达 99.2%。由于广大中小企业具有鲜明的劳动密集型特征,该比值也在相当大程度上反映了中国工业仍然具有鲜明的劳动密集型特征。如图 10-1 所示,2003—2011 年,规模以上工业企业人均资产从 29.3 万元/人快速增加至 69.2 万元/人,反映了中国要素结构逐渐由劳动相对丰裕向资本相对丰裕转变的特征。同期,规模以上中小型工业企业人均资产从 23.1 万元/人增加至 56.1 万元/人,增幅高于规模以上工业企业,但规模以上中小型工业企业人均资产是规模以上工业企业人均资产的 81.1%,表明中小型工业企业的劳动密集程度更高。这一判断得到了中小型工业企业和就业行业分布特征的进一步印证。2010 年,全国超 60% 的规模以上中小型工业企业集中于十大劳动密集型制造业部门,且在劳动密集度高的 12 个工业行业中,超过九成的就业岗位由规模以上中小型工业企业提供。②

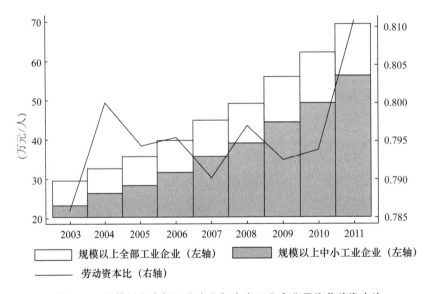

图 10-1   规模以上全部工业企业与中小工业企业平均劳动资本比
数据来源:根据各期《中国中小企业年鉴》整理。

上述统计数据精准地反映了改革开放以来,内生于中国经济发展战略的企业特征,即按照劳动相对丰裕、资本相对稀缺的要素禀赋结构发展与之相适应的劳动密集

---

①   按照中国的统计口径,2010 年之前年主营业务收入在 500 万元及以上的法人工业企业为规模以上工业企业。2011 年起,中国对规模以上工业企业的口径进行了调整,变为年主营业务收入在 2 000 万元及以上的法人工业企业。本文有关中小型工业企业的相关统计数据资料,均来自各期《中国中小企业年鉴》。

②   需要指出的是,中国中小企业主管部门于 2011 年调整企业划型标准,提高了规模以上工业企业的标准,统计意义上的规模以下工业企业数量可能进一步增加。即便中国科技部门对科技型中小企业进行了认定,但数量相对于总体中小企业而言仍相对较少。

型产业,企业以劳动密集型中小企业为主。一方面,在此发展阶段,劳动密集型中小企业面临的风险类型与大型企业有显著差异,融资需求也表现出明显的阶段性。另一方面,在计划经济时期为实行"赶超"战略,中国形成的高度集中的金融结构难以满足中小企业的融资需求,加上中小企业自身难以克服融资活动中的信息不对称性和交易成本高的问题,中小企业融资难、融资贵的问题在中国长期存在(林毅夫和李永军,2001)。而对于劳动密集型制造业的中小企业而言,融资难、融资贵的问题则尤为严重。

经过三十余年的高速发展,中国的要素禀赋结构正在经历深刻变化。在劳动要素方面,中国的劳动年龄人口正趋近峰值[①],出现了以劳动力短缺和工资持续提高为特征的"刘易斯拐点",人口抚养比不再降低也表明"人口红利"正在逐步消失(蔡昉,2010,2011;蔡昉和都阳,2011),中国劳动力无限供给的格局难以为继。在资本方面,中国国民经济持续快速发展加速了资本积累,外国投资大量流入,人民币汇率快速升值和高等教育的普及等因素都使得中国资本禀赋不断积累。中国逐渐从劳动力相对丰裕、资本相对稀缺的落后经济体演变为劳动力相对稀缺、资本相对丰裕的中等收入国家。[②]

中国要素结构的变动,导致劳动密集型中小企业普遍面临工资上涨的压力。根据课题组在珠三角劳动密集型中小企业集聚区的实地调研情况[③],东部地区劳动密集型企业的一线普通工人月平均工资已达4500元,具有技能工人的月工资达7000元,高于同期当地城市平均月薪[④],且最近几年保持两位数的增速。为了减少员工离职,企业通常还需要发放额外工资,设立奖金激励员工在节假日后返厂复工。[⑤] 企业的用工成本除了支付员工货币工资外,还需支付与工资成一定比例的社会保险和福利支出,因此企业的实际用工成本高于货币工资。随着中国用工制度的规范化和社保网络的健全,企业支付的员工福利随着货币工资的增长而上升,实际用工综合成本快速上涨。[⑥] 而在产品市场方面,劳动密集型中小企业通常处于完全竞争市场,是市场价格的接受者,难以将要素成本转嫁给下游市场,利润空间"薄如刀刃"。劳动密集型中小

---

①　劳动年龄人口是指年龄处于15—64岁的人口。

②　据我们所掌握的文献,尚未发现已测算过中国要素禀赋结构变动的研究,现有研究通常测算劳动、资本、土地等单要素规模,并将其当作解释变量或者控制变量识别要素禀赋丰裕程度与其他变量的关系。

③　2013年5月,课题组对广东省深圳市的电子产业集群,东莞市虎门镇的纺织产业集群和童装产业集群,厚街镇的家具产业集群,广州市狮岭镇的皮革皮具产业集群,番禺区的服装产业集群进行了密集调研。通过实地企业走访和企业家、行业组织座谈相结合的方式,了解劳动密集型中小企业(如纺织、服装、制鞋、家具和皮具等行业的企业)转型升级的情况。本部分的资料均来自于课题组的调研记录。

④　根据某知名招聘网站发布的《2013春季职场才情报告》,2013年春季深圳市和广州市的平均月薪分别为6787元和4917元。

⑤　春节假期后,企业通常面临着20%员工不再返厂复工的问题,调研中企业普遍反映"一到春节人力资源部就头疼"。

⑥　根据有些研究的估算,如果企业严格执行相关的用工政策,企业除了支付工人工资外,所承担的保险和福利费用约为工资的30%—40%。按此水平估算,如果工人平均工资为4500元/月,企业实际的用工成本约为6000元/月。

企业的转型升级具有明显的被动性和迫切性。

　　研究劳动密集型中小企业的转型仍需要将之嵌入产业转型的背景，以经济理论和历史经验为依据。关于产业转型的转型升级的经典模型之一便是"雁行形态理论"（Akamatsu，1962；Okita，1985；Kojima，2000）。该理论最初被用来表述工业化与经济发展形态，后来常用于研究产业和经济结构的动态演进。[①] 日本和"亚洲四小龙"的发展经验均表明，经济发展是循序渐进的过程，成功的经济发展要求在每个发展阶段上发挥当时资源禀赋的比较优势，一国经济的发展促使资本积累和人均资本拥有量提高，资源禀赋结构也将逐渐从劳动密集型转变为资本密集型和技术密集型（林毅夫，2012；林毅夫等，1999）。当要素禀赋结构变化使得要素相对价格发生变动时，要素将转移至生产效率相对更高的部门，这一变化在宏观上表现为"结构红利"，在微观上则表现为企业的转型。因此，本文将转型定义为产业或企业按照要素禀赋结构或在要素的相对价格变动时所做出的动态调整。

　　从企业实践看，转型升级通常有如下几种方式：外销转内销、沿产业链向上下游延伸、空间上的产业转移、产品升级换代或创新、生产设备升级推动工艺创新、打造企业自主品牌等。无论企业采取哪种或哪几种方式进行转型升级，其本质都是相通的。对于劳动密集型中小企业而言，转型升级的本质是为了应对劳动和资本要素相对丰裕程度的变化，逐步提高资本—劳动比率，提高边际劳动生产率，抵消劳动工资率上涨对企业利润空间的挤压。对此，可用企业利润最大化均衡条件表述劳动密集型中小企业的转型升级。假设劳动密集型中小企业所处的产品和要素市场是竞争性的，那么企业利润最大化条件为 $w/r = MP_L/MP_K$。其中，w 和 r 分别表示工资率和利率，MP_L 和 MP_K 分别为劳动和资本的边际生产率。当要素禀赋结构升级时，表现为劳动力成本 w 上涨，此时减少劳动投入和（或）增加资本投入符合企业利润最大化条件，意味着劳动密集型中小企业需要增加资金投入进行资本深化。如果中小企业的自有资本不足以满足这种投资需要，就需要进行外部融资。在要素相对边际生产力不变的情况下，工资率的上涨将导致利率的上涨，表现为融资成本增加，如果金融供给结构不利于劳动密集型中小企业的融资，融资难的问题随之而生。

　　按照最优金融结构理论，金融结构安排应该服从实体经济的融资需求，在特定发展阶段，特定的产业结构和企业特征有独特的融资需求，因此存在一个最优的金融结构与之相适应（林毅夫等，2009；Lin et al.，2009；龚强等，2014）。依此理论，在研究劳动密集型制造业中小企业融资问题时，必须结合其风险特征及相应转型融资需求特征，提高融资需求结构与金融供给结构之间的匹配度，才能有效解决劳动密集型中小企业的融资难问题。

---

　　① 雁行形态理论（又称为"雁阵理论"和"雁行模型"）自提出后，根据研究对象的不同，衍生出两大理论变种：一是用于研究特定国的经济发展型态；二是用于研究多个国家之间序贯出现的经济发展型态。赤松要最先提出的雁行形态是一国模型，用来表述追赶型国家的产业演进，又被进一步细分为一国一种产品模型和一国多种产品模型。

(二)最优金融结构视角下劳动密集型中小企业转型升级的风险分析

当要素禀赋结构升级,劳动密集型中小企业作为一个群体普遍面临着转型压力时,所引致的融资也可以称为转型融资,特指用于满足劳动密集型中小企业转型所需的资本投入。按照上述最优金融结构理论的逻辑,本文将劳动密集型中小企业转向资本密集型或技术密集型视为经济发展的一个特定阶段,那么在此阶段也应该存在一个最优金融结构,能够根据劳动密集型中小企业转型的风险特性,为其提供转型所需的金融服务。因此,在讨论转型融资之前,有必要更细致地研究劳动密集型中小企业转型风险及转型融资的特点。

最优金融结构理论认为,给定宏观经济环境,企业主要面临三方面的风险,即技术创新风险、产品风险和企业家风险(Lin et al.,2009)。依此逻辑,本文讨论劳动密集型中小企业转型面临的风险。

第一,劳动密集型中小企业转型以提高劳动生产效率为目标,要求企业进行技术升级,技术创新风险随之而生。在中国劳动密集型中小企业形成和发展的过程中,由于中国工业技术水平与全球技术前沿之间的技术差距较大,企业可发挥技术创新的"后发优势",引进相对成熟的技术降低技术创新风险。当后发企业的技术水平与技术前沿之间的差距缩小时,引进技术的难度日益增加,后发企业的技术战略可能从技术引进策略逐渐转变为自主研发策略(Acemoglu et al.,2006),技术创新风险也随之增加。尤其是全球工业技术更新周期日趋缩短,企业技术创新风险越来越大。劳动密集型制造业中小企业的技术升级主要包括两方面的内容,即产品技术的升级和工艺技术的升级,前者要求加大研究与开发(R&D)投资,后者需要加大投资用于生产设施的更新和改造,两者都包含着较大的风险。

第二,在劳动密集型中小企业转型过程中,产品的转型具有不同的形式,但是每种形式都会伴随着一定的风险。产品转型的第一种典型方式是产品改进,例如,对产品的品质、功能、性能和界面进行调整。即便产品的技术创新获得成功,但是新产品能否成功实现商业化仍面临着一定的风险。第二种典型方式在一些外向型劳动密集型中小企业中较为普遍,一些企业在转型以前,产品主要用于外贸出口,以满足国外消费者的偏好为导向,但受全球金融危机的影响,海外市场需求减少,加之启动内需发展战略的推行,促使外向型中小企业转向国内市场,企业所面临的产品风险包括国内外市场上消费者偏好、市场结构、产业组织、产业政策等方面不一致所造成的风险。[①] 类似地,传统上专注于国内市场的劳动密集型中小企业开拓国外市场时,也可能遇到上述风险。上述两种产品转型都是产业内升级,而第三种典型方式更为"激进",即部分传

---

① 对外贸型劳动密集型中小企业转向国内市场所遇到的转型问题的归纳,来自于课题组 2013 年 5 月对广东广州狮岭皮具产业集群的调研。

统劳动密集型中小企业投资于资本、技术更为密集的新兴产业,实现产业间的升级。[①]根据课题组的调研,浙江宁波某文具、办公用品企业进入新材料领域,某著名服装企业已完全退出服装制造行业,投资锂电池业务,山东威海某鱼竿生产商进入碳纤维产业,四川某生猪屠宰企业投资生产医疗设备,等等。以这种方式转型的企业不仅面临更大的产品风险,而且产品风险和技术创新风险相互叠加。伴随着产品升级,一些劳动密集型中小企业同时进行着空间上的产业转移,在新的投资地经营还面临着地方政府的政策风险、产业和基础设施配套的风险等。

第三,劳动密集型中小企业的转型对企业家的管理才能也是一项严峻的考验。在企业转型之前,由于技术创新风险和产品风险均相对较低,企业家创业和经营的风险也相对较低。但是转型过程中技术创新风险和产品风险逐渐增加,要求企业家在更为不确定的环境中做出决策,对企业家的创新精神和冒险精神提出了更高的要求(Knight,1921;Schumpeter,1912)。特别地,随着中国改革开放后第一代中小企业家群体逐渐步入退休年龄,代际传承问题加剧了企业家风险(黄阳华和贺俊,2010)。为了适应转型升级的需要,企业战略、组织行为及人员结构的调整都伴随着管理风险。

上述三类风险都基于给定的宏观经济环境条件,适用于一般性的情景。但是,近几年来,中国实体经济经营环境不理想,虚拟经济的投资收益率高于实体经济,出现了资本从实体部门流向虚拟经济的势头。社会信用体系建设滞后,一些企业缺乏契约精神,又进一步放大了企业间的债务风险,引发相互拖欠货款的债务连锁反应。从中长期看,中小企业负担过重,产能过剩的问题长期存在,国家倡导放开民间资本投资领域的政策落实困难,限制民间投资的"玻璃门""弹簧门"仍然存在。除了外部环境的问题,中小企业自身也有一定的问题,较多中小企业难以适应上述经营环境的转变,经营不善、投资不当、扩张过快、过分依赖民间借贷的问题突出(罗仲伟等,2014)。外贸相关行业集中了大量劳动密集型中小企业,普遍面临着国际市场需求萎缩、订单减少的窘境。劳动密集型中小企业经营困难使得融资难的问题尤为突出,中小企业融资难在一定程度上反映的是经营难(黄阳华和贺俊,2013)。

综上,劳动密集型中小企业转型过程中,除了面临着常规经营风险,还面临着内生的转型风险,转型融资的需求特征根植于企业转型的风险特征。这也就意味着劳动密集型中小企业的转型融资需求既有常规融资的特点,又有应对转型风险的融资需求。提高劳动密集型中小企业转型融资需求与金融供给结构之间的匹配度,是疏解劳动密集型中小企业转型融资问题的关键所在。下文将更为深入地研究转型融资的供求关系。

---

① 这种转型方式在历史上不断上演。例如,第二次世界大战时丰田公司的产品线从纺织转向卡车,三星公司从生产服装转向生产电子产品,LG从生产日用品转向投资收音机等。

三、劳动密集型中小企业转型融资供需矛盾突出

(一) 劳动密集型中小企业转型融资具有"长、大、稳、综"的新特征

如前文所述,中小企业融资难问题具有普遍性、长期性,原因在于中小企业融资时资金的提供者和使用者之间信息不对称,容易产生逆向选择和道德风险,因此中小企业需要支付更高的资金成本以补偿资金提供方面临的风险(林毅夫和李永军,2001)。中国以大型金融机构为主的金融结构难以满足中小企业的融资需求。那么对于劳动密集型中小企业而言,它们在转型过程中,常规融资所遇到的信息不对称和交易成本高的问题是否会在转型融资中延续?中国金融制度安排在满足劳动密集型中小企业常规融资需求时存在局限性,这种制度性障碍是否会继续阻碍劳动密集型中小企业的转型融资?解答这些问题,首先需要剖析劳动密集型中小企业融资的特征。

处于转型升级阶段的劳动密集型中小企业,融资需求呈现出与常规经营阶段显著不同的特征。不同的转型升级路径对融资的额度、期限、条件等提出了不同的要求。劳动密集型中小企业转型面临的风险越大,转型融资的风险也相应越高。因此,相比中小企业常态融资需求具有的"短、小、频、急"的典型特点,劳动密集型行业中小企业转型升级的融资需求具有"长、大、稳、综"的新特征。

第一,劳动密集型中小企业沿着产业链向资本密集型或技术密集型环节垂直转型,或者向劳动力、土地成本更低的地区产业转移,均要求企业对生产工艺、技术、设备等进行改造和升级,增加研发投资,建立自主品牌,开拓营销渠道,探索新的商业模式。这些新增投资常常以固定投资为主,因此,外部融资的周期相对更长,融资额度也相对更大。

第二,劳动密集型中小企业转型进行的固定资产投资,如新设备、新工艺流程、新建厂房等,通常具有专用性资产的特点,一旦中途资金断裂,前期投入将变成沉没成本。因此,按照新产权理论(Grossman and Hart,1986),劳动密集型中小企业转型进行的固定资产投资需要更为稳定的融资,以避免事后的机会主义行为,保证事前的投资激励水平。

第三,劳动密集型中小企业转型升级落实在具体的运营实践上具有不同的形式,例如,横向转型需要大额启动资金支持,制造型企业产品研发和技术改造需要长期贷款周转,出口型企业随着贸易额扩大需要银行提供贸易融资、跨境结算、汇率避险等服务。不同的转型方式对融资的需求也各具特色,使得劳动密集型中小企业的融资也更为综合,显著不同于应付流动资金不足的常规融资。

(二) 劳动密集型中小企业转型融资的供求分析

为了解劳动密集型制造业中小企业转型融资的基本情况,课题组向福建省三明

市、河南省偃师市等地共发放 150 份企业调查问卷,回收 104 份有效问卷,回收率为 69.3%。受访企业平均年龄 12.5 岁,最年轻的企业创立于 2011 年,最早的创立于 1958 年;受访企业主要分布于通信设备、计算机,通用设备,化学原料及化学制品,纺织,非金属矿物制品和专用设备等行业。企业员工规模主要集中在 20—300 人的范围内。

1. 企业融资需求是多重需求的叠加

问卷调查结果显示,大多数劳动密集型中小企业面临着数额不等的资金缺口,仅约 20%的中小企业表示不存在资金缺口,表明中小企业融资难的问题仍然普遍存在。进一步分析中小企业资金的主要用途后发现,企业自有资金的用途和融资需求之间存在高度相关性,表明企业的融资需求主要用于补充自有资金的不足。① 企业的融资用途除了维持正常生产,更侧重于生产线升级、技术改造、自主研发和新产品开发,这几类融资需求占比合计接近总需求的一半,而用于归还拖欠货款等与转型关系不太密切的资金用途需求相对较少(见图 10-2),表明中小企业的融资需求是常规融资需求与转型融资需求的叠加。这一结果也体现了上文对劳动密集型制造业中小企业转型特征的分析,即企业将更多的资金用于技术、产品的升级,或进行自主研发,以提高企业的资本劳动比,促进企业的转型升级。

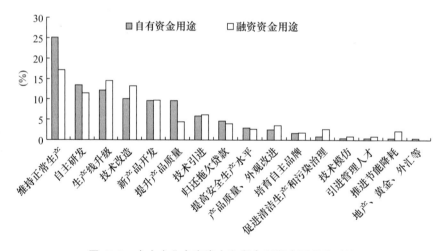

图 10-2 中小企业自有资金和留存利润主要用途对比
数据来源:课题组问卷调查。

2. 银行仍然是中小企业最为重要的融资来源

问卷调查显示,银行仍然是现阶段劳动密集型中小企业最为主要的外部融资渠道。在中小企业的资金来源结构中,自有资金和外部融资约各占一半(分别为 47.1% 和 52.9%),中小企业仍然在较大程度上依靠自有资金经营。而在外部融资的各种来源中,银行贷款是最为主要的资金来源,2/3 的受访企业通过银行进行外部融资,银行

---

① 本文对企业自有资金的用途和企业融资需求进行了 t 检验,结果表明二者之间并无显著差别。

贷款的重要性显著高于民间借贷和地方信用社、农信社等地区性中小金融机构。在各种融资渠道中,银行贷款的融资成本低于民间借贷、城乡信用社贷款、融资租赁等融资方式。进一步对比不同类型的银行融资成本后发现,股份制商业银行、地方性商业银行(城市商业银行)的融资成本均高于中、工、农、建四大国有商业银行。若以融资成本计,大型国有商业银行应成为中小企业的主要外部融资渠道。然而,以银行为代表的间接融资具有债权融资的特点,对企业自身规模和自有资金要求更高,风险管控也更为审慎,即便银行降低相对融资成本,但是规模相对较小的劳动密集型中小企业并非都能达到银行设定的门槛。这也得到问卷调查结果的印证:近六成的受访中小企业认为在进行融资时,需要做好的工作是做大企业规模和维持盈利。而抵押品、企业信用信息和企业财务信息等因素对中小企业融资的影响程度相对较低。

转型融资需求与间接融资方式之间的矛盾进一步激化。如前文所述,劳动密集型中小企业转型融资的周期更长、规模更大,对中小企业的自身规模和成长性均提出了更高的要求,因此,以银行为主导的间接融资结构不仅难以满足中小企业的常规融资需求,也难以为劳动密集型中小企业转型提供有效融资服务。此外,劳动密集型中小企业转型融资还具有综合性特征,对银行的风险管理技术、金融产品的多样性等均提出了新要求,否则会影响劳动密集型中小企业融资成本(资金成本、时间成本、其他隐性成本等)和融资的可得性。

上述发现也从侧面反映了中国直接融资渠道功能相对较弱的现实。劳动密集型中小企业转型风险高于常规经营风险,风险分散能力更强的直接融资方式更符合转型融资的特点,在中小企业转型融资服务中应该发挥更为重要的作用。然而,风险投资基金等在中国尚处于起步阶段,不仅没有形成成熟的运作机制,而且关注点也多在高新技术行业;中小板、创业板、新三板等股权融资市场由于成本高、门槛限制、程序复杂、审批时间长等因素,难以解决大多数劳动密集型中小企业的融资需求;债券市场对中小企业的开放程度则更低,且支持力度非常有限,难以有效纾解劳动密集型中小企业的转型融资困难。

3. 中小企业融资的主要问题是融资难而非融资贵

在受访中小企业看来,影响其获得贷款的主要问题并不是资金成本高企,而是交易成本过高。约 2/3 的受访企业实际支付的贷款利率为基准利率的 1.0—1.3 倍,约 1/3 的实际贷款利率超过基准利率的 1.4 倍。同时,约 80% 的受访企业表示能够承受的贷款利率水平为基准利率的 1.0—1.3 倍,剩余 20% 的受访企业能够承受的贷款利率水平为基准利率的 1.4—2.0 倍。因此,仅就银行贷款而言,多数中小企业能够承受银行贷款的资金成本。

那么,限制中小企业享受银行贷款融资服务的主要因素又是什么? 问卷调查结果显示,约 1/3 的受访企业认为手续复杂、审批时间过长是制约中小企业从银行获得贷款的首要原因,远高于贷款成本、资产质押、信用等级、担保方、贷款附加成本和产业政策限制等其他因素。对此现象,已有大量的文献从信息经济学和交易成本理论的视角进行了解释。对此,有研究者提出大力发展地方性中小金融机构(如中小银行、小贷公司等),利用中小金融机构对本地中小企业的信息优势发展关系型贷款,以及中小金融机构科层更少、经营效率更高的优势,克服大银行在服务中小企业融资中的信息劣势和交易成本高的问题。但是,相比于大银行,地方性中小金融机构也需要加强自身的能力建设。根据课题组的问卷调查结果,股份制商业银行、城乡信用社和地方性银行(城市商业银行)的贷款灵活度甚至不及四大国有商业银行,为中小企业提供融资服务时存在能力不足的问题。[①]

4. 助推中小企业转型升级的公共服务体系有待加强

第一,劳动密集型中小企业转型升级所需的软、硬基础设施不足,增加了企业融资的压力,放大了融资风险。在劳动密集型中小企业的历史发展过程中,典型的产业组织方式是劳动密集型中小企业产业集群,依托产业集群发展出了各具特色的基础设施。例如,皮革加工、纺织产业、制药集群需要统一的污水处理设施,塑料制品产业集群需要油气管道的供应,采掘业产业集群需要尾矿处理设施,服装、鞋、帽、玩具等出口产品生产企业依靠港口的建设,食品、药品、保健品等产业依赖于专业物流园区的支持。在“软”基础设施方面,常见的基础设施包括共性技术、质量检测、信息咨询等各类公共服务平台和地方专业市场等。基础设施的缺失增加了劳动密集型中小企业的交易成本,推高了它们的融资需求。随着劳动密集型中小企业进行转型升级,既有的基础设施可能难以满足中小企业的转型需求。换言之,基础设施也需要随着产业升级而升级。当基础设施的转型与劳动密集型中小企业的转型之间形成协同效应时,便可以有效降低劳动密集型中小企业的转型成本,疏解其融资压力。但是基础设施具有公共物品的性质,在中小企业的私人收益和社会成本不一致的情况下,则要求公共部分(如政府)或其他主体提供相应的基础设施。

第二,中国尚未设立成体系的政策支持体系和专项基金,用于克服中小企业转型升级的融资难题。政府出台了一系列旨在疏解中小企业融资困境的政策措施,包括增加贷款规模和建立财政补贴机制,财政支持担保机构建设等。但现有的政策措施大多根植于行政体系,指导思想上较多依赖直接的行政手段,缺乏长效机制,既有的政策扶持措施对于劳动密集型中小企业的转型升级并不开放(罗仲伟等,2012)。这其中自然也包括融资政策。[②]

[①] 建议发展地方性中小金融结构主要有两方面的原因。一是根据信息经济学的理论分析,二是根据美国、日本、德国等国家及地区的发展经验。但中国的地方性金融机构放开较晚,尚处于发展的初期阶段,主要由传统的信用社转变而来,服务能力较弱。地方性金融机构较为普遍地采取以跨区经营做大规模的策略,并不像先行地区的中小机构那样,扎根本地金融市场,发展关系借贷服务本土中小企业。

[②] 例如,2012年国家财政部、工业和信息化部联合发布《工业转型升级资金管理暂行办法》,针对工业转型升级目前存在的薄弱环节和突出问题,根据每个环节的特点,创新财政资金的支持方式,充分发挥财政资金使用效益。但是工业转型升级资金的支持范围具有较强的指向性,工业领域自主创新重点支持软件、集成电路产业,以及计算机、通信、网络、数字视听、测试仪器和专用设备、电子基础产品等电子信息等产业的核心领域技术与产品研究开发、产业化、加大电子信息技术推广应用,大量劳动密集型中小企业并不在支持范围内。

第三,劳动密集型中小企业转型升级还通常需要综合服务的支持。大多数劳动密集型制造业中小企业并不拥有转型过程中所需的技术信息、产品信息、市场信息、管理信息、培训信息和法律信息。如果在一个公共服务体系相对健全的经营环境中,中小企业借助或者购买公共服务可以有效地降低或分散转型风险,相应的转型融资风险也可以得到一定程度的缓解,克服劳动密集型中小企业因为信息不对称对其融资造成的不利影响。目前,中小企业服务主体、服务平台、服务产品、服务机制和服务队伍建设还远远不能满足广大中小企业转型发展的要求,公共服务体系的整体构架还没有完全建立起来,服务体系的发展速度、发展质量远不能满足中小企业"转方式、调结构、上水平"的需要。

(三) 案例研究:高阳纺织产业集群转型升级融资

河北省保定市高阳县纺织业具有传统劳动密集型产业的典型特征,在自然、自发的演进过程中,逐步形成产业体系较为完整,产品特点突出,以少数规模以上骨干企业为引导、数量众多的小微企业和家庭织户为主体的"小规模、大群体"特色纺织产业集群,高阳也由此成为全国纺织产业集群化发展试点地区。但随着国内外传统低端纺织业竞争日益激烈,低端市场日趋饱和,生产能力严重过剩,结构性、组织性矛盾和周期性、阶段性矛盾交织、叠加,高阳纺织产业集群一些深层次问题日益暴露出来(低成本同质化竞争战略难以为继、市场开拓能力弱及网络建设滞后、技术装备相对落后),要素制约进一步加紧,转型升级迫在眉睫。

纺织产业是典型的装备驱动型制造业,纺织产品的品种、质量、档次和市场竞争力,在很大程度上取决于工艺和装备水平,工艺装备的快速升级换代已经成为这些行业竞争优势的主要来源。伴随着科技发展,纺织工艺和装备的技术进步加快,装备的升级换代周期大大缩短。例如,在针织等子行业,这一周期已经从 20 世纪 80 年代的 15—20 年缩短为目前的 5—8 年。以等量替换的方式大规模淘汰现有有梭织机,使织机无梭化率从目前的 10% 提高到 95% 以上[①],使绝大多数小微企业和家庭织户的工艺装备技术水平跨越一个大台阶。另一个重点改造、升级的领域是印染。淘汰小漂染,巩固建设染整集中区所取得的成果,按高标准、高要求全面提升装备水平和染整工艺。如果高阳纺织产业集群要实现转型升级,那么融资需求无疑会成倍增加,现行的资金供给结构将远远无法满足其需求。

如果按照 5 年均摊计的 4 万台织机"存量"替换改造,年度平均所需资金约为 34.6 亿元(见表 10-1)。进一步提高产业的研发强度,达到年销售额 5% 的研发费用,以 2013 年纺织产业总产值 280 亿元计,年设计研发费用为 14 亿元。两项合计 48.6 亿元。也就是说,高阳纺织产业集群要实现转型升级,则在目前维持原有生产水平的资金供给基础上,还需要另外增加至少 48.6 亿元的资金,这里还不包括家纺产业链中

---

① 其中,简易剑杆织机占 35%,中高档剑杆织机占 40%,代表国际先进水平的大型剑杆织机和喷气织机占 15%,最新一代多功能、智能化织造设备占比为 5% 左右。

其他生产环节装备与工艺升级换代和产业配套所需的投资。实施转型升级两年后,虽然两个综合平台基本建成,产业集群信息化改造升级完成,但综合平台仍需要维持并不断提升,织机替换改造还要继续三年,公共服务平台网络建设还要继续两年,设计研发费用也需要逐年递增,资金需求仍处于高位。

表 10-1　织机"存量"替换改造资金估算表

	占比 (%)	平均单价＋配套 (万元)	数量 (台)	总金额 (亿元)	年度平均金额 (亿元)
简易剑杆织机	40	20＋5	14 000	35	7
中高档剑杆织机	35	40＋10	16 000	80	16
大型剑杆织机和喷气织机	15	65＋15	6 000	48	9.6
智能化织造设备	5	80＋20	2 000	10	2
合计	95		38 000	173	34.6

注:配套包括设备安装调试费用、工人操作培训费用和设备启动运行所需的流动资金。
数据来源:笔者调查整理。

调查表明,高阳县全县的资金来源主要是传统大型商业银行,资金使用的行业特色十分明显。2013 年用于工商业的贷款余额为 66 亿元,其中约 80％用于纺织业企业,为 52 亿元,其中又有约 50％用于中小企业,即 26 亿元,主要用于中长期固定资产投资。从资金供给方面,融资品种近两年有不少创新,如仓单抵押、票据抵押、联保户融资、农贷通、速贷通等。目前,全县共有三家小贷公司,贷款余额 2 亿元,较为活跃,但规模有限。高阳地区民间借贷历来十分活跃,是满足小微企业流动资金等短期融资需求的重要渠道,经多方访谈,估计私人间资金拆借规模至少在 10 亿元以上。

通过高阳这一典型的劳动密集型产业集群的案例研究发现:劳动密集型中小企业转型升级融资具有本文第三节所概括的"长、大、稳、综"四大特征;传统的地区性金融供给服务难以满足产业集群转型融资的需求,在促进民间融资发展的同时,也助推了民间融资风险;公共服务体系的缺失放大了融资难的问题。这些发现与前文的分析基本吻合。而类似的情况在全国俯拾即是。

四、结论与政策建议

本文以最优金融结构理论的视角,研究了中国正处于转型与升级阶段劳动密集型中小企业的融资问题。通过分析劳动密集型中小企业转型升级的社会经济背景,剖析了企业转型升级的经济含义和转型融资的四大特征,认为当前中国劳动密集型中小企业的融资是常规融资和转型融资的叠加,不仅具有制度性和结构性特征,还具有周期性和阶段性的特性。本研究还通过案例和问卷调查分析了劳动密集型中小企业转型融资的供求结构,发现以银行为主的间接融资渠道仍然是中小企业最为重要的融资来源,但并不符合转型融资的需求特征。同时,当前限制中小企业融资的主要障碍并非融资财务成本高企，而是获取融资的交易成本过高。此外，助推劳动密集型中小企业转型升级的公共服务体系不健全，企业转型升级的综合成本和转型风险居高不下，也放大了中小企业融资难的问题。

根据前述理论分析，本文从完善中小企业融资体系和公共服务体系两个层面提出如下政策建议。

（一）完善中小企业融资体系

第一，完善个人和企业信用体系。加快建设国家金融信用信息基础数据库，推动企业外部信用评级发展，强化信用识别机制，有助于改善中小企业融资环境、提高其融资效率、减少其融资成本，从而推动经济的发展。整体而言，有必要建议国务院尽快设立相应的监督管理机构，促进、协调相关政府管理部门、银行、公共基础设施企业、电子商务企业等各类机构，加快建立中国企业信用体系，让分散在银行、政府机构等的信息通过信用体系集中起来为企业融资服务。具体措施包括建立完善的信用记录数据库，鼓励、支持各类资本投资经营征信机构的发展，加速制定《社会信用信息法》，建立个人信用和企业信用的互通、传导机制。

第二，拓展中小企业直接融资渠道。融资期限长、融资额大的直接融资更符合劳动密集型中小企业转型融资的需求特征。从股权市场来看，加快发展多层次的资本市场，适当降低创业板等市场的上市融资门槛，完善中小企业上市育成机制，规范私募股权投资基金等措施，都有助于中小企业直接融资渠道的拓展。从债权市场看，加快发展公司债、私募债等固定收益类产品面向中小企业的开放，有利于企业的科技创新和转型升级。要特别指出的是，基于中小企业集群融资理论发展的集合债券、集合票据、集合信托等创新型直接债务融资为中国劳动密集型中小企业转型融资开辟了一条路径。对于地方政府来说，通过推荐产业政策重点支持的中小企业，有利于引导资金的流向，促进区域内中小企业的转型和发展。

第三，加强中小金融机构能力建设。区域性的中小银行在为信息相对不透明的劳动密集型中小企业提供融资服务方面具有比较优势，更容易开展关系型贷款。但是，区域性中小银行需要加强自身能力的建设，提高贷款的灵活度，降低融资成本，降低融资过程中的交易成本，才能在与大银行的竞争中取得优势。调研也发现，目前小额贷款公司在解决中小企业融资问题方面具有效率高、放款快的特点，因而对于企业解决短期资金周转问题具有重要作用。然而，由于小贷公司存在借款成本高、期限短的问题，对于解决中小企业转型融资的贡献有限。需要在解决小额贷款公司身份的前提下，提供公平的市场竞争环境，并积极探索建立小贷行业协会、引入外部投资者和第三方评级机构、建立小贷保证保险制度、发展小贷同业拆借和再融资中心等，进一步拓展小贷公司的业务范围。

第四，加快商业银行的中小企业金融产品创新。本文研究发现，商业银行信贷对现阶段劳动密集型中小企业的转型升级融资具有不可替代的重要作用，加快商业银行的中小企业金融产品创新尤为重要。目前,中国商业银行涉及中小企业的金融创新包括供应链金融、融资抵质押机制创新、商业银行信贷技术和产品创新等形式。首先,供应链金融在业务管理中通过协调物流、资金流和信息流等方式,能够较好地缓解信息不对称问题,从而降低融资的交易成本。其次,阻碍中小企业从商业银行获得融资的一个重要原因是缺乏满足银行要求的合格抵押品,因此创新抵质押机制,如引入专利权、商标、经营权等质押,以及存货、机器设备、宅基地、矿业权、土地承包经营权等抵押,均能在一定程度上实现对传统不动产抵押贷款的扩容,解决创新类抵押品在权属关系、估值和流动性等方面存在的不足。最后,鼓励银行在传统交易型贷款技术上进行创新,包括开发适合中小企业转型升级的信贷产品(如针对中小企业推出的设备购置贷款对企业的技术改造、设备更新具有非常重要的作用),推出中小企业信用评分技术,积极发展关系型借贷模式,建立快速审批机制,降低中小企业缺少实物抵押而受到的融资约束等。

第五,完善融资担保体系。为了促进担保机制由政府主导型转变为政策性引导、市场化运作型,并充分调动民间资本的积极性,在继续坚持政策扶持与市场化相结合原则的前提下,针对中国担保行业发展过程中存在的问题,有必要采取以下措施:加强担保体系的制度环境建设,构建有效的行业监管体系;合理选择政府扶持方式,探索多渠道的风险补偿机制,公平对待不同所有制性质的担保机构;积极发挥民间资本作用,规范商业性担保机构的发展;促进金融机构间的相互协调,强化银行与担保的合作;推动互助性担保机构的发展,实现银企共赢。

第六,发挥融资租赁的作用。在中小企业融资渠道多元化的探索中,融资租赁行业为企业转型升级提供了一条切实可行的路径。融资租赁对于企业的技术改造等具有明显的支持作用,该方式可以延长资金还款期限,降低资金支付压力。中小企业只需支付少量的租金,就可以获得设备等资产的使用权,这既解决了它们对中长期资金的需求,又可满足其生产经营的需要。对于资金实力不太雄厚、研发能力弱的中小企业来说,通过融资租赁业务可以加快其技术改造和设备更新,以达到提高技术水平、促进产品更新换代、增强市场竞争力、降低融资风险等目的。所以,融资租赁灵活的操纵模式、独特的风险评估体系、稳定的合作预期等都有助于缓解中小企业的融资困境。

第七,建立中小企业政策性金融机构。面向弱势中小企业群体的金融业务是一种"弱势金融",这种金融往往具有高成本、高风险和低效益的"两高一低"特点;解决这种市场失灵则需要投入政府的公共资源,建立一个面向中小企业的政策性银行是一些发达国家的选择。基于国外经验,可组建中小企业政策性银行,通过信用担保、补助金、优惠贷款等形式提高中小企业信用等级,对处于转型升级阶段的劳动密集型中小企业给予融资支持,并提供政策性贷款支持。

(二) 推进中小企业融资服务体系建设

不同于大中型企业,中小企业的金融服务需求具有两方面特征:一是大多数中小企业并不充分掌握金融产品和融资渠道的信息,二是中小企业的融资需求通常与技术需求、市场信息需求、法律需求等结合在一起。这两方面的特征决定了如何将金融供给与中小企业的金融需求"对接"起来,成为缓解中国中小企业融资难、提高金融服务效率的一个重要环节。就中国传统劳动密集型产业而言,一个尤为突出的现象是,沿海地区一些以产业集群形态存在的中小企业的融资难问题之所以解决得相对较好,不仅是因为这些地区具有更加发达的金融服务体系,更是因为这些地区具有更加完善的政府服务和社会服务体系。例如,一些组织灵活的地方协会和商会对促进银企对接甚至创新融资模式都起到了重要的推动作用。

因此,建议在省、市两级建立综合性的中小企业服务机构,建立协助中小企业转型升级的公共技术研发平台和综合信息服务平台,整合财政、税收、科技、银行等各条线的优惠政策和专项资金,让企业充分了解各项优惠政策。在区、县建立主要依托协会或商会的专门性(行业性)的中小企业服务机构,例如,搭建银企网络信息平台,实行贷款信息公开、企业信息共享等。省市服务机构以引导金融服务资源的集中为核心,区县服务机构以组织落实金融和企业对接为工作重心,通过互联网或实体"金融超市"等形式,提升各类金融机构和金融资源对中小企业金融需求的服务水平和转化能力。

参 考 文 献

[1] Acemoglu, D., Aghion, P., and Zilibotti, F. Distance to frontier, selection, and economic growth [J]. *Journal of the European Economic Association*, 2006, 4: 37—74.

[2] Akamatsu, K. A historical pattern of economic growth in developing countries [J]. *The Developing Economies*, 1962, 1: 3—25.

[3] 巴曙松等. 小微企业融资发展报告:中国现状及亚洲实践[R]. 中国光大银行,博鳌观察,中国中小企业发展促进中心出品,2013.

[4] 蔡昉,都阳. 工资增长、工资趋同与刘易斯转折点 [J]. 经济学动态,2011,9:9—16.

[5] 蔡昉. 人口转变、人口红利与刘易斯转折点[J]. 经济研究,2010,4:4—13.

[6] 蔡昉. 中国的人口红利还能持续多久 [J]. 经济学动态,2011,6.

[7] Grossman, S., and Hart, O. The costs and benefits of ownership: A theory of vertical and lateral integration [J]. *Journal of Political Economy*, 1986, 94: 691—719.

[8] 龚强,张一林,林毅夫. 产业结构、风险特性与最优金融结构[J]. 经济研究,2014,4:4—16.

[9] 黄阳华,贺俊. "回归实体"与中小企业转型发展[R]. 中国社会科学院内部报告,2013.

［10］黄阳华,贺俊.民营企业第二代接班人问题分析与舆论引导建议［R］.中国社会科学院内部报告,2010.

［11］金碚.中国工业的转型升级［J］.中国工业经济,2011,11:5—14.

［12］Knight, F. *Risk, Uncertainty, and Profit* ［M］. Boston and New York: Houghton Mifflin Company,1921.

［13］Kojima, K. The 'flying geese' model of Asian economic development: Origin, theoretical extensions, and regional policy implications［J］. *Journal of Asian Economics*, 2000, 11: 375—401.

［14］孔伟杰.制造业企业转型升级影响因素研究——基于浙江省制造业企业大样本问卷调查的实证研究［J］.管理世界,2012,9:120—131.

［15］Lewis, A. Economic development with unlimited supply of labor ［J］. *The Manchester School*, 1954, 22(2): 139—191.

［16］Lin, J. , Sun, X. , and Jiang, Y. Toward a theory of optimal financial structure ［C］. World Bank Policy Research Working Paper 5038, 2009.

［17］李志赟.银行结构与中小企业融资［J］.经济研究,2002,6:38—45.

［18］梁冰.中国中小企业发展及融资状况调查报告［J］.金融研究,2005,5:120—138.

［19］林汉川,夏敏仁,何杰,管鸿禧.中小企业发展中所面临的问题:北京、辽宁、江苏、浙江、湖北、广东、云南问卷调查报告［J］.中国社会科学,2003,2:84—94.

［20］林毅夫,蔡昉,李周.中国的奇迹:发展战略与经济改革［M］.上海:格致出版社,上海三联书店,上海人民出版社,1999.

［21］林毅夫,李永军.中小金融机构发展与中小企业融资［J］.经济研究,2001,1:10—18.

［22］林毅夫,孙希芳,姜烨.经济发展中的最优金融结构理论初探［J］.经济研究,2009,8:4—17.

［23］林毅夫.新结构经济学［M］.北京:北京大学出版社,2012.

［24］鲁丹,肖华荣.银行市场竞争结构、信息生产和中小企业融资［J］.金融研究,2008,5:107—113.

［25］罗斯托.经济增长理论［M］.北京:商务印书馆,1962.

［26］罗仲伟,贺俊,黄阳华.经济转型和产业升级背景下劳动密集型中小企业融资面临的主要问题与对策建议［R］.中国社会科学院内部报告,2014.

［27］罗仲伟,贺俊,黄阳华.中小企业政策需从基本思路上寻求突破［J］.中国经贸,2012,11:18—20.

［28］罗仲伟,贺俊.中小企业融资面临新形势［J］.中国国情国力,2013,7:18—20.

［29］Okita, S. Special presentation: prospect of Pacific economies, Korea Development Institute. Pacific cooperation：issues and opportunities[R]. Report of the Fourth Pacific Economic Cooperation Conference，Seoul，Korea，1985-4-29—1985-5-1.

[30] Schumpeter，J. *Theorie der Wirtschaftlichen Entwicklung*（*The Theory of Economic Development*）[M]. Leipzig：Dunker & Humblot，1912，translated by Opie，R. Cambridge MA：Harvard U. Press，1934.

[31] 吴家曦,李华燊.浙江省中小企业转型升级调查报告[J].管理世界,2009,8:1—5.

[32] 杨丰来,黄永航.企业治理结构、信息不对称与中小企业融资[J].金融研究,2006,5:195—162.

[33] 杨桂菊.代工企业转型升级演进路径的理论模型:基于3家本土企业的案例研究[J].管理世界,2010,6:132—142.

[34] 张捷.中小企业的关系型借贷与银行组织结构[J].经济研究,2002,6:32—27.

[35] 赵昌文,许召元.国际金融危机以来中国企业转型升级的调查研究[J].管理世界,2013,4:8—15.

第十一章 比较优势与僵尸企业：基于新结构经济学视角的研究[*]

申广军

摘 要

本文使用工业企业数据库，利用实际利润法和过度借贷法识别了僵尸企业，发现重化工行业和劳动密集行业、西部地区和能源大省的僵尸企业比例较高，并且僵尸企业比例与国有企业比例高度正相关。本文还基于新结构经济学视角分析了僵尸企业形成的深层次原因，发现要素禀赋比较优势和技术比较优势可以解释僵尸企业的出现，因为不符合比较优势的企业生产效率低、盈利能力差，最终只能通过政府补贴、税收优惠和银行贷款维持生存，更容易成为僵尸企业。

关键词

比较优势 僵尸企业 新结构经济学 自生能力

一、引 言

近年来，随着我国经济增速放缓，产能过剩的问题越发严重。根据国务院发展研究中心的调研结果，2012 年我国钢铁、煤炭、水泥、电解铝和平板玻璃等行业的产能利用率略高于 70%（赵昌文等，2015），之后进一步下滑，到 2015 年年底跌至 65% 左右（国家信息中心宏观经济形势课题组，2016）。在中央经济工作会议提出的 2016 年五

* 致谢：作者参与由北京大学林毅夫教授和国务院发展研究中心产业部赵昌文部长主持的"化解产能过剩与产业转型升级"课题组，从小组讨论和实地调研中受益良多，同时感谢课题组成员（特别是国务院发展研究中心许召元研究员、中央财经大学陈斌开教授、北京大学徐佳君博士等）的启发和建议。感谢中央财经大学经济学院产业升级讨论组成员的建议。研究获得北京大学"新结构经济学专项研究基金"和中央财经大学"青年教师发展基金"（批准号：QJJ1525）的资助，并感谢国家自然科学基金（批准号：71573007）和国家社科基金重大招标项目（批准号：14ZDB120）的支持。感谢审稿人的意见，文责自负。

大经济任务中，"去产能"赫然位列榜首。[①] 僵尸企业的存在是引发和恶化产能过剩问题的主要原因之一。在市场运行机制比较完善的情况下，过剩的产能（尤其是落后产能）会在需求疲软时被市场淘汰，从而自动化解。然而，僵尸企业打破了这一积极反馈机制，因为当市场需求减弱时，这些落后的产能依赖外部支持得以存活，造成了产能过剩问题（何帆和朱鹤，2016）。Caballero 等（2008）的研究表明，僵尸企业比重较高的行业面临更严重的产能过剩问题。因此，清理僵尸企业成为化解过剩产能的关键一步。[②]

有效治理僵尸企业，需要了解僵尸企业产生的原因和机制。何帆和朱鹤（2016）从政府和银行两个方面分析了僵尸企业之所以"僵而不死"的原因。首先，地方政府出于保障就业的考虑，会通过财政补贴等方式救助即将破产的企业，以避免出现社会动荡；为了保证财政收入来源，只要救助企业的成本低于潜在的税收收入，地方政府也会帮助企业存活下来。其次，从银行角度来看，给僵尸企业提供源源不断的贷款是为了掩盖不良贷款、防止资本金损失，避免企业之间由于相互担保而出现连锁反应，造成更大的金融风险。此外，地方政府也经常干扰金融市场秩序，要求银行为困难企业提供贷款，从而达到稳定就业和保障财政收入的目的。除了政府和银行，僵尸企业的集团公司或债权人也有动机维持僵尸企业存活。

不可否认，财政补贴和银行信贷的支持是僵尸企业产生的直接原因，然而上述分析并未涉及僵尸企业产生的深层原因，即为什么这些企业必须依赖政府和银行的外部支持才能维持生存。本文尝试从新结构经济学的视角来分析这一问题。首先，我们意识到僵尸企业往往是没有自生能力（viability）的企业，也就是在"开放、自由和竞争"的市场中无法取得利润的企业。其次，根据新结构经济学的观点，企业只有在采用符合自身比较优势的生产技术时，才能够维持最低成本、获取最大利润，形成良好的自生能力。结合以上两点，我们推测如果企业的生产活动并不符合比较优势，那就很可能由于高成本、低效率而丧失自生能力，这样的企业要么迅速退出市场，要么在政府和银行的支持下苟延残喘，成为所谓的僵尸企业。

本文利用实际利润法和过度借贷法，在工业企业数据库中识别了金融危机以来的僵尸企业，并描述了僵尸企业的分布特征。从行业角度来看，受到地方政府支持的重化工行业成为僵尸企业的重灾区，出于保障就业的目的，劳动密集型行业也出现较多的僵尸企业。从地区来看，西部省份的僵尸企业比例普遍较高，对能源经济依赖较强的省份存在大量僵尸企业。僵尸企业的比例与国有企业比例高度正相关，这一方面是由于国有企业更可能成为僵尸企业，另一方面是因为国有企业比重较高的地区和行业

[①] 2015 年 12 月 18 日至 21 日召开的中央经济工作会议明确提出，2016 年经济的五大任务是"去产能、去库存、去杠杆、降成本、补短板"。

[②] 这一观点成为许多研究者和决策者的共识，比如刘鹤在广东考察时指出，要"加快淘汰僵尸企业，有效化解过剩产能，提升产业核心竞争力，不断提高全要素生产率"（参见 http://finance.chinanews.com/cj/2015/10-12/7564476.shtml）。

面临着更严重的资源错配问题。我们构造了衡量要素禀赋比较优势和技术比较优势的指标,用2007—2013年的工业企业数据验证比较优势和僵尸企业的关系。实证研究表明,如果违背要素禀赋比较优势或技术比较优势,企业成为僵尸企业的概率显著提高。通过对僵尸企业的"解剖"发现,违背比较优势的企业生产效率低下,盈利能力较差,这些企业花费更多的时间和资源用于维护与政府和银行的关系,所以能够获得更多的财政补贴和税收优惠,并且获得更多的银行贷款。技术比较优势的作用在不同行业、不同地区和不同所有制下都非常稳健,而要素禀赋比较优势的作用则由于依赖生产要素的流动性而存在异质性。

本文的贡献在于,首次将新结构经济学分析框架引入对僵尸企业的研究中,从是否符合比较优势来分析僵尸企业出现的深层次原因,并发现了有利的证据,从而既丰富了新结构经济学的理论内涵,又加深了我们对僵尸企业成因的理解。本文的研究结论具有明确的政策含义:既然违背比较优势是僵尸企业出现的根本原因,那么清除僵尸企业的根本之道在于让市场在资源配置中发挥决定性作用,这样符合比较优势的企业能够健康发展,而不符合比较优势的企业则可以尽快退出市场。唯有如此,才能保证生产要素的合理配置,最大限度地提高整体生产率,推动经济快速稳步增长。

本文安排如下:第二部分从理论上简要分析为什么违背比较优势的企业容易成为僵尸企业,并介绍本文计算比较优势的方法和数据。第三部分通过两种方法识别僵尸企业,并描述僵尸企业在不同行业和地区的分布特征及其所有制特征。第四部分实证分析比较优势在僵尸企业产生中的作用,并考察背后的机制。最后,第五部分总结全文。

二、比较优势与僵尸企业:理论分析

(一) 僵尸企业及其危害

僵尸企业是指丧失盈利能力,只有依靠政府支持或外部融资才能维持存活的企业。僵尸企业危害经济的健康运行。第一,僵尸企业占用大量资金、土地、劳动等生产要素,却不能产生经济效益,也没有激励对生产技术和经营模式进行创新,是对社会稀缺资源的极大浪费。第二,僵尸企业拥有大量落后产能,这些产能本应在经济下滑时退出市场,然而外部力量的支持却使得僵尸企业保有落后产能,加剧了产能过剩问题(何帆和朱鹤,2016)。第三,僵尸企业借助外部力量占有生产资源,阻碍高效率企业的成长和扩张,甚至在经济调整时期淘汰先进产能,造成严重的资源错配问题,损害经济的增长潜力(Kwon *et al*.,2015)。第四,僵尸企业负债累累却无力偿还,增加银行不良贷款,还可能造成系统性金融风险。此外,僵尸企业还是诸多社会问题的根源,如拖欠职工工资、社保缴费不足等。因此,清理僵尸企业短期来看有助于化解产能过剩、降低金融风险,长期来看有利于提升资源配置效率和经济增长潜力。

（二）比较优势与僵尸企业的产生

比较优势理论源于李嘉图对国际贸易的论述，后经赫克歇尔和俄林发展，从生产要素而不是生产技术的角度解释生产率的地区差异和国际贸易的起源：一个国家出口用其相对富足的要素密集生产的那些物品，进口用其相对稀缺的要素密集生产的那些物品。林毅夫等（1999）将比较优势引入对国家发展战略的分析，以此重新解释了"东亚奇迹"产生的原因。根据林毅夫的理论，只有当一国的发展战略符合本国的比较优势，即更多地使用本国相对丰富的生产要素时，才能降低生产成本、加快剩余积累，最终不断提高本国的要素禀赋结构，而内生的最优产业结构、技术结构也随之升级，从而维持高速的经济增长（林毅夫，2010）。林毅夫的一系列研究不断深化上述比较优势理论，并最终形成新结构经济学的基本框架（Lin，2009；林毅夫，2010）。

在新结构经济学的微观基础理论中，自生能力是一个核心概念。林毅夫（2002）使用开放、自由和竞争市场中的预期利润率来定义自生能力：如果一个企业通过正常的经营管理预期能够在自由、开放和竞争的市场中赚取社会可接受的正常利润，那么这个企业就具有自生能力；否则，这个企业就没有自生能力。显然，企业是否具有自生能力与其比较优势息息相关，按照自身的比较优势进行生产的企业更可能具有自生能力，而违背自身的比较优势则可能削弱或扼杀企业的自生能力。没有自生能力的企业，要么因为利润枯竭而停产，要么依赖政府和银行的救助而成为僵尸企业。按照这个逻辑，可以得到本文要检验的假说：违背比较优势的企业更容易成为僵尸企业。

需要注意的是，自生能力是根据企业在自由、开放和竞争的市场中的潜在盈利能力定义的，本身并不可观测，而僵尸企业是根据企业的真实绩效定义的，并不关注它所处的市场环境，所以自生能力和僵尸企业的概念虽然存在逻辑上的关联，但是二者并不等同。首先，没有自生能力的企业不一定成为僵尸企业。比如，如果政府为它们创造了垄断的环境，没有自生能力的企业也能持续盈利。其次，僵尸企业不一定都没有自生能力。一个例子是，某些私营企业可能具有自生能力，但是不公平竞争可能会挤压其发展空间，将其变成僵尸企业。为了排除以上情况的干扰，本文在实证分析中将会控制企业的所有权和市场结构。控制所有权可以排除第一种情况的干扰，因为政府通常为国有企业创造垄断环境，而控制市场结构则可以削弱第二种情况的干扰。

（三）比较优势的测算

比较优势理论一般用于跨国研究，因为生产要素难以跨越国境线流动，因此与国内经济形势的联系更加密切。但是，我国幅员辽阔，地区差异巨大，并且市场分割现象仍较为严重（陆铭和陈钊，2009；申广军和王雅琦，2015），所以也有研究将比较优势理论用于我国内部不同地区之间的分析。比如，国家计委投资研究所和中国人民大学区域所课题组（2001）使用区位熵衡量地区比较优势，以此判断我国各项经济活动的优势区位和各地区潜在的优势行业；钟甫宁等（2001）建议根据各地区粮食生产的比较优势来调整产业结构;蔡昉和王德文(2002)从物质资本、劳动力、人力资本和自然资源等多个角度计算不同地区的禀赋比较优势,据此分析地区差距产生的原因;李力行和申广军(2015)研究经济开发区能否促进产业结构调整,发现地区比较优势起着关键性作用;陈钊和熊瑞祥(2015)也发现出口鼓励政策仅对本地具有比较优势的行业有效。可见,将比较优势理论引入我国内部不同地区之间的分析,仍具备良好的解释能力。

在进行跨国分析时,要素禀赋结构是衡量比较优势的理想指标,但对一国内部不同地区之间进行分析时,如何衡量地区比较优势是一个关键问题,文献中也并未有一致的方法。国家计委投资研究所和中国人民大学区域所课题组(2001)、陈钊和熊瑞祥(2015)都是使用区位熵的方法来定义比较优势,钟甫宁等(2001)使用标准化的国内资源成本衡量种植各种粮食作物的比较优势,蔡昉和王德文(2002)使用劳动力集中指数和劳动力物质资本拥有量等指标来反映不同维度的比较优势,而林毅夫的一系列文章使用技术选择指数对最优技术的偏离来衡量比较优势发展战略(林毅夫和刘培林,2003;林毅夫和陈斌开,2009;陈斌开和林毅夫,2013)。不同的方法各有优劣和适用环境,本文结合数据特征,采用李力行和申广军(2015)的策略,从要素禀赋和技术两个方面构建比较优势指标。[①]

1. 要素禀赋比较优势

用于生产活动的要素种类很多,如自然资源、人口、物质资本和人力资本、企业家才能等,但是经济学家最关注(物质)资本和劳动两种生产要素,最初的比较优势理论也基于这两种生产要素的相对丰裕程度来说明国际贸易产生的原因(Feenstra,2004;Lin,2009),因此我们首先衡量要素禀赋方面的比较优势。要素禀赋比较优势指标的基本思路是比较某地区的禀赋结构和某行业发展所需要的禀赋结构之间的差距。前者可以使用人均 GDP 代理,因为人均 GDP 反映了当地可以调配资源(主要指资本)的能力;后者的选取没有统一的标准,本文仿照 Song 等(2011)根据美国制造业数据库(NBER-CES Manufacturing Industry Database)的数据计算各个二位数行业在"接近自由市场状态下"的资本劳动比(capital-labor ratio,CLR),并以此避免使用中国数据计算资本劳动比可能产生的内生性问题。[②] 以上两个变量的比值可以用来衡量要素禀赋比较优势的情况。

$$\mathrm{ECA}_{ict} = \mathrm{CLR}_i / Y_{ct} \qquad (11\text{-}1)$$

其中 CLR_i 为行业 i 的资本劳动比,根据美国制造业数据库计算,并对应到我国二位数行业;Y_{ct} 为 t 年城市 c 的人均 GDP,数据来自各年《中国城市统计年鉴》。因此,ECA_{cit} 衡量的是 t 年城市 c 的调配生产要素的能力与最优状态下行业 i 所要求的资本

[①] 李力行和申广军(2015)还从劳动生产率、行业发展阶段等方面构造比较优势指标,但是本文所用数据在2012—2013 年间缺少企业从业人数的信息,因此无法构造这两个维度的比较优势。

[②] 美国制造业数据库的最新数据更新到 2009 年,因而我们无法逐年计算各个行业的资本劳动比指标。但是该指标只是用于表征"接近自由市场状态下"各个行业的资本劳动比,因此年份之间的差异并没有实际意义,所以本文统一使用 2009 年的资本劳动比指标。

劳动比的差距。该指标太大或者太小都说明城市 c 发展行业 i 更可能是违背了要素禀赋比较优势：要么是过于追逐先进的行业（ECA 过大），要么是在落后的产业中停滞不前（ECA 过小）。由于没有先验的理论指出怎样的 ECA 算是过大或过小，为了识别 ECA 的合理范围，我们的策略是加入 ECA 的二次项，来捕捉要素禀赋比较优势与僵尸企业形成的非线性关系。[①]

2. 技术比较优势

由于资本流动性的限制，生产要素的相对丰裕程度影响了企业的生产成本，进而影响其盈利能力，并最终反映在一国经济的发展速度上。因此，即使在研究一国内部不同地区的比较优势时，从长期来看，要素禀赋比较优势也是最根本的决定性因素；但是在相对较短的时期内，考虑到资本的流动性仍强于其他生产要素，因此有必要从更广的范围内选择比较优势指标，一个首要的考虑是技术问题。本文通过构造技术比较优势指标来衡量某一城市是否具备发展特定产业的技术底蕴，构造这一指标的基本思路和要素禀赋比较优势类似，也是比较某个城市现有的技术水平和特定行业需要的技术水平。特定行业所需要的技术水平可以使用 Hausmann 等（2007）提出的技术复杂度指数（technological sophistication index，TSI）。该方法假设一个国家的人均 GDP 越高，它生产的产品技术含量也越高。于是，一种产品的技术复杂度可以表示为出口该产品的所有国家的人均 GDP 的加权平均。具体而言，行业技术复杂度指数可以如下表示（所有指标都分年份，所以省略下标 t）。

$$\mathrm{TSI}_i = \sum_j \frac{x_{ji}/X_j}{\sum_j x_{ji}/X_j} Y_j \tag{11-2}$$

其中下标 j 表示国家。x_{ji} 为国家 j 出口的 i 行业产品价值，而 X_j 为该国出口总额，Y_j 为该国人均 GDP。行业 i 的技术复杂度指数就是所有出口该行业产品的国家的人均 GDP 加权平均值，权重为该行业出口额占出口总额的比重除以世界各国该比重之和。该指标越大，其对应产品更多地由高收入国家生产，内含的技术复杂度越高。实际操作中使用的出口数据来自联合国 Comtrade 数据库，原始数据使用 ISIC 编码方式记录了各国各类出口商品的信息，本文参照盛斌（2002）的方法将其转换为对应的二位数行业并进行加总。各国人均 GDP 数据则来自世界银行。

其次，我们计算各个城市现有的技术基础，定义为该城市所生产的各行业产品的技术复杂度指数的加权平均值，其中权重为各行业的产出份额。

$$\mathrm{TSI}_c = \sum_i \frac{ov_{ic}}{\mathrm{OV}_c} \mathrm{TSI}_i \tag{11-3}$$

其中 ov_{ic} 为城市 c 行业 i 的产出，OV_c 为城市 c 的工业总产出；TSI_i 为通过式

---

① 即使通过估计出 ECA 和因变量的非线性关系，我们也不能断言 ECA 在哪个范围就是符合比较优势的，在哪个范围就是违背比较优势。我们更愿意将符合比较优势看成一个连续频谱，一个相对的概念，即 ECA 的某些范围比其他范围更符合比较优势。

(11-2)计算出来的各二位数行业 i 的技术复杂度指数。于是,城市 c 行业 i 的技术比较优势定义如下:

$$\mathrm{TCA}_{ic} = \frac{\mathrm{TSI}_i}{\mathrm{TSI}_c} \qquad (11\text{-}4)$$

同样,TCA_{ic} 衡量的是城市 c 已有技术水平与行业 i 所需要的技术水平的差距;该指标越大,说明对城市 c 来说,行业 i 的技术难度越高;而该指标取值较小,说明城市 c 发展了技术较为落后的行业,同样也不符合自己的比较优势。实证分析中仍是通过加入二次项的方法来捕捉这样的非线性关系。

三、僵尸企业的识别和分布

(一)僵尸企业的识别

Caballero 等(2008)最早比较系统地提出了识别僵尸企业的方法,他们的方法基于这样一个事实:僵尸企业往往受到银行过多的支持。比如,Sekine 等(2003)考察日本资产泡沫破裂之后的一段时期,发现资产负债率已经很高的企业获得了更多的银行贷款。因此,识别哪些企业获得银行的非正常支持,将有助于筛选出潜在的僵尸企业。由于银行的贷款信息透明度较差,所以 Caballero 等(2008)从利率着手,首先定义企业面临的潜在最优贷款利率,然后将实际贷款利率低于潜在最优贷款利率的企业视为僵尸企业。基于这种方法,Caballero 等(2008)发现 20 世纪 90 年代日本上市公司中的僵尸企业比例从 5%左右上升至 20%左右。这种方法在文献中得到广泛的使用(Lin,2014),但也面临一些问题。比如,有些企业可能由于资质优秀而获得银行的优惠利率,却被误认为是僵尸企业;而有些真正的僵尸企业虽然并未享受利率优惠,但依靠源源不断的贷款和宽松的贷款条件才得以存活,这些企业则成为上述识别方法的漏网之鱼(Fukuda and Nakamura,2011)。此外,除非仅限于上市公司的分析,一般的数据很难涉及企业的贷款和利率指标,因此限制了上述方法的使用。Fukuda 和 Nakamura(2011)、Nakamura 和 Fukuda(2013)通过改进 Caballero 等(2008)提出的方法,最终形成了被称为"过度借贷"(evergreen lending)的方法来识别僵尸企业。这种方法将贷款资质和潜力都很差,但是仍能获得贷款的企业认定为僵尸企业。贷款的资质通过企业当期的资产负债率衡量,实践中可以选择不同的阈值,但是一般将资产负债率超过 50%视作危险信号。企业的潜力通过盈利能力来分辨,利润为负的企业成为重点关注对象。本文使用工业企业数据库来分析僵尸企业的情况,也使用过度借贷法来识别僵尸企业。当一个企业同时满足下述三个条件时,我们就将其认定为僵尸企业:(1)资产负债率高于 50%;(2)实际利润为负(实际利润的定义分析见下文);(3)负债较上一年有所增长。

国外的研究在识别僵尸企业时,重点关注企业是否从银行获取了非正常支持,比如 Caballero 等(2008)的方法和过度借贷法都是如此。这样的方法对于市场经济发达的国家适用性较强,然而我国企业(尤其是国有企业)除了享有信贷市场的优惠条件,还往往享受政府的财政补贴和税收返还。如果忽视这一点,就可能低估僵尸企业这一问题的严重性。因此,本文借助何帆和朱鹤(2016)使用的实际利润法,从另一角度定义僵尸企业。实际利润法强调,企业的账面利润不能反映企业的真实盈利能力,因为企业可能通过财政补贴、税收返还或其他非经常性损益等方法获取正的利润。因此,本文首先从账面利润中减去企业的非营业性收入,得到企业的实际利润,然后将实际利润连续三年为负的企业定义为僵尸企业。① 在使用工业企业数据库的实际操作中,我们使用两种不同的方式计算企业的实际利润:较为宽松的方式是,从企业利润中减去补贴收入,从而剔除直接的财政支持对企业利润数据的干扰;更为严格的方式则是减去企业的营业外收入,这一指标不仅包括企业从政府获得的支持,还包括其他非经常性活动带来的收入,如非流动资产处置利得、非货币性资产交换利得、债务重组利得、盘盈利得、捐赠利得等。这样,实际利润提供了两个衡量僵尸企业的指标(RP1 和RP2);在过度借贷法中使用这两个不同的实际利润数据,可以得到另外两个衡量僵尸企业的指标(DT1 和 DT2)。四个指标来自不同的方法和不同的宽严程度,可以交叉检验分析结果的稳健性。

(二) 僵尸企业的分布特征

基于上述两种识别方法计算的四个僵尸企业指标,本节分析 2011—2013 年僵尸企业的分布特征。表 11-1 显示,僵尸企业的分布和产能过剩一样,具有显著的行业异质性(赵昌文等,2015)。首先,重化工行业出现僵尸企业的概率更高,其中尤以黑色金属冶炼及压延加工业和石油加工、炼焦及核燃料加工业最为突出,其僵尸企业的比例高达 5%以上(按照 RP1 计算)和 15%左右(按照 DT2 计算),煤炭、石油和天然气的开采行业僵尸企业比例也很高。这一点并不出乎意料,因为重化工行业是各级政府着力扶持的行业,也因其规模庞大而成为地方金融机构的主要客户,政府和银行都不愿承担这些企业倒闭的后果。其次,一些劳动密集型行业也出现了较高比例的僵尸企业,比如纺织业、饮料制造业等,何帆和朱鹤(2016)认为这是由于这些企业雇用了大量劳动力,地方政府受制于保就业的任务而不得不维持这类企业的生存,从而催生了大量僵尸企业。再次,各行业僵尸企业比例与国有企业比例的相关系数在 0.22—0.35 之间,这说明国有企业越多的行业,越可能产生僵尸企业。这固然是因为享有财政支持和金融优惠的国有企业更可能成为僵尸企业,也可能是由于国有企业挤占了行业发展

---

① 连续三年亏损的标准与国务院对僵尸企业的认定方法一致。2015 年 12 月 9 日,国务院常务会议提出,对不符合国家能耗、环保、质量、安全等标准和长期亏损的产能过剩行业企业实行关停并转或剥离重组,对持续亏损三年以上且不符合结构调整方向的企业采取资产重组、产权转让、关闭破产等方式予以"出清",清理处置"僵尸企业",到 2017 年年末实现经营性亏损企业亏损额显著下降。根据工业企业数据库无法判断企业是否符合国家能耗、环保、质量、安全等标准和产业结构调整方向,因此本文计算的僵尸企业比例可能高于国务院认定的情况。但是,本文在计算利润时采用了更严格的标准(实际利润),因而也可能识别出更少的僵尸企业。

空间,通过资源错配使得非国有企业也面临经营困境。最后,表 11-1 还列示了不同的僵尸企业指标之间的相关性,各个相关系数均超过 0.8,说明不同指标识别的僵尸企业是高度一致的,证实本文识别僵尸企业的方法较为可信。当然,实际利润法和连续借贷法计算的僵尸企业比例存在一定差异,这是由于支持僵尸企业的外部力量并不完全一致。比如,按照实际利润法计算的僵尸企业比例,食品制造业在各行业排序中比较靠前,但按照连续借贷法计算的比例则低于大多数行业。这说明劳动密集的食品制造业较容易获得政府补贴以稳定就业,但是在信贷市场并未享有太多优惠。

表 11-1　僵尸企业的行业分布

行业名称	RP1	RP2	DT1	DT2	SOE
煤炭开采和洗选业	4.94	8.37	7.25	8.95	7.77
石油和天然气开采业	4.83	8.04	9.84	13.04	20.26
黑色金属矿采选业	1.75	2.22	6.99	8.05	1.94
有色金属矿采选业	1.82	2.54	5.58	7.35	7.30
非金属矿采选业	1.87	3.49	4.46	6.17	4.20
农副食品加工业	2.88	4.37	5.19	7.29	2.40
食品制造业	3.84	5.82	6.30	8.68	2.26
饮料制造业	4.93	7.29	7.13	9.98	3.47
纺织业	3.65	6.76	6.98	10.78	0.96
纺织服装、鞋、帽制造业	3.56	5.67	6.67	9.37	0.72
皮革、毛皮、羽毛(绒)及其制品业	2.23	3.62	5.32	7.35	0.31
木材加工及木、竹、藤、棕、草制品业	3.00	3.62	4.56	6.00	1.11
家具制造业	3.43	5.67	6.46	8.91	0.39
造纸及纸制品业	4.05	6.66	7.09	10.51	1.31
印刷业和记录媒介的复制	4.13	8.39	6.63	10.85	6.18
文教体育用品制造业	3.21	5.63	6.12	8.38	0.36
石油加工、炼焦及核燃料加工业	5.52	9.56	10.50	14.71	5.06
化学原料及化学制品制造业	3.48	6.03	6.77	9.64	2.59
医药制造业	4.38	6.45	7.51	9.87	3.48
化学纤维制造业	4.14	9.47	9.21	15.84	1.21
橡胶制品业	2.50	4.72	5.25	7.94	1.52
塑料制品业	3.35	5.70	5.96	8.59	0.82
非金属矿物制品业	4.10	5.41	7.35	9.17	2.43
黑色金属冶炼及压延加工业	5.10	10.30	11.93	16.95	2.36
有色金属冶炼及压延加工业	3.89	7.64	7.39	9.56	3.04
金属制品业	2.86	5.52	6.92	10.43	1.91

（续表）

行业名称	RP1	RP2	DT1	DT2	SOE
通用设备制造业	2.35	5.43	5.67	8.94	1.45
专用设备制造业	2.59	5.77	5.98	10.35	2.51
交通运输设备制造业	3.31	7.26	6.95	11.68	3.51
电气机械及器材制造业	2.45	4.60	5.46	8.61	1.53
通信设备、计算机及其他电子设备制造业	2.95	5.71	6.66	10.28	1.67
仪器仪表及文化、办公用机械制造业	4.38	8.29	8.64	12.84	2.16
工艺品及其他制造业	3.09	5.43	6.13	8.93	1.71
与国企份额的相关系数	0.330	0.255	0.348	0.221	NA
与下一指标的相关系数	0.879	0.813	0.921	NA	NA

注:RP1 表示使用较为宽松的实际利润法计算的僵尸企业;RP2 表示使用严格的实际利润法计算的僵尸企业;DT1 表示使用较为宽松的实际利润,利用连续借贷法计算的僵尸企业;DT2 表示使用严格的实际利润,利用连续借贷法计算的僵尸企业。国有企业比例(SOE)指的是国有企业数量占比。

　　僵尸企业的地区分布特征也较为明显,表 11-2 报告了各省的僵尸企业比例。数据显示,西部省份的僵尸企业比例最高,几乎包揽了各类指标的前十名,其中尤以宁夏、青海和新疆最为明显,这一特征与何帆和朱鹤(2016)基于上市公司数据的研究一致。西部地区僵尸企业比例高,这是由于我国长期实行支持西部发展的政策,使得该地区的企业在实际利润较低的情况下也能继续经营。山西和北京是前十名中的非西部省份,前者是由于能源经济的衰退造成的(同样依赖能源经济的内蒙古排名也比较靠前),而后者则可能是由于集中了大量国有企业。与何帆和朱鹤(2016)的研究相比,本文最主要的区别是没有发现河北的僵尸企业比例较高。这在一定程度上是由数据的差别导致的:本文使用 2011—2013 年的规模以上企业,而他们使用 2014 年的上市公司。大型煤炭、钢铁企业是河北僵尸企业的主要组成部分,而这些企业在 2011—2013 年期间尚未成为亏损最严重的企业。同样,表 11-2 显示了各省僵尸企业比例和国企比例的相关性,相关系数接近 0.6,进一步说明国有企业与僵尸企业之间存在高度关联。最后,不同的僵尸企业指标之间高度相关,相关系数高于表 11-1 的情况,说明虽然政府和银行对不同行业的支持存在较大的差异,但是在地区之间的差异并不显著。

表 11-2　僵尸企业的地区分布

省份	RP1	RP2	DT1	DT2	SOE
北京	6.86	13.57	10.99	17.57	4.44
天津	5.81	10.86	10.51	15.03	8.27
河北	3.77	6.07	7.26	10.07	4.47
山西	8.84	13.09	16.48	20.37	9.99

（续表）

省份	RP1	RP2	DT1	DT2	SOE
内蒙古	6.11	11.13	10.76	16.47	8.31
辽宁	5.60	7.77	8.59	10.76	2.87
吉林	3.57	5.83	6.46	8.67	4.78
黑龙江	6.36	10.45	10.24	14.67	8.74
上海	5.21	9.51	10.18	14.98	2.16
江苏	2.45	5.04	5.82	9.77	1.08
浙江	2.74	5.65	6.57	11.31	0.83
安徽	3.52	5.58	7.50	10.46	3.03
福建	2.25	4.05	5.19	7.50	1.90
江西	1.52	2.19	4.25	5.61	4.24
山东	2.82	5.21	4.06	6.00	2.63
河南	1.70	2.82	2.04	3.16	2.68
湖北	4.09	6.07	5.32	6.90	3.52
湖南	2.27	3.87	0.46	0.57	4.36
广东	3.44	6.02	6.12	8.46	1.41
广西	6.32	10.16	12.80	17.08	6.97
海南	5.71	11.02	11.06	15.70	13.35
重庆	3.43	6.49	8.68	13.31	4.98
四川	2.41	4.58	6.01	9.07	4.64
贵州	9.75	14.86	17.07	21.40	11.50
云南	10.33	16.56	16.66	21.70	10.05
西藏	6.49	6.49	9.71	13.59	25.24
陕西	9.21	13.01	14.78	18.53	9.56
甘肃	9.13	14.91	15.98	21.69	15.15
青海	11.26	17.26	21.22	24.34	15.94
宁夏	14.94	21.09	21.49	25.82	6.39
新疆	9.84	16.83	17.47	22.48	14.79
与国企份额的相关系数	0.594	0.526	0.600	0.589	NA
与下一指标的相关系数	0.969	0.956	0.983	NA	NA

注:同表 11-1。

以上对僵尸企业的行业和地区分布的分析显示,僵尸企业比例与国有企业份额高度正相关,可能的原因有两个:(1)国有部门是僵尸企业高发区;(2)国有企业是引起僵尸企业问题的根源之一。图 11-1 显示不同所有制的僵尸企业比例,可见国有企业中僵尸企业比例确实远高于私营企业和外资企业。按照不同的僵尸企业指标,国有企业中僵尸企业比例是外资企业的 2 倍左右,是私营企业的 2.5—4 倍,两种较为严格的定义方法(RP2 和 DT2)都指出国有企业中僵尸企业比例超过 20%。图 11-1 的信息表明,国有企业更容易成为僵尸企业,这至少是僵尸企业比例与国有企业份额高度正相关的原因之一。

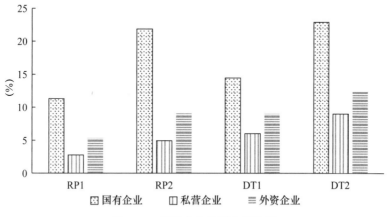

图 11-1 僵尸企业的所有制特征

现在探究第二个可能性:国有企业是否是引发僵尸企业问题的原因?这在理论上是可能的,因为国有企业进入某一行业或地区,会由于其强大的财政支持和融资便利而造成行业或地区内的资源错配问题(Kwon et al.,2015),恶化市场竞争环境,使得非国有企业也仅能勉力支撑。为了检验是否存在上述情形,图 11-2 显示了各行业或地区内私营企业中的僵尸企业比例和该行业或地区国有企业比例的关系,二者存在明显正相关,说明确实存在国有企业引发和加剧僵尸企业问题的可能性。与表 11-1 和表 11-2 一致,分地区的相关性更强,这是因为行业之间的差异更多地取决于行业的技术和市场特征,而强有力的地方政府则在很大程度上决定了支持僵尸企业的财政和金融工具,干扰了私营企业的正常运营和盈利。

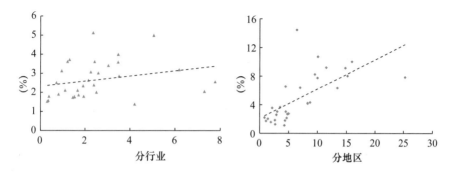

图 11-2 国有企业比例与私营僵尸企业比例

注:横轴是各行业或地区的国有企业比例,纵轴是对应行业或地区内私营企业中僵尸企业比例。

四、实 证 分 析

（一）基准回归

本文使用工业企业数据库检验比较优势与僵尸企业的产生是否存在关联。考虑到僵尸企业问题会伴随着经济增速下滑、产能严重过剩而越加凸显，因此我们主要使用金融危机之后的工业企业数据（2007—2013 年）。贾珅和申广军（2016）介绍了工业企业数据库在 1998—2008 年的情况，认为该数据可以代表中国工业经济的整体状况。除了个别变量有所变动，本文样本数据与金融危机之前的情况完全一样，因此数据的基本信息不再赘述。[①]

基准回归采用双向固定效应模型，如式（11-5）所示。

$$\text{Zombie}_{ft} = \alpha + \beta_0 \text{ECA}_{ict} + \beta_1 \text{ECA}_{ict}^2 + \gamma_0 \text{TCA}_{ict} + \gamma_1 \text{TCA}_{ict}^2 + X_{ft}\delta + \lambda_f + \mu_t + \varepsilon_{ft}$$

$$(11\text{-}5)$$

其中 Zombie_{ft} 为虚拟变量，当企业 f 在 t 年是僵尸企业的时候取值为 1，否则为 0。ECA_{ict} 是根据上一节的方法计算的要素禀赋比较优势指标，衡量企业 f 所在城市 c 的人均 GDP 与其所属行业 i 要求的资本劳动比的差距，ECA_{ict}^2 为其平方项。这样，如果系数 $\beta_1 > 0$，就说明违背要素禀赋比较优势（ECA_{ict} 过大或过小）的企业更有可能成为僵尸企业。同理，TCA_{ict} 为城市 c 发展行业 i 的技术比较优势指标，TCA_{ict}^2 为其平方项，系数 γ_1 也能说明技术比较优势和僵尸企业之间的关系。X_{ft} 是一系列控制变量，λ_f 和 μ_t 分别表示企业和年份固定效应。

表 11-3 报告了基准回归的结果，其中前四列是没有控制变量的情况，而后四列则添加了控制变量，每个回归都使用四种不同的僵尸企业定义来交叉检验稳健性。根据前四列的结果，ECA^2 的系数都在 1% 的水平上显著为正，说明 ECA 与僵尸企业之间呈 U 形关系，即符合要素禀赋比较优势的企业成为僵尸企业的概率更低，而违背要素禀赋比较优势的企业则更容易成为僵尸企业。根据第（1）列的结果，ECA＝2 为最优禀赋点，即此时企业成为僵尸企业的概率最低，或者说，各地最适合发展的行业是那些资本劳动比约为本地人均收入 12 倍的行业。[②] 从最优要素禀赋点偏离一个标准差（1.2），企业成为僵尸企业的概率大约上升 1.8%。TCA^2 的系数也都在 1% 的水平上显著为正，说明 TCA 与僵尸企业之间也存在 U 形关系，即企业是否符合技术比较优势能够显著影响其成为僵尸企业的概率。根据第（1）列的回归结果，当 TCA＝1.17

---

① 关于数据需要说明以下几点：（1）我们缺少 2010 年的数据，因此在实际操作中认为 2009 年和 2011 年是连续的两年；（2）由于识别僵尸企业的方法要求更长的时间序列，所以在识别僵尸企业时，我们使用了 2007 年之前的数据；（3）国民经济行业分类代码在 2011 年发生了变化，我们将代码对应到 2002 年的标准（GB/T 4754-2002）；（4）某些变量可能缺少特定年份的信息，我们将在使用时特别注明。

② 本文在计算 ECA 时没有进行汇率调整。ECA＝2 的意思是，行业要求的资本劳动比（以美元计价）是当地人均 GDP（以人民币计价）的 2 倍。

表 11-3　比较优势与僵尸企业的关系：企业层面

	RP1 (1)	RP2 (2)	DT1 (3)	DT2 (4)	RP1 (5)	RP2 (6)	DT1 (7)	DT2 (8)
ECA	-0.0020** (0.0008)	-0.0035*** (0.0011)	-0.0101*** (0.0013)	-0.0152*** (0.0015)	-0.0013 (0.0009)	-0.0029** (0.0011)	-0.0096*** (0.0014)	-0.0144*** (0.0016)
ECA²	0.0005*** (0.0001)	0.0006*** (0.0002)	0.0017*** (0.0002)	0.0022*** (0.0002)	0.0004*** (0.0001)	0.0006*** (0.0002)	0.0018*** (0.0002)	0.0023*** (0.0002)
TCA	-0.0216*** (0.0045)	-0.0166*** (0.0057)	-0.0273*** (0.0070)	-0.0208*** (0.0080)	-0.0249*** (0.0046)	-0.0203*** (0.0058)	-0.0291*** (0.0071)	-0.0222*** (0.0081)
TCA²	0.0092*** (0.0020)	0.0088*** (0.0024)	0.0146*** (0.0030)	0.0132*** (0.0035)	0.0106*** (0.0020)	0.0104*** (0.0025)	0.0147*** (0.0031)	0.0129*** (0.0035)
Size					0.0005* (0.0003)	-0.0010*** (0.0003)	0.0190*** (0.0004)	0.0249*** (0.0005)
Age					0.0066*** (0.0005)	0.0107*** (0.0006)	0.0005 (0.0009)	0.0029*** (0.0010)
Export					0.0012* (0.0007)	0.0030*** (0.0009)	-0.0010 (0.0013)	-0.0010 (0.0014)
M_Share					-0.0472*** (0.0058)	-0.0669*** (0.0072)	-0.0155* (0.0091)	-0.0222** (0.0104)
DPE					-0.0093*** (0.0025)	-0.0119*** (0.0032)	-0.0067* (0.0038)	-0.0112*** (0.0044)
FIE					-0.0134*** (0.0026)	-0.0146*** (0.0033)	-0.0013 (0.0040)	-0.0059 (0.0046)
HHI					0.0188*** (0.0034)	0.0143*** (0.0042)	0.0028 (0.0052)	-0.0111* (0.0058)
SOEshare					0.0033 (0.0021)	0.0016 (0.0025)	0.0189*** (0.0034)	0.0189*** (0.0038)
FDIshare					-0.0053*** (0.0011)	-0.0043*** (0.0014)	-0.0019 (0.0020)	-0.0003 (0.0022)
Obs.	1 028 074	1 028 074	1 280 610	1 280 610	999 875	999 875	1 248 194	1 248 194
R^2	0.018	0.009	0.007	0.037	0.022	0.015	0.032	0.068

注：回归控制了企业和年份固定效应。括号内为异方差稳健标准误。*、**和***分别表示在10%、5%和1%的水平上显著。

时企业成为僵尸企业的概率最低,这意味着企业要想最大限度地培养自生能力,应当选择进入那些对技术要求略高于本地技术底蕴的行业。同样,从技术最优点偏离一个标准差(0.4),企业成为僵尸企业的概率将上升3.1%。后四列加入控制变量之后,比较优势系数大多数仍在1%的水平上显著,最优点的位置也与前面几列高度一致,说明我们发现的结果是相当稳健的:符合比较优势的企业成为僵尸企业的概率更低,而违背比较优势的企业更可能成为僵尸企业。

控制变量的系数也提供了一些有利于我们理解僵尸企业特征的结论。第一,企业规模(size)的系数为正,说明大企业更容易成为僵尸企业,这也部分地解释了本文识别的僵尸企业比例为何低于何帆和朱鹤(2016)的研究,因为他们使用上市公司的数据,而上市公司的平均规模要远大于本文样本企业的规模。大企业成为僵尸企业的概率更高,因为大企业往往为当地税收收入贡献良多,并且吸纳了大量的就业,所以地方政府很难承受大企业倒闭带来的后果,而大企业也利用这种优势游说地方政府,从而获取更多的财政支持和融资便利(Salamon and Siegfried,1977)。第二,企业年龄(age)也与僵尸企业正向关联,但是背后的逻辑关系仍有待进一步研究。第三,出口企业(export)更可能被实际利润法识别为僵尸企业,但是按照过度借贷法却和非出口企业没有显著差别。这种差异源于支持僵尸企业的外部力量不同。出口企业享有更多的税收优惠和政策补助,所以剔除这些因素影响的实际利润法更容易把出口企业认定为僵尸企业;但是出口企业在融资时并不比同等条件的非出口企业享有更多的便利,所以两类企业的过度借贷问题并无太大差别。第四,市场份额(m-share)高的企业不容易成为僵尸企业,占据较大的市场份额在很大程度上已经说明该企业的生产经营情况较好。第五,相较于国有企业,私营企业(DPE)和外资企业(FIE)中僵尸企业比例更低,所以它们的系数大都显著为负。比较系数的大小可知,私营企业被过度借贷法识别为僵尸企业的概率更低,而外资企业被实际利润法识别为僵尸企业的概率更低,这说明私营僵尸企业的主要支持力量是政府补助,而外资的僵尸企业更可能是通过银行贷款维持生存。第六,根据HHI的系数可知,在城市或行业层面的市场结构越集中,就越可能出现僵尸企业,因为处于垄断环境中企业在开放、自由和竞争的市场中往往没有自生能力。第七,城市或行业内国企比例(SOEshare)越高,或者外资企业比例(FDIshare)越低,出现僵尸企业的概率就越大。这与图11-2给出的信息一致,国有企业的存在会通过资源错配、不公平竞争等途径损害私营企业的自生能力,催生更多的僵尸企业。

(二)稳健性检验

表11-3基于企业层面的分析发现违背比较优势容易产生僵尸企业,如果加总到城市或行业层面,这一结论等价于违背比较优势的城市或行业内,僵尸企业比例更高。因此,我们可以在城市或行业层面对本文提出的假说进行验证,具体而言,我们估计方程如式(11-6)所示。

$$RZ_{ict} = \alpha + \beta_0 \text{ECA}_{ict} + \beta_1 \text{ECA}_{ict}^2 + \gamma_0 \text{TCA}_{ict} + \gamma_1 \text{TCA}_{ict}^2 + X_{ict}\delta + \delta_c + \vartheta_i + \mu_t + \varepsilon_{ict}$$

$$(11\text{-}6)$$

其中 RZ_{ict} 表示城市 c 行业 i 在 t 年的僵尸企业比例，δ_c 和 ϑ_i 分别表示城市和行业固定效应，其他变量定义不变。回归结果报告于表 11-4。ECA^2 和 TCA^2 的系数显著为正，说明符合比较优势的城市或行业，僵尸企业比例较低。平均而言，偏离要素禀赋比较优势和技术比较优势最优点一个标准差，城市或行业内僵尸企业的比例将提高 2％和 5％（按照第（1）列的回归系数），这与企业层面的结果比较接近。企业层面和加总层面的实证分析互相印证，说明违背比较优势确实是僵尸企业形成的重要原因。

表 11-4　比较优势与僵尸企业比例：城市或行业层面

	RP1	RP2	DT1	DT2
	(1)	(2)	(3)	(4)
ECA	−0.0078*	−0.0161***	−0.0042	−0.0094*
	(0.0042)	(0.0054)	(0.0048)	(0.0051)
ECA²	0.0014***	0.0023***	0.0011*	0.0016**
	(0.0005)	(0.0007)	(0.0006)	(0.0006)
TCA	−0.0477**	−0.0511**	−0.0491**	−0.0409
	(0.0214)	(0.0251)	(0.0225)	(0.0252)
TCA²	0.0236***	0.0282***	0.0215***	0.0190**
	(0.0076)	(0.0089)	(0.0078)	(0.0087)
Obs.	27 439	27 439	27 910	27 910
R^2	0.1853	0.1979	0.1999	0.2144

注：所有回归控制了表 11-3 中的城市或行业层面的控制变量，以及年份、城市和行业的固定效应。括号内为异方差稳健标准误，*、** 和 *** 分别表示在 10％、5％和 1％的水平上显著。

僵尸企业之所以僵而不死，主要依靠包括政府和银行在内的外部力量的支持，这也为我们识别僵尸企业提供了线索。以上分析发现，违背比较优势是僵尸企业产生的重要原因，但具体机制并不清楚。我们可以将僵尸企业指标进行分解，进一步分析比较优势究竟如何影响僵尸企业的出现，通过对影响机制的考察为上文的分析提供稳健性检验。根据数据可得性，我们从企业自身、政府和银行三个角度进行分解，分析企业的盈利能力、政府的财政补贴和税收优惠、银行的贷款等与比较优势的关系，结果如表 11-5 所示。首先，前两列使用企业的资产利润率（ROA）和销售利润率（ROS）作为因变量时，ECA^2 和 TCA^2 的系数显著为负，说明符合比较优势的企业有更强的盈利能力。平均而言，ECA 取值为 2.5 左右和 TCA 取值为 1.1 时，企业的利润率最高。这一取值与表 11-3 的发现十分接近。也就是说，当企业要进入的目标行业所要求的资本劳动比约为本地人均 GDP 的 15 倍左右，而技术难度略高于本地的技术底蕴时，企业潜在的盈利能力最高。这与新结构经济学中关于比较优势与自生能力的理论一致，即符合比较优势的企业才能有自生能力。当然，盈利能力只是反映自生能力的结果，并且没有考虑市场结构的限制。第(3)列从生产效率(TFP)的角度来分析比较优势的影响,发现 ECA^2 和 TCA^2 的系数仍然显著为负,说明符合比较优势的企业有更高的生产效率,这进一步证实违背比较优势的企业之所以容易成为僵尸企业,是因为它们缺少自生能力,从而无法获取正常的利润。第(4)列至第(6)列从企业的补贴收入占主营收入的比重(SUBSIDY)、所得税有效税率(ETR-INC)和增值税有效税率(ETR-VAT)三个指标分析政府在僵尸企业产生过程中的作用。第(4)列的结果显示,不符合比较优势的企业能够获得更多的财政补贴。这是符合直觉的,因为如果没有财政补贴的支持,违背比较优势的企业由于无法获得利润而停产,不会出现在我们的样本中。第(5)列和第(6)列关于税收优惠的结果也和预期一致:违背比较优势的企业实际税率更低,说明它们享受了更多的税收优惠。最后,第(7)列使用利息支出占主营收入的比重(LXE)作为因变量,衡量企业从银行获取支持与比较优势的关系。ECA^2 和 TCA^2 的系数显著为正,说明不符合比较优势的企业将更大比例的收入作为利息交给了银行。这并不是说违背比较优势的企业面临更高的贷款成本,因为本文涵盖的样本期间,贷款利率在很大程度上仍是管制的,所以企业利息支出的差异更多地来自贷款数量的差异(Cai and Liu,2009)。因此,第(7)列显示的信息表明,不符合比较优势的企业获得了更多的贷款,正是来自金融机构的贷款成为这些僵尸企业存活的动力。

表 11-5　解剖僵尸企业:比较优势对各部件的影响

| | ROA | ROS | TFP | SUBSIDY | ETR-INC | ETR-VAT | LXE |
	(1)	(2)	(3)	(4)	(5)	(6)	(7)
ECA	2.327 ***	0.252 ***	0.075 ***	−0.006 ***	0.040 ***	0.060 ***	−0.069 ***
	(0.129)	(0.044)	(0.005)	(0.002)	(0.005)	(0.011)	(0.007)
ECA^2	−0.509 ***	−0.051 ***	−0.006 ***	0.002 ***	−0.007 ***	−0.007 ***	0.010 ***
	(0.017)	(0.006)	(0.001)	(0.000)	(0.001)	(0.001)	(0.001)
TCA	7.003 ***	1.229 ***	0.411 ***	−0.044 ***	0.152 ***	0.691 ***	−0.284 ***
	(0.786)	(0.284)	(0.021)	(0.013)	(0.027)	(0.060)	(0.042)
TCA^2	−3.273 ***	−0.584 ***	−0.182 ***	0.019 ***	−0.066 ***	−0.308 ***	0.139 ***
	(0.344)	(0.125)	(0.009)	(0.006)	(0.012)	(0.026)	(0.018)
Obs.	1 895 656	1 897 111	740 149	1 910 361	1 788 474	1 882 589	1 835 353
R^2	0.147	0.094	0.811	0.018	0.028	0.078	0.013

注:回归控制了表 11-3 中所有控制变量和固定效应,限于篇幅未予报告。第(3)列 TFP 只有 2007 年和 2011 年数据。括号内为异方差稳健标准误,*、** 和 *** 分别表示在 10%、5% 和 1% 的水平上显著。

(三) 异质性分析

上文证明违背比较优势的企业容易成为僵尸企业,至少整体而言确实如此,但是不同类别的企业可能存在差异。表 11-6 从产业类型、地区和所有制三个维度进行了

表 11-6　异质性分析

	按产业类型分		按地区分			按所有制分		
	轻工业	重工业	东部地区	中部地区	西部地区	国有企业	私营企业	外资企业
	(1)	(2)	(3)	(4)	(5)	(6)	(7)	(8)
ECA	-0.0054***	-0.0002	-0.0145	-0.0283***	-0.0026**	-0.0163	-0.0046***	-0.0014
	(0.0019)	(0.0012)	(0.0098)	(0.0060)	(0.0012)	(0.0206)	(0.0012)	(0.0035)
ECA²	0.0011***	0.0002	0.0042*	0.0057***	0.0004***	0.0027	0.0008***	0.0003
	(0.0003)	(0.0002)	(0.0023)	(0.0013)	(0.0002)	(0.0030)	(0.0002)	(0.0004)
TCA	-0.0257***	-0.0198**	-0.0180	-0.0363**	-0.0259***	-0.2522**	-0.0195***	-0.0291
	(0.0087)	(0.0088)	(0.0268)	(0.0178)	(0.0065)	(0.1017)	(0.0060)	(0.0213)
TCA²	0.0122***	0.0087**	0.0011	0.0134*	0.0126***	0.0692***	0.0097***	0.0176**
	(0.0040)	(0.0035)	(0.0116)	(0.0073)	(0.0029)	(0.0127)	(0.0026)	(0.0081)
Obs.	447 139	551 845	782 817	197 661	64 447	16 755	829 295	155 526
R^2	0.018	0.026	0.029	0.113	0.018	0.058	0.013	0.035

注：表 11-6 只选用了第二种僵尸企业指标作为因变量，使用其他指标作为因变量，使用其他指标的回归结果请向作者索取。所有回归控制了表 11-3 中的控制变量和固定效应，限于篇幅未予报告。括号内为异方差稳健标准误，*、**和***分别表示在 10%、5%和 1%的水平上显著。

异质性分析。[①] 首先,轻工业的情况与全样本一致,要素禀赋比较优势和技术比较优势都很显著地影响企业成为僵尸企业的概率。重工业的情况略有差异,虽然技术比较优势仍然显著,但是要素禀赋比较优势并没有发挥作用。原因可能在于资本在一国内部的流动相对比较自由,许多地区虽然人均 GDP 较低,但仍可以举全市/全省之力上马关系重大的重工业企业,因此要素禀赋比较优势的作用并不显著;与资本相比,人员的流动更加困难,而附着于劳动者的技术也不易流动,因而技术比较优势对重工业仍然重要。其次,分地区来看,虽然核心变量的系数在符号上都与理论预测一致,但是显著性存在明显的地区差异,主要特征是西部地区的情况最符合理论的预测,而东部地区与理论差距最大。这与李力行和申广军(2015)的研究一致。他们在研究比较优势对产业结构调整的作用时发现,市场经济越发达的地方,由于资本和人员(及技术)都可以更自由地流动,就越不会受到本地比较优势的影响。本文的结论与此呼应,都指明打破地方分割、建立统一的市场有助于生产要素流向效率最高的地方,提高经济的潜在产出。最后,按照企业性质划分时,从系数的符号来看,违背比较优势的企业仍然有更高的风险成为僵尸企业,只是显著性在不同所有制企业之间存在差异。技术比较优势的作用比较明显,且在各类企业之间差异不大;要素禀赋比较优势只对私营企业起作用,这也可以理解,因为国有企业可能并不由其所在地管理,而是由更高级别的地区垂直管理,其资源调配当然也不局限于一个地区;而外资企业背后往往有集团公司的支持,也较少受到当地要素禀赋的限制。总结以上结果,违背比较优势的企业更容易成为僵尸企业这一结论对于大部分企业仍然成立,其中技术比较优势的影响比较稳健,而要素禀赋比较优势的影响有着较大的异质性。虽然长期来看要素禀赋是更加根本的力量,但是由于要素在一国内部可以相对自由地流动,并且要素的作用可以通过企业选择技术来实现,所以短期来看,技术比较优势往往能够发挥更稳定的作用(李力行和申广军,2015)。

(四) 进一步讨论

以上研究说明,违背比较优势的企业生产效率低、盈利能力差,从而不得不依赖政府和银行的救助来维持生存。而政府和银行之所以愿意这样做,除了这涉及其自身利益,可能还有别的因素。一个猜测是,违背比较优势的企业有很大比例都是国企,因为私营资本没有动机进入没有盈利预期的行业,即使"误入歧途",也会很快退出市场。为了验证这个猜想,表 11-7 第(1)列使用国企虚拟变量(SOE)作为因变量进行回归,ECA^2 和 TCA^2 的系数显著为正,说明违背比较优势的更多是国有企业,也正因如此,图 11-1 才发现国有企业中有更高比例的僵尸企业。另一个可能是,违背比较优势的

---

① 重工业和轻工业与行业代码并没有严格的对应关系,本文根据工业企业数据库报告的轻重工业进行划分;地区划分按照国家统计局的标准,东部地区包括北京、天津、河北、辽宁、上海、江苏、浙江、福建、山东、广东和海南,中部地区包括山西、吉林、黑龙江、安徽、江西、河南、湖北和湖南,其他为西部地区;所有制按照实际控股情况划分,私营企业包括集体所有制企业,外资企业包括港澳台资企业。

企业会花费更多的精力进行寻租行为，但是这一猜测很难直接验证，我们只能提供一些间接证据。Cai 等（2011）发现中国企业的差旅费中有很大比例的支出是为了打点关系，我们以差旅费占主营收入的比例（CLF）作为因变量，分析违背比较优势的企业是否更多地维护政企关系。第（2）列的结果显示确实如此，当企业偏离比较优势的最优点一个标准差时，差旅费占主营收入的比例提高 4.7％和 24.8％。由于变量限制，工业企业数据库无法提供更多的关于比较优势与企业寻租行为的证据，我们转向世界银行于 2012 年实施的企业调查数据。[①] 该数据询问了企业高层管理人员有多少时间用于和政府部门打交道（DAY），第（3）列结果显示，违背比较优势的企业更加频繁地和政府部门打交道。问卷还问到企业发展的障碍，违背比较优势的企业不会认为税收相关问题（TAX）会妨碍企业的长期发展，这与表 11-5 的发现一致，这些违背比较优势的企业享受更多的税收优惠，当然不会把税收列为企业发展的不利因素。有趣的是，这些企业更担心政策的变化。作为当前政策的受益者，违背比较优势的企业更倾向于将政策不稳定（POLICY）当作企业发展的负面因素。综合以上结果，可知违背比较优势的企业更可能是国有企业，并且它们花费了更多的时间和资源用于寻租活动，这也解释了为什么它们可以获取政府补贴和银行贷款来维持生存，而不是及时退出市场。

表 11-7　比较优势与企业寻租行为

	SOE	CLF	DAY	TAX	POLICY
	(1)	(2)	(3)	(4)	(5)
ECA	−0.0065***	−0.079***	−12.571**	0.834***	−0.144**
	(0.0004)	(0.011)	(6.126)	(0.117)	(0.073)
ECA²	0.0008***	0.014***	5.058*	−0.221***	0.060*
	(0.0000)	(0.002)	(2.694)	(0.034)	(0.034)
TCA	−0.0167***	−0.399***	−2.930	0.518	−0.123**
	(0.0022)	(0.055)	(2.288)	(0.444)	(0.056)
TCA²	0.0053***	0.160***	0.835	−0.382*	0.055**
	(0.0010)	(0.025)	(0.990)	(0.227)	(0.028)
Obs.	1 973 953	336 411	1 518	1 534	1 551
R^2	0.0945	0.100	0.181	0.124	0.071

注：前两列数据来自工业企业数据库（只有 2012 年数据），回归控制了表 11-3 中的控制变量和固定效应，限于篇幅未予报告；后面三列回归基于世界银行的企业调查数据，在城市或行业层面匹配了基于 2011 年工业企业数据库计算的比较优势指标，控制了企业规模、所有制、地区和行业。括号内为异方差稳健标准误，*、** 和 *** 分别表示在 10％、5％和 1％的水平上显著。

---

① 该数据是世界银行于 2011 年 11 月至 2013 年 2 月对 25 个城市的 2 848 家企业的调研结果，本文仅使用了其中的制造业企业约 1 700 家的数据。

五、结　论

政府出于保障就业和财政收入的目的,银行为了避免资本金损失和更高的金融风险,分别通过财政补贴和持续放贷的方式支持那些没有盈利能力的企业,催生了大量"僵而不死"的僵尸企业。僵尸企业是导致和加剧产能过剩问题的主要原因之一,清理僵尸企业有助于化解产能过剩、降低金融风险,并长期提高资源配置效率和经济增长潜力。本文利用实际利润法和过度借贷法来识别工业企业数据库中的僵尸企业,并描述了僵尸企业的分布特征。从行业来看,重化工行业和劳动密集行业僵尸企业较多;从地区来看,西部地区和能源大省的僵尸企业比例较高。从不同所有制来看,由于国有企业更可能成为僵尸企业,并且通过恶化市场竞争、错配生产要素等途径挤压私营企业的生存空间,所以僵尸企业的比例与国有企业比例高度正相关。

僵尸企业往往是没有自生能力的企业,这一特征使得我们可以引入新结构经济学的分析框架来研究僵尸企业产生的深层次原因。本文提出这一假说:违背比较优势的企业更容易成为僵尸企业。这是因为,违背比较优势的企业无法有效利用本地的优势来尽可能压低生产成本、提高盈利能力,所以有更大的概率丧失自生能力,从而不得不借助政府和银行的支持苟延残喘,最终沦为僵尸企业。我们从要素禀赋和生产技术两个方面构建了衡量地区比较优势的指标,利用 2007—2013 年的工业企业数据检验了上述假说。实证研究表明,违背要素禀赋比较优势或技术比较优势的企业成为僵尸企业的概率显著提高,这是因为它们生产效率低下,盈利能力较差,只能依靠财政补贴、税收优惠和银行贷款维持生存。

本文的研究结论有助于我们深入认识僵尸企业的成因,理解比较优势发挥作用的微观机制,这既丰富了新结构经济学的理论内涵,又为避免僵尸企业再生提供了政策建议。让市场在资源配置中发挥决定性作用,由比较优势决定企业的自生能力,才能提高整体生产率,保证经济健康发展。当然,我们的研究并不否认产业政策的作用,但是产业政策的制定要遵循客观的经济规律。具体来说,政府制定产业政策时,应当根据动员资源的能力和范围,优先选择那些资本劳动比在某一合适范围内的、技术复杂度略高于当前技术底蕴的行业;在为特定行业发展寻找试点地区时,也要选择人均收入与目标行业所要求的资本劳动比相匹配的、技术底蕴略弱于目标行业技术复杂度的城市。此外,异质性分析部分显示了不同地区(行业)合适的 ECA 和 TCA 范围可能存在差异,因此,在实际操作中,限制在特定地区(行业)层面的分析可以得到更加细化、更有针对性的政策建议。

参 考 文 献

[1] Caballero, R., Hoshi, T., and Kashyap, A. Zombie lending and depressed

restructuring in Japan[J]. *American Economic Review*,2008,98(5):1943—1977.

[2] Cai,H.,and Liu,Q. Competition and corporate tax avoidance:Evidence from Chinese industrial firms[J]. *The Economic Journal*,2009,119(537):764—795.

[3] Cai,H.,Fang,H.,and Xu,L. Eat,drink,firms,government:An investigation of corruption from the entertainment and travel costs of Chinese firms[J]. *The Journal of Law & Economics*,2011,54(1):55—78.

[4] 蔡昉,王德文.比较优势差异、变化及其对地区差距的影响[J].中国社会科学,2002,5:41—54.

[5] 陈斌开,林毅夫.发展战略、城市化与中国城乡收入差距[J].中国社会科学,2013,4:81—102.

[6] 陈钊,熊瑞祥.比较优势与产业政策效果——来自出口加工区准实验的证据[J].管理世界,2015,8:67—80.

[7] Feenstra,R. *Advanced International Trade:Theory and Evidence*[M]. Princeton:Princeton University Press,2004.

[8] Fukuda,S.,and Nakamura,J. Why did "zombie" firms recover in Japan [J]. *World Economy*,2011,34(7):1124—1137.

[9] 国家计委投资研究所,中国人民大学区域所课题组.我国地区比较优势研究[J].管理世界,2001,2.

[10] 国家信息中心宏观经济形势课题组.去产能政策须抓好两大关键问题:"三去一降一补"系列分析之三[R/OL].2016,http://www.cs.com.cn/xwzx/cj/201603/t20160314_4923426.html

[11] Hausmann,R.,Hwang,J.,and Rodrik,D. What you export matters [J]. *Journal of Economic Growth*,2007,12(1):1—25.

[12] 何帆,朱鹤.僵尸企业系列研究[R/OL].2016,http://pmi.caixin.com/2016-01-11/100898020.html

[13] 贾珅,申广军.企业风险与劳动收入份额:来自中国工业部门的证据[J].经济研究,2016,5:116—129.

[14] Kwon,H.,Narita,F.,and Narita,M. Resource reallocation and zombie lending in Japan in the 1990s[J]. *Review of Economic Dynamics*,2015,18(4):709—732.

[15] Lin,J. Y. *Economic Development and Transition:Thought,Strategy, and Viability*[M]. Cambridge:Cambridge University Press,2009.

[16] Lin,Y. Zombie lending,financial reporting opacity and contagion[D]. National University of Singapore,2014.

[17] 李力行,申广军.经济开发区、地区比较优势与产业结构调整[J].经济学(季

刊),2015,3:885—910.

[18] 林毅夫,蔡昉,李周.比较优势与发展战略——对"东亚奇迹"的再解释[J].中国社会科学,1999,5:4—20.

[19] 林毅夫,陈斌开.重工业优先发展战略与城乡消费不平等——来自中国的证据[J].浙江社会科学,2009,4:10—16.

[20] 林毅夫.发展战略、自生能力和经济收敛[J].经济学(季刊),2002,1:269—300.

[21] 林毅夫,刘培林.中国的经济发展战略与地区收入差距[J].经济研究,2003,3:19—25.

[22] 林毅夫.新结构经济学——重构发展经济学的框架[J].经济学(季刊),2010,1:1—32.

[23] 陆铭,陈钊.分割市场的经济增长——为什么经济开放可能加剧地方保护?[J].经济研究,2009,3:42—52.

[24] Nakamura, J., and Fukuda, S. What happened to "zombie" firms in Japan? Reexamination for the Lost Two Decades[J]. *Global Journal of Economics*, 2013, 2(2): 1—18.

[25] Salamon, L. M., and Siegfried, J. Economic power and political influence: The impact of industry structure on public policy[J]. *American Political Science Review*, 1997, 71(3): 1026—1043.

[26] Sekine, T., Kobayashi, K., and Saita, A. Forbearance lending: The case of Japanese firms[J]. *Monetary & Economic Studies*, 2003, 21(2): 69—92.

[27] Song, Z., Storesletten, K., and Zilibotti, F., Growing like China[J]. *American Economic Review*, 2011, 101(1): 196—233.

[28] 申广军,王雅琦.市场分割与制造业企业全要素生产率[J].南方经济,2015,4:27—42.

[29] 盛斌.中国工业贸易保护结构政治经济学的实证分析[J].经济学(季刊),2002,2:603—624.

[30] 赵昌文,许召元,袁东,廖博.当前我国产能过剩的特征、风险及对策研究——基于实地调研及微观数据的分析[J].管理世界,2015,4:1—10.

[31] 钟甫宁,徐志刚,傅龙波.中国粮食生产的地区比较优势及其对结构调整政策的涵义[J].南京农业大学学报(社会科学版),2001,1:38—52.

第十二章 吉林振兴发展：新结构经济学的分析思路、工具方法与政策方案[*]

相对全国而言，包括吉林省在内的东北地区，目前经济增速大幅下滑主要表现在第二产业尤其是工业上，工业增长大幅下滑又主要表现在重工业上。东北经济下滑，轻重工业结构失衡是内因。轻重工业的结构扭曲还产生一系列严重的"并发症"——就业岗位减少，劳动力流失严重；出口严重不足，拉动增长无力；产业集群度不高；很多产业国企央企"唱二人转"；体制机制扭曲严重；营商环境不良，民营经济占比小、活力不足等。因此，东北经济困境在经济基础上源于"产业错位"，"产业错位"不仅直接造成东北经济脆弱，而且是"体制固化僵化"的根本原因。本研究以解决此问题为导向，提供的不是单一建议而是解决方案，该方案强调了纠正"产业错位"的关键抓手，突出了改革的作用并细化了改革领域。本研究以吉林为例提出振兴东北的思路是按照比较优势"扬长补短"及以产业结构调整促进体制机制改革，不同于过去侧重于"加长避短"（提升重工业忽略轻工业）及不考虑扭曲内生性的改革。

新结构经济学 东北振兴 《吉林报告》

北京大学新结构经济学研究中心近日发布了《吉林报告》，该报告旨在运用新结构经济学梳理包括吉林省在内的东北发展的历程，探究东北现象的根本原因，总结第一轮国家东北振兴战略政策的得失。并在此背景下系统深入研判吉林省经济增长的潜力，以及分析面临的挑战，摸清吉林省经济结构的短板与长处；细致应用新结构经济学方法"扬长补短"，在全球与全国经济结构大变迁的趋势之下，为吉林省未来持续转型

---

[*] 本文根据林毅夫和付才辉主笔的《吉林报告（征求意见稿）》提炼而成，其他课题组成员对本文亦有贡献，包括陈曦、丁新新、惠利、李劫巍、张强、赵秋运和章书婷。

升级挖掘增长潜力,甄别出符合其潜在比较优势的产业体系;根据吉林省的资源禀赋支撑条件叠加出最具竞争力的产业集群,聚焦这些产业集群壮大的关键政策平台推手,找准转型升级的路径、制约因素与当下主要的突破口及其政策抓手;梳理吉林省各地市州如何充分发挥各地的比较优势转型升级,同时总结典型地区的典型做法,以资借鉴,振兴发展。本文旨在介绍《吉林报告》所运用的新结构经济学分析思路、工具方法与政策方案。

一、《吉林报告》旨在打破历史轮回的分析思路

中华人民共和国成立后,我国政府为迅速在一个一穷二白的农业经济基础上建立起一个完整的重工业体系,以宏观扭曲、计划配置、微观干预的"三位一体"计划体制,举全国之力,推行了资本密集型的重工业优先发展的赶超战略。东三省是实施这个战略的主要基地,也是这种体制烙印最深的地区。中央政府的大规模投资使东北三省的发展水平在改革开放前仅次于三大直辖市,居于全国前列。然而,改革开放以后,赶超战略下建立起来的大量不符合我国当时比较优势的资本密集大型国有企业,在开放、竞争的市场中缺乏自生能力的问题由隐性变为显性,加上国有企业所背负的社会性负担,使东三省的经济在改革开放以后暴露出一系列比较严重的问题,制约着东北经济的发展。这个分析逻辑早就见诸林毅夫、蔡昉和李周于1994年所著的《中国的奇迹:发展战略与经济改革》及其于1997年所著的《充分信息与国有企业改革》。

与这些著作的论述一以贯之,林毅夫发表于2004年的文章《振兴东北,不能采取发动新一轮赶超的办法》主张的改革便是,振兴东三省和全国其他老工业基地的治本之道是消除国有企业的政策性负担,包括违反比较优势的战略性负担和承担冗员和养老的社会性负担,让国有企业具有自生能力,一方面消除国有企业向国家要保护补贴的理由;另一方面,让国有企业和其他所有制类型的企业在市场中处于平等的竞争地位。这样预算软约束和"三位一体"的计划体制残余安排才能消除,政企才能分开,改善公司治理的努力才能获得预期的效果,经济才能蓬勃、可持续发展。

一语成谶! 第一轮东北振兴战略的主要基调还是强化原有的违背比较优势的赶超,而非转向遵循比较优势的振兴政策。根据董香书和肖翔基于1999—2007年中国工业企业微观数据对2003年发起的第一轮"振兴东北"战略评估结果,该战略使企业陷入"经营困难—政府'输血'—企业进一步扩张—利润下降—经营困难"的怪圈。

这个怪圈的宏观表象宛如历史轮回:改革开放前中央政府重工业赶超的投资拉动使东北三省的发展水平仅次于三大直辖市,而改革开放之后问题暴露无遗、发展相对滞后;第一轮强化违背比较优势的赶超型振兴政策的投资刺激造就了媒体上报道的东北"黄金十年",而今媒体又铺天盖地报道"东北塌陷"。数据反差非常刺眼:2003—2012年这十年间,东北三省经济年均增速比全国平均增速足足高出两个百分点;然而,2013年以来东北三省经济增速大幅回落,经济增长全国排名垫底,尤其是辽宁省

出现了"断崖式"下滑。①

　　针对当前东北经济问题的症结,2014 年 7 月,习近平总书记在中央办公厅赴辽宁回访调研组报告上对东北振兴做出重要批示,深刻指出,这些困难和问题归根结底仍然是体制机制问题,是产业结构、经济结构问题。东北经济困境在经济基础上源于"产业错位","产业错位"不仅直接造成东北经济脆弱,而且也是"体制固化"形成和挥之不去的根本原因。如何打破历史轮回,最核心一条是抛开历史,轻装上阵,按照比较优势重新塑造优势产业。

二、规避违背比较优势的发展战略以防错失经济增长潜力

　　要重新塑造具有竞争优势的产业体系,就需要从吉林省整体的发展阶段、自然资源、劳动力供给、历史遗留下来的人力资本和物质资本的积累等禀赋结构所决定的潜在比较优势出发。过去国家的赶超战略违背了这一经济发展的根本法则,造成东北诸多体制扭曲,在短期投资拉动的快速增长之后,随之而至的必然是经济增长乏力。东北现在又到了新的历史关口,希望新一轮东北振兴战略吸取之前的经验教训!

　　就整体情况而言,吉林省是一个较大的发展中省级经济区域,在全国的位置主要体现为三个"大约 2%":面积 18.74 万平方公里,占全国的 1.95%;人口 2753.3 万人,占全国的 2%;2015 年 GDP 达到 14 274.11 亿元,占全国的 1.97%。因此,吉林省的禀赋结构及其比较优势一定是多维度和多层次的,不能"只顾其一,不及其二",更不能犯"东向而望不见西墙"式的错误。②

　　就发展阶段而言,吉林省目前的经济体量与新西兰旗鼓相当,但人均收入水平只与非洲加蓬相当。2015 年吉林省的人均收入达 8 325.02 美元,在中国各个省市中排第 12 位,与全国平均收入水平差不多,但只有天津的 47.56%、北京的 48.57%、上海的 50.38%、江苏的 58.87%、浙江的 66.59%。比起世界前沿就差得更远了,如美国的 57 000 美元、德国的 41 000 美元、日本的 38 000 美元、韩国的 27 000 美元。收入水平反映的是产业、技术和要素禀赋结构水平,那种全然不顾发展阶段,全面赶超的好高骛远不可取!③

　　就增长潜力而言,前述数字醒目地表明吉林省与世界和国内的前沿地区比还有很长的距离,这也意味着整体上产业升级与技术进步的后发优势还很大。吉林省在发展上应该充分发挥其比较优势,并利用好后发优势来加速经济发展。例如,与吉林省处于同等发展阶段的湖北省与重庆市就实现了高增长:2015 年吉林省的人均 GDP 与湖北省和重庆市相当,但 2016 年湖北省的 GDP 增长率为 8.1%,重庆市的 GDP 增长率

---

　　① 　相关数据根据国家统计局官方网站相关数据测算得到,http://data.stats.gov.cn/easyquery.htm? cn＝C01,2017 年 9 月 20 日。

　　② 　同上。

　　③ 　同上。

为 10.7％,而吉林省只有 6.9％。这说明即便是以处于同一发展水平的湖北省和重庆市为参照,吉林省目前完全可能挖掘出 1.2—3.6 个百分点的新增长点。这是本报告对吉林省未来的增长潜力充满信心的依据。

三、从由禀赋结构决定的产业结构出发诊断发展与体制改革问题的症结

需要注意的是,经济增长的潜力不等于经济增长的现实,只有持续不断地发挥由禀赋结构所决定的比较优势,推进经济结构转型升级,并改革体制机制,充分利用后发优势,才能将潜力变成现实。反之,背离比较优势的经济结构及其内生的体制机制扭曲则会阻碍经济潜力的挖掘!我们需要抽丝剥茧,透视具体的产业结构及其对应的体制机制的问题。

(一)吉林省的禀赋结构及其对应的产业结构

就禀赋结构而言,吉林省在自然资源、劳动力、人力资本、物质资本与技术知识的积累等方面各有优势与特点。吉林省所在的东北平原自然禀赋条件优渥,耕地、动植物等生态资源以及旅游资源丰富。例如,吉林省是国家生态建设试点省,2014 年人均耕地面积 3.16 亩,为全国平均水平的 2.18 倍,是全国重要的商品粮基地,是闻名中外的“东北三宝”的故乡,长白山区是中国“三大天然药库”之一,也是名扬天下的旅游胜地。吉林省不但有较为充裕的劳动力,而且人力资本与技术知识实力也较为雄厚。吉林省所在的东北地区人口超过 1 亿人,吉林省在 2016 年年末适龄劳动人口占比为 68.65％、农村人口占比为 44.03％。2016 年年末全省有普通高校 60 所,在校研究生 6 万人,普通本科、专科在校生 64.2 万人。2016 年年末全省已建成国家级重点实验室 11 个,省部共建重点实验室 3 个,省级重点实验室 57 个,省级科技创新中心 116 个。2016 年全省国内专利申请量 18 922 件,授权量 9 995 件。吉林省长期发展所积累的资本也得到大幅提升。例如,2016 年年末全省境内金融机构本外币存款余额 21 154.72 亿元。此外,吉林省的工农业及旅游文体产业基础也比较厚实,积累了不少产业发展所需的默会知识。[①]

就对应于禀赋结构的产业结构而言,由于吉林省是较大的省级经济区域,具有较丰富的自然资源、劳动力、人力资本与物质资本禀赋,其产业体系面比较宽。2016 年三大产业的结构比例为 10.1：48.0：41.9,对经济增长的贡献率分别为 6.3％、43.8％和 49.9％。在农业方面,2016 年农林牧渔业增加值为 1 549.26 亿元。在工业方面,2016 年规模以上工业增加值为 6 133.98 亿元,汽车制造业、食品产业、冶金建材产业、石油化工产业、医药产业、纺织产业、信息产业、能源产业依次位列八大重点工

---

① 相关数据来源于《吉林省 2016 年国民经济和社会发展统计公报》。

业,分别实现规模以上工业增加值约 1 644.45 亿元、1 021.49 亿元、696.59 亿元、635.76 亿元、572.15 亿元、147.36 亿元、138.97 亿元、122.08 亿元,合计约达4 978.82 亿元,占规模以上工业增加值的比重达 81.2%。在旅游文体等服务业方面,2016 年全省接待国内外游客 16 578.77 万人次,全年旅游总收入 2 897.37 亿元。[①]

(二) 经济增长下滑背后隐藏的产业结构问题

目前,相对全国而言,包括吉林省在内的东北地区,经济增速大幅下滑主要表现在第二产业尤其是工业上。"新东北现象"爆发后,2014—2016 年,经济增速全国分别为7.3%、6.9%、6.7%;辽宁省分别为 5.8%、3.0%、−2.5%,分别低于全国 1.5 个百分点、3.9 个百分点、9.2 个百分点;吉林省分别为 6.5%、6.3%、6.9%,分别低于全国0.8 个百分点、0.6 个百分点、−0.2 个百分点;黑龙江省分别为 5.6%、5.7%、6.1%,分别低于全国 1.7 个百分点、1.2 个百分点、0.6 个百分点。除 2016 年吉林省比全国高 0.2 个百分点之外,东北三省在 2014 年之后经济增速均低于全国,全部垫底。同期,第二产业经济增速全国分别为 7.4%、6.2%、6.1%;辽宁省分别为 5.2%、−0.3%、−7.9%,分别低于全国 2.2 个百分点、6.5 个百分点、14.0 个百分点;吉林省分别为 6.6%、5.2%、6.1%,分别低于全国 0.8 个百分点、1.0 个百分点、0.0 个百分点;黑龙江省分别为 2.8%、1.4%、2.5%,分别低于全国 4.6 个百分点、4.8 个百分点、3.6 个百分点。更进一步,工业增长大幅下滑又主要表现在重工业上。在东北经济下滑非常严峻的 2014—2016 年,吉林省轻工业分别增长 7.8%、6.7%、9.2%;重工业分别增长 6.0%、−0.2%、4.9%;重工业的增速比轻工业分别低了 1.8 个百分点、6.9 个百分点、4.3 个百分点。此外,雪上加霜的是重工业比重远超轻工业,导致整体经济下滑严重。2016 年规模以上工业增加值中,重工业实现增加值远超 4 000 亿元,而轻工业实现增加值不足 2 000 亿元。归结起来,东北经济下滑,重工业首当其冲,轻重工业结构失衡为罪魁祸首![②]

(三) 轻重工业结构失衡所诱发的就业、出口、民营企业以及营商环境等体制机制问题

除了前面直接表现出来的产业增加值下滑,轻重工业的结构扭曲还有一些严重的并发症:就业岗位少,劳动力流失严重;出口严重不足,出口拉动增长的马车失速;产业集群中的企业数目稀薄,很多产业还是国企尤其是央企"一柱擎天"在唱"二人转",体制机制扭曲严重,难以激活民营经济的活力,导致营商环境不良。由于轻工业相对重工业而言,具有偏向人力资源密集、出口导向、进入门槛低、民营主导、商业氛围浓厚等特征,因此轻工业的缺失导致这些并发症难以避免。

---

① 相关数据来源于《吉林省 2016 年国民经济和社会发展统计公报》。
② 相关数据根据国家统计局官方网站相关数据测算得到,http://data.stats.gov.cn/easyquery.htm? cn＝C01,2017 年 9 月 20 日。

　　首先,吉林省需要破解"有工业、无就业"的难题。根据人口抽样调查数据,目前制造业就业人口占就业总人口比重,浙江是 40.27%、天津是 28.19%,而吉林省只有区区 5.73%。这正是资本密集型重工业主导的制造业结构产生的恶果。要知道,在前面梳理的吉林省人力资源禀赋结构中,2 700 万人口中有 68.65% 的适龄劳动人口,农村人口占比 44.03%,乡村劳动者 757.95 万人,第一产业就业人员 533.6 万人,分别占全部从业人员(1 447.17 万人)的 52.37%、36.87%。就业创造能力如此羸弱的吉林省制造业结构,根本无法吸纳如此庞大的劳动力队伍,老百姓也只能被迫背井离乡!2016 年吉林省净流出人口 20.29 万人,其中包括大量的科技人才和熟练劳动者。例如,以吉林大学为例,2016 届 16 887 名毕业生中,吉林省本地生源占比 33.5%,然而留在本地就业的学生占比仅 18.9%,14.6% 的本地大学生远走他乡。人力资源密集型的轻工业是一个庞大的产业体系,产业链和价值链从低到高是一个连续的谱系,不但可以为低技能的劳动力创造大量岗位,还可以为高技能劳动力创造大量就业机会,如辽源袜业园就有很多大学生创业。因此,吉林省需要利用劳动力和人力资本的禀赋资源,大力发展符合潜在比较优势的人力资源密集型现代轻工业解决就业,不但可以补上轻工业产值这个短板,还是破除目前劳动力外流的根本之策。[①]

　　其次,吉林省需要扩大出口、扭转贸易逆差、提升出口对增长的拉动能力。吉林省的出口不但量少,而且贸易赤字严重。2016 年吉林省出口总额区区 277.40 亿元,还下降了 3.0%;进口总额 939.51 亿元,增长了 6%;贸易依存度不足 8.2%,贸易赤字却高达 54.41%。例如,以 2015 年的数据做比较,经营单位所在地出口总额吉林省排在倒数第 5 位,只比宁夏、青海、西藏这些西部边远地区高一点点,只有广东省的 0.72%、江苏省的 1.36%、浙江省的 1.67%。违背比较优势的产业结构在国际上是没有竞争力的,出口程度必然较低。例如,吉林省近几年规模以上工业企业出口率远远低于全国平均水平。与此形成强烈反差的是,吉林省微不足道的出口还主要是轻纺行业贡献的。例如,2015 年服装及衣着附件,胶合板及类似多层板,纺织纱线、织物及制品这三项分别占全省出口贸易额的 9.10%、7.27%、3.77%,三项占比合计超过 20%。因此,吉林省需要再大力发展出口导向型轻加工业。[②]

　　再次,吉林省需要破除国企尤其是央企"一柱擎天"唱"二人转"的困局,加快培育民营企业。2015 年 3 月习近平总书记参加吉林代表团审议时也特别指出了这一点。例如,目前吉林省的农产品加工业的产值才刚刚超过长春一汽。吉林省产业集群密度不够,尤其是民营企业数量严重不足。例如,吉林省 2015 年法人单位数量只有广东省的 12.98%、江苏省的 11.69%、浙江省的 13.47%、山东省的 14.28%、福建省的 27.29%。制造业法人单位数量相对而言就更少了,吉林省只有广东省的 7.11%、江苏省的 5.99%、浙江省的 6.15%、山东省的 11.03%、福建省的 19.61%。农、林、牧、渔业法人单位数量也相对较少,吉林省只有广东省的 57.66%、江苏省的 48.15%、浙

---

①　相关数据根据历年《吉林统计年鉴》中相关数据测算得到。

②　同上。

江省的 33.27％、山东省的 31.05％、福建省的 51.86％。未形成完善的产业体系,也直接导致了物流、信息、金融等生产性服务业的需求不足,进而阻碍了产业集群的发展。例如,交通运输、仓储和邮政业法人单位数量,吉林省只有广东省的 13.24％、江苏省的 11.49％、浙江省的 20.55％、山东省的 13.75％、福建省的 29.57％。信息传输、计算机服务和软件业法人单位数量,吉林省只有广东省的 8.42％、江苏省的 7.77％、浙江省的 8.82％、山东省的 12.55％、福建省的 18.98％。金融业法人单位数量,吉林省只有广东省的 15.96％、江苏省的 22.06％、浙江省的 19.04％、山东省的 21.92％、福建省的 34.39％。包括吉林省在内的东北地区,其轻工业产业集群和与之配套的商业网络所构成的基层社会和最基础层次的工商业适合民营企业发展。因此,吉林省需要以进入门槛低的轻工业为切入口迅速扩大民营企业数量和规模,以培育商业氛围和重商主义的风气。[①]

最后,吉林省需要调整违背比较优势的发展战略,深化体制机制改革。作为制度环境的营商环境、行政审批、政企关系也内生于发展战略。按照比较优势发展,前提是有效的市场,有为政府的作用则在于帮助企业家克服自身无法解决的软硬基础设施完善和先行者外部性的补偿,这样营商环境必然会好。反之,如果是赶超,企业没有自生能力,不管是国企还是民企,其生存都要靠政府扭曲要素价格或给予市场垄断来保护补贴,营商环境就会差。因此,吉林省需要大力发展符合潜在比较优势的产业,才能釜底抽薪地消除由过去赶超战略遗留下来的各种扭曲。

总之,吉林省补轻工业短板之策可以达到一箭五雕之效:提升轻工业的 GDP、扩大就业减少人力资源流失、扩大出口拉动增长、培育民营企业、促进体制机制改革。所以说,发展现代轻工产业集群在吉林省经济结构转型升级中具有举足轻重的地位,具有调和优化产业结构并促进体制机制改革的作用,这一点过去一直被忽略。2017 年 8 月最新出台的《吉林省工业转型升级行动计划(2017—2020 年)》提出产业结构更加优化,全省轻重工业比重提升到 40∶60 的目标。这个比例目标已经大幅度扭转了当初重工业优先发展战略下的轻重工业比(10∶90、20∶80)。虽然自第一轮东北振兴战略启动以来,吉林省轻工业占工业的比重由 2003 年的最低点 19.88％持续上升到 2015年的 32.32％,但离 40％的目标还有 7.68 个百分点。吉林省的轻纺工业发展空间很大,需要迅速抓住发展机会。[②]

(四) 吉林省经济结构转型升级中有待进一步发挥的长板产业

吉林省除了轻工业的缺失及其诱发的就业、出口、民营企业、营商环境等短板需要补,还需要进一步将其优势产业的比较优势发挥得淋漓尽致,即“扬长”。吉林省经济结构转型升级的“长板”是由其自然资源、劳动力及其长期沉淀的技术与人力资本和物

[①] 相关数据根据国家统计局官方网站相关数据测算得到,http://data.stats.gov.cn/easyquery.htm? cn=C01,2017 年 9 月 20 日。

[②] 相关数据根据历年《吉林统计年鉴》中相关数据测算得到。

质资本禀赋所决定。

首先,受益于东北平原的自然禀赋条件,吉林省在耕地与动植物等生态资源禀赋方面有得天独厚的比较优势,这使得其农牧业及其农产品加工业、以中药为主体的医药行业成为吉林省产业结构中首位的长板产业。大农业和大健康产业是吉林省首选的两个具有比较优势和发展潜力的主导产业,在保障国家粮食安全战略及健康中国战略上具有举足轻重的地位。

其次,受益于吉林省历史遗产积累的重化工业基础形成的技术与人力资本和物资资本禀赋,其汽车产业、石化能源、冶金建材及其装备制造业成为吉林省产业结构中支柱性的工业长板产业,在中国实现制造业强国战略中具有重要的地位。

再次,受益于吉林省良好的生态环境及较高的人力资本与科技实力,其健康、文旅与创意、研发产业成为吉林省产业结构中支柱性的服务业长板产业。吉林省在中国开展世界旅游目的地建设方面,以及开展研发创意与双创和弯道超车产业方面具有重要地位。

吉林省的这些长板产业还有很大的发挥空间,很多有比较优势的长板产业都没有成长到其应有的体量。例如,2016 年吉林省的农业经济增长速度比全国高出 0.5 个百分点,但体量却只有全国的 2.43%,略高于吉林省面积占全国的比重(1.95%)与人口占全国的比重(2%),其领先优势并不特别突出,如果吉林省的农业在全国的份额提高一个百分点,那么就可以多创造 636.71 亿元的 GDP。又如,吉林省的农产品深加工程度目前只有 0.66,远远低于发达国家与发达地区的水平,如果能够在 2025 年达到《吉林省率先实现农业现代化总体规划(2016—2025 年)》预期的农产品加工业与农业比 3.5 的目标,即便吉林省农业以目前的 3.8% 增速增长,那么其农产品加工业未来 10 年都将以 25% 的速度爆炸性增长;如果农业的增速再提高两个百分点,那么到 2025 年农产品加工行业的增加值将超过 9 000 亿元人民币。[①]

长白山区已查明的药物资源多达千余种,已开发利用的不足百种。吉林省人参产量占全世界的 70%,而韩国人参产品出口创汇则是中国的 10 倍。韩国人参产业覆盖了人参食品、化妆品,品种繁多,其中人参食品就有 12 大类 600 多个品种。按照新近出台的《吉林省医药产业转型升级实施方案》的目标,到 2020 年,全省中药材产业实现产值 1 000 亿元,医药产业实现工业总产值 3 500 亿元。食品与医药产业叠加出的"药食同源"也可以催生出广阔的产业领域。

在旅游方面,2016 年泰山区接待游客 1 490 万人次,是长白山的 4 倍多。按照《吉林省旅游业"十三五"规划》的目标,到 2020 年全省年旅游总收入达到 5 000 亿元,年均增长 18% 以上。

最后,受益于国家重工业战略布局,经过漫长而又曲折的资本积累、技术学习与产业沉淀,吉林省在交通运输装备、石化能源装备、冶金建材等方面优势明显,尤其是铁

---

① 相关数据根据国家统计局官方网站相关数据测算得到,http://data.stats.gov.cn/easyquery.htm? cn＝C01,2017 年 9 月 20 日。

路、船舶、航空航天和其他运输设备制造业的劳动生产率遥遥领先于全国,动车高铁的装备水平已处于世界领先水平。然而,2016 年吉林省装备制造业总产值仅占全国装备制造业总产值的 1%,排名第 19 位,而前五大省份(江苏 19.94%、山东 13.44%、广东 11.62%、浙江 7.43%和河南 5.95%)约占全国装备制造业总产值的 58.4%。[①]

四、应用新结构经济学的工具与方法破解
吉林发展改革问题的症结

过去振兴东北的战略思路是侧重"加长避短"(提升重工业忽略轻工业),然而在当今世界与中国经济转型升级的大背景下,包括吉林在内的东北地区如何按照比较优势进行"扬长补短"是其转型升级的根本。

(一)运用"增长甄别与因势利导"(GIFF)方法迅速提升吉林省经济结构转型升级的"短"

按照前述吉林省的人力资源禀赋特征,在此有必要再强调的是,轻加工业符合其现在的潜在比较优势,但注意,是"潜在",是可以壮大起来但还没有壮大起来的产业。而不是说轻加工业不符合其比较优势,去发展不符合比较优势的短板产业。所以说,不能够从"扬长补短"这一词语的字面含义去理解,而要像新结构经济学从禀赋结构出发去理解产业的长短,"此短板"非"彼短板"。

因此,只要通过改善发展这些符合潜在比较优势产业的硬的基础设施和软的制度环境以降低交易费用,就可以使得短板变长。灵活运用 GIFF 方法的六个步骤可以帮助地方政策制定者识别哪些产业拥有潜在的比较优势,并促进有竞争力的民营企业的发展。

第一步,各地地方政府可以确定一份可贸易商品和服务的清单。这些商品和服务应满足如下条件:在具有与本地区相似的劳动力和资本禀赋结构,且人均收入高于本地区约 100%—300%的高速增长地区中,这些商品和服务的生产已超过 20 年、即将失掉比较优势的成熟产业。这些产品和服务部类或许能成为符合本地潜在比较优势的新产业。对于发展中地区实现产业升级和多样化并利用后发优势来说,这是最重要的原则。这是因为,在快速发展的经济体中,工资率增长迅速,这就有可能导致该地区生产多年的产业开始失去比较优势。因此,该产业就会在具有类似劳动力和资本禀赋结构且工资较低的地区具有潜在比较优势。

第二步,分析在这些产业中,本地的民营企业在哪些产业已经比较活跃,并检查哪些硬的基础设施和软的制度安排的障碍会阻碍这些企业提升产品质量或阻碍其他企

[①]　相关数据根据国家统计局官方网站相关数据测算得到,http://data.stats.gov.cn/easyquery.htm? cn=C01,2017 年 9 月 20 日。

业加入以形成具有竞争优势的产业集群。价值链分析或增长诊断方法可以为此提供帮助。各地政府可以实施相应的政策去除此类障碍。

第三步，对于本地企业尚未参与的新产业，鼓励国外或者其他更高收入水平地区的生产此类产品的企业来投资，这些企业可能希望把生产向更低收入水平的国家或地区转移，以降低劳动力成本，现在此类企业不来，原因何在？是基础设施还是制度环境的问题，当地政府可以有针对性地予以解决。当地政府还可以实施孵化计划，来鼓励民营企业在此类产业创业。

第四步，利用好本地区的特殊资源禀赋或全国甚至全球范围的技术突破带来的新机遇。本地政府应该特别关注本地的民营企业对新的商业机会的成功发现和参与，并消除这些产业扩大规模的基础设施和制度环境的瓶颈限制。

第五步，在一个基础设施落后、商业环境普遍不佳的地区，由于政府可动用的资源有限，无法在全区域全面改善基础设施和商业环境的情况下，可以按毛泽东提出的"集中优势兵力打歼灭战"的思路，集中资源设立经济特区或产业园区来克服民营企业进入和外国投资的软硬基础设施障碍。建立产业园区或特区还有利于促进产业集群的形成。

第六步，给予目标产业的领先企业一定时限的税收优惠，提供贷款优惠和产业引导基金，或者授予外汇额度以进口技术设备的支持，以补偿领先者创造的外部性，并鼓励企业形成产业集群。由于通过鉴定的目标产业符合本地的比较优势，这样的激励措施在时间和财务成本上都应该是有限的。为防止出现寻租，政府还应该避免采取可能导致垄断租金、高关税或其他扭曲的激励措施。

吉林省的轻纺行业虽然是短板，但是也有进一步壮大发展的产业基础，例如，2016 年吉林省布产量 3 000 万米、服装产量 2.28 亿件、袜子产量超过 30 亿双，单单纺织业规模以上工业增加值就达到 147.36 亿元，且增长率为 16.1%，已经超过能源产业的 122.08 亿元，现在已被纳入吉林省八大重点工业之一。2015 年，纺织业，纺织服装、服饰业，皮革、毛皮、羽毛及其制品和制鞋业，木材加工和木、竹、藤、棕、草制品业，家具制造业，造纸和纸制品业，印刷和记录媒介复制业，文教、工美、体育和娱乐用品制造业，橡胶和塑料制品业等轻纺行业的主营业务收入分别达到 163.18 亿元、122.73 亿元、22.01 亿元、880.85 亿元、140.55 亿元、147.47 亿元、77.77 亿元、40.70 亿元、327.82 亿元，分别比 2004 年增长了 586.73%、1 450.04%、2 436.50%、1 598.27%、2 919.51%、765.74%、1 868.26%、68 767.01%、1 550.38%。而且不少的细分轻工行业的劳动生产率水平还处于全国领先水平，例如，吉林省在木材加工和木、竹、藤、棕、草制品业，家具制造业、造纸和纸制品业，印刷和记录媒介复制业三个行业的劳动生产率水平均高于浙江、江苏、广东、上海、重庆等省市。可以看到，虽然吉林省轻纺行业各个细分行业的体量小，但是增长态势却十分迅速，政府只要恰到好处地进行因势利导便可以有燎原之势。[①]

　　近期吉林省还可以运用上述 GIFF 方法借助全国经济结构变迁的机遇迅速做大做强轻工业产业集群。按此方法，吉林省在提振轻纺工业短板方面有极为宝贵的窗口机遇期。2015 年吉林省人均 GDP 为 51 086 元，与 2010 年浙江省的 51 711 元水平相当；2010 年浙江省第一产业就业占比为 16%，依此估算吉林省 2014 年第一产业就业人数比重过剩 20.87%，即至少需要转移 302 万农业劳动力（吉林省农业机械化程度比较高，以及劳动力转移之后更加有利于吉林省大农业规模化机械化，因此这一数字是保守估计的）；因此可以充分利用劳动力比较优势大力发展沿海地区逐渐失去比较优势的劳动密集型轻纺工业的某些产业链环节。按照 GIFF 方法甄别，天津市、北京市、上海市、江苏省、浙江省、福建省、广东省、山东省目前的人均收入水平均在吉林省的 100%—300% 之间，这些省市近 20 年来经济增长迅速，工资水平涨幅较快，其过去积累的大量劳动密集型轻纺行业将逐渐失去比较优势，吉林省均可以在此窗口机遇期内与之合作创造条件大力承接这些省市的轻纺行业进行产业转移。当然，不同于传统简单的轻工业低端加工环节的转移模式，承接江浙轻纺工业转移的方式也需要在转移过程中发挥吉林省装备制造业的比较优势进行技术装备改造以及产品质量升级。按此方式，不但可以迅速壮大吉林省的轻工业短板，还可以迅速补出口的短板。例如，按照 GIFF 方法，吉林省如果能够分别从广东省、江苏省、浙江省、上海市、山东省、福建省、北京市、天津市承接转移 1% 的出口产能，则能够分别带来 139.40%、73.40%、59.89%、42.46%、31.20%、24.42%、11.85%、24.42%、11.09% 的出口增长，总计就可以使出口增长 393.71%，将出口额从现在的 277.40 亿元提升至 1 369.55 亿元，迅速拉动经济增长。"好的对策，不仅需要'地利'（指本地的禀赋条件），还需要'天时'（指外部结构变迁带来的产业转型机遇），以及'人和'（指'有效市场''有为政府'及'有情社区'）"，合起来便是新结构经济学思想的通俗表达。[②]

　　政府在提升吉林省经济结构转型升级"短板"过程中发挥因势利导作用。由于中华人民共和国成立后重工业赶超战略的抑制，以及第一轮东北振兴战略的忽视，包括吉林省在内的东北地区的轻工业受到很大的抑制，在国家战略层面，新一轮东北振兴战略则需要扭转这种忽视比较优势的思潮。在吉林省地方政府层面，则需要重视轻工业的作用，在已有的产业基础上为其克服做大做强的诸多瓶颈限制，不能因为主流新古典经济学认为轻工业是竞争性行业，政府就不发挥因势利导的作用。轻工业要成为吉林在国内和国际市场的竞争优势，必须根据产业发展的需要解决基础设施、电力供应、技术培训、融资和上下游供应链的瓶颈以形成具有竞争优势的产业集群，这里涉及许多需要政府协调企业或是政府直接提供才能解决的问题。例如，按照城镇单位从业人员平均工资口径，目前江苏省的纺织业年平均工资为 51 901 元、服装服饰业年平均

---

① 相关数据根据历年《吉林统计年鉴》中相关数据测算得到。

② 相关数据根据国家统计局官方网站相关数据测算得到，http://data.stats.gov.cn/easyquery.htm? cn=C01,2017 年 9 月 20 日。

工资为 49 296 元,而吉林省分别为 34 826 元、29 292 元,分别比江苏省低 17 075 元、20 004 元,低幅分别达 33% 和 41%。运用最近的省际投入产出表数据所做的测算显示,就纺织品而言,吉林省营业盈余占比高于浙江省 1.66 个百分点,增加值合计占比高于浙江省 8.83 个百分点。这意味着目前吉林省的轻纺行业符合现阶段的潜在比较优势,然而这仅仅是潜在的比较优势。例如,同样运用最近的省际投入产出表数据所做的测算显示,就纺织品而言,"电力、热力的生产和供应"和"交通运输、仓储和邮政"这两项中间品投入占比,吉林省分别高于浙江省 1.39 和 1.96 个百分点。由于单个企业是无法自己去有效改善电力与运输这些基础设施的,吉林省的各级政府就需要发挥积极有为的作用大力改善这些软硬基础设施、降低企业的交易费用。这方面吉林省已经有成功的案例,如资源枯竭的吉林省辽源市正是因为政府发挥了上述作用,在 2005 年设立了工业园承接浙江诸暨等地的产业转移,而迅速地发展了一个年产值达百亿元,雇佣员工超过 4 万人的袜业产业集群。身处东北的辽宁葫芦岛,当地政府也发挥了同样积极的作用,帮助企业承接福建晋江等地的产业转移,迅速发展了一个年产值过百亿元的泳装产业集群。①

(二) 运用五种类型产业因势利导方法扬吉林省经济结构转型升级的"长"

在扬吉林现有产业之长上,可以运用新结构经济学提出的,根据一个地区的产业与全世界和全国的技术前沿距离而划分的五类特性不同的产业,分别针对其瓶颈限制给予因势利导,这五种类型的产业分别为:追赶型产业、领先型产业、转进型产业、弯道超车型产业、战略型产业。

第一种,追赶型产业。对于除玉米和人参之外的绝大多数农业领域,除农副食品加工业之外的大多数食品产业集群,大多数轻纺产业集群,除中药之外的医药产业集群,汽车产业集群,石化产业集群,冶金建材产业集群,除了铁路、船舶、航空航天和其他运输设备制造业的装备制造业集群,较之于发达国家及发达地区,吉林的同类产业在技术和附加价值上还处于较低水平。吉林省各级政府可在资金融通和外汇获取上支持所在地的合适企业到海外和其他地方并购同类产业中拥有先进技术的企业,作为技术创新、产业升级的来源。发达国家自 2008 年的国际金融危机以来,经济发展乏力,很多拥有先进技术的企业经营不善,低价求售,出现了许多好的并购机会。在没有合适的并购机会时,也可以提供方便支持所在地的企业到海外设立研发中心,直接利用国外的高端人才来推动技术创新。吉林省各级政府也可以运用新结构经济学的"增长甄别与因势利导"工具筛选我国每年从发达国家大量进口的高端制造业产品,根据其地区比较优势,创造这些产业所需的基础设施,改善营商环境,到海外及发达地区进行招商引资,把那些高端制造业产品的生产企业吸引到吉林来设厂生产,以满足我国不断扩大的需求,并以吉林省为基地生产供应全国乃至世界各地的市场。

---

① 本节相关数字根据《中国投入产出表(2012)》测算得到。

第二种,领先型产业。对于吉林省农业中的玉米、农副食品加工业,中医药产业尤其是人参等品类,轻纺工业中的木材加工和木、竹、藤、棕、草制品业,家具制造业,造纸和纸制品业,印刷和记录媒介复制业,在重工业中的铁路、船舶、航空航天和其他运输设备制造业,是处于全国领先的产业,吉林省的轨道交通及不少"隐性冠军"的细分行业甚至处于世界领先水平。其产品和技术已经处于国内领先水平或已接近国内国际最高水平。领先型产业必须依靠自主研发新产品、新技术,才能继续保持国际领先地位。吉林省各级政府需要积极支持研发创新,鼓励有条件的企业设立创新中心,与大学研究机构或科研院所合作攻关新产品新技术。领先型产业需要到世界各地建立销售、加工生产、售后服务等网络,积极融入国家"一带一路"建设以开发新市场,吉林省各级政府也需要在人才培训、资金、法律服务等方面给予相关企业到海外拓展所必要的支持。

第三种,转进型产业。吉林省2016年,水泥产量3 887.50万吨,负增长4.4%;生铁产量847.64万吨,负增长13.1%;粗钢产量832.03万吨,负增长17.8%;钢铁产量961.39万吨,负增长16.2%;铁合金产量27.66万吨,负增长29.4%。2015年平板玻璃产量366.1万重量箱,负增长69.25%。[①] 这些产业近些年在我国发展很快,大多数机器设备很新,技术相当先进,生产能力是按满足过去高速增长所需的投资的需要形成的。我国进入新常态以后,增长速度从过去的年均增长10%左右的高速回落到现在7.0%左右的中高速,这些产业在国内各地也就出现了不少过剩产能。但是,这些产业的产品在发展中国家还严重短缺,吉林省各级政府可以支持这些富余产能产业中的企业,以直接投资的方式将产能转移到"一带一路"沿线友好、基建投资需求大的发展中国家,这样的投资既能使这些企业摆脱困境,也能帮助那些发展中国家发展,是一个双赢的选择。

第四种,弯道超车型产业。此类产业的特征是人力资本需求高、研发周期短的新兴产业。相对于一种新药的研发周期可能历时十年以上、成本投入高达上亿美元而言,信息、通信产业的软件、手机、电子产品以及一些生产性服务业等的研发周期仅为几个月或一年,属于人力资本需求高、研发周期短、资本投入小的"弯道超车型"新兴产业。在这类产业的发展上,我国拥有国内市场巨大、科技人才众多、硬件配套能力完备、能够把概念迅速变成产品等优势。相对而言,吉林省大学和科研院所多,在人力资本方面有较大的禀赋优势。吉林省,尤其高校集中的长春市,可以针对这类型企业发展的需要,建立孵化基地,加强知识产权保护,鼓励风险投资,制定优惠的人才和税收政策,支持创新性人才创业,利用国内的优势,推动弯道超车型产业在吉林省的发展。吉林省政府也需要根据不同的细分行业特点,利用长春新区以及激活各地的开发区,依托科研院所与大型企业搭建一批创客空间,扶持一批"科技小巨人"及创意产业。

第五种,战略型产业。这类产业包括两种类型,战略型新兴产业和国防安全产业,

---

① 相关数据来源于《吉林省2016年国民经济和社会发展统计公报》。

两者通常资本非常密集,研发周期长,投入巨大,我国尚不具备比较优势,但是,前者的发展关系到我国产业发展的制高点,例如新能源、新材料、新一代信息技术,如果不占领,将来的核心技术都为西方发达国家所垄断,将制约我国未来的产业和经济发展,后者的发展关系到我国的国防安全,如航空、航天、卫星及军事工业即属于这种类型。战略型产业有一个特性,即它不能完全依靠市场,需要有政府的保护补贴才能发展起来。过去,政府的保护补贴主要是通过对各种要素价格的扭曲和直接配置来实现。十八届三中全会提出全面深化改革,让市场在资源配置中发挥决定性作用,要素价格的人为扭曲将会被消除,今后应由财政直接拨款来补贴这类企业。在美欧等发达国家,战略型产业不论是民营或国有,也都由政府财政直接拨款来支持。对战略型产业的扶持是国家行为,应该由中央而不是由地方财政来承担。但是,这类型产业落户在哪个地方,会间接地促进那个地方配套产业的技术进步和产业升级。吉林省已有不少肩负国防安全的军工产业,各级政府可以主动与之合作,加强央企本地化融合,推进军民融合,依托这些大型企业与国家战略型产业搭建各种平台嫁接大量本地企业,充分释放其技术实力优势的外溢效应,与本地产业充分融合。此外,吉林省各地政府也可以根据国家战略型新兴产业的政策,结合各地的产业基础有选择性地进入,并支持鼓励配套产业的发展,改善基础设施、子女教育、生活环境等软硬条件,争取国家战略型产业落户当地,以实现战略型产业和当地产业转型升级的双赢。

此外,值得一提的是,吉林省还有一类比较特殊的矿产资源密集型的产业集群。这类型产业曾经在历史上为吉林省乃至国家的发展做出了突出贡献,但如今资源衰退。对于这种情况,这些地区同样需要按照前面的几种类型的产业发展思路,找准具有潜在比较优势的替代产业,创造条件培育新兴产业,要么支持本地企业进入这些新兴产业,要么通过招商引资的方式进入这些新兴产业。吉林省的通化市和辽源市是矿产资源密集型产业集群衰退之后转型升级成功的典范,吉林省其他矿产资源丰富的城市,可以未雨绸缪,学习通化市和辽源市发展非矿产资源型产业集群的经验。

五、建议以五大产业集群统领结构转型升级深挖经济增长潜力

吉林省需要以最具竞争力的产业集群来统领经济结构转型升级,充分挖掘经济增长潜力。依据由吉林省的整体情况、所处的发展阶段及禀赋结构的维度和层次决定的比较优势,吉林省现阶段及未来一段时期可以叠加出五大万亿量级、具有竞争优势的产业集群谱系:大农业产业集群,大健康产业集群,现代轻纺产业集群,现代装备产业集群,以新能源、新材料、新一代信息技术为核心的融合型产业集群。

大农业产业集群。农业在其他省份经济中的地位逐步弱化,而吉林省不同,吉林省的潜在比较优势突出,应该更加强化,需要率先实现农业现代化。吉林省深挖经济增长潜力的大农业产业集群,不但涵盖了传统的农林牧渔业、园艺特色农业及设施农

业,还涵盖了农业装备、农业生产性服务业与农业消费性服务业,以及下游的包括食品行业在内的农产品加工业和以农业产品作为原材料投入的下游相关产业,如生物质能与秸秆产业等。

大健康产业集群。基于生态环境、健康食品、医药产业三大主要优势,吉林省拥有大健康产业的潜在比较优势,可以叠加一个覆盖食品健康、药食保健、冰雪运动、医药健康、旅游休闲、文化创意等内容的大健康产业。我们特别建议,吉林省应该结合大健康产业比较优势与长白山名片打造长白山大健康产业走廊,在该走廊上围绕特色产业支撑,规划实施一批长白山大健康产业走廊的主题小镇,比如打造矿泉水小镇、人参小镇、绿色食品小镇、健康装备小镇、医药双创小镇、养生旅游小镇、文创观光小镇、冰雪运动小镇等。

现代装备产业集群。基于吉林省装备制造业的潜在比较优势,可以叠加一个以汽车、轨道交通、航空航天、卫星等移动空间装备为核心,辅之以精密仪器与装备和“专精特新”装备,依托服务于大农业、大健康与现代轻纺产业的先进农机装备、食品生产设备、医药健康与体育运动装备、机器人和智能制造装备的现代装备产业集群。具有类似产业基础的湖南株洲,已经较为成功地打造了“中国动力谷”产业集群,其手法值得吉林省借鉴。

以新能源、新材料、新一代信息技术为核心的融合型产业集群。吉林省可以根据其潜在比较优势叠加一个覆盖石化能源、冶金建材、汽车产业、信息产业与新能源、新材料、新一代信息技术等传统产业与战略性新兴产业的融合型产业集群。其融合程度可以囊括从消费电子与智能家电等现代轻纺产业集群中附加值最高的产业板块到新能源汽车及其汽车零部件产业板块,再到新材料与半导体乃至大数据和人工智能。以新能源、新材料、新一代信息技术为核心的融合型产业集群不但可以为大农业、大健康、现代轻纺、现代装备产业集群提供能源、材料与信息化融合等支撑之外,还可以为传统石化、能源及冶金建材等下行压力较大的产业提供转型升级方向。

现代轻纺产业集群。吉林省围绕纺织业,纺织服装、服饰业,皮革、毛皮、羽毛及其制品和制鞋业,木材加工和木、竹、藤、棕、草制品业,家具制造业,造纸和纸制品业,印刷和记录媒介复制业,文教、工美、体育和娱乐用品制造业,橡胶和塑料制品业,以及家用电器制造业与计算机、通信和其他电子设备制造业中的消费电子制造业、石化板块的化学纤维制造业与日化等十几类细分行业可以叠加一个庞大的现代轻纺产业集群。社会各界对吉林省发展轻纺行业存在不良的刻板印象,认为轻纺行业太低端不应该进一步壮大发展,然而,事实上,轻纺行业的产业带非常宽,价值链的转型升级空间巨大,在德国的工业4.0中像阿迪达斯这样的运动鞋和服装产业也是发展的重点。实际上,最近的《吉林省工业“十三五”发展规划》与《吉林省轻纺产业转型升级实施方案》已经在开始大力推进吉林省的轻纺工业转型升级。

六、《吉林报告》旨在以产业结构调整为
抓手切实推进体制机制改革

这五大万亿量级的产业集群为吉林省未来的经济增长潜力描绘了蓝图,然而经济增长潜力究竟能够实现多少,还取决于其落地情况。尽管符合吉林省的潜在比较优势的产业集群比违背比较优势的产业集群更容易落地,市场有自发进入的动力,和过去扶持违反比较优势的产业相比,政府只需相对较少的资源即可因势利导其成为具有竞争优势的产业,但是还是需要吉林省各级政府甚至中央政府积极有为,消除本地企业以及外来投资者进入这些符合潜在比较优势、发展成具有竞争优势的产业集群的诸多瓶颈限制,包括基础设施、人力资源、金融资本、营商环境、体制机制的障碍等。当然,不同细分产业之间,由于特征类型及约束条件的不同,所要推进的因势利导措施和改革领域与方式方法也不同,泛泛而谈的改革,或以为只要进行体制机制改革,新的产业集群就会自发涌现的想法难以实现。例如,针对大农业产业集群发展面临的约束与现代装备就不一样,需要采取的改革措施也不尽相同。针对要助推五大产业集群谱系壮大面临的具有共性的重大具体问题,本文提出以五大关键推手推进相关领域的具体改革。

(一) 以打造五大产业集群的企业培育平台为抓手,推进国企与"放管服"改革

针对前述的各大产业集群中企业数目较少、国企"一柱擎天"唱"二人转"、很多产业竞争性不足、政企关系不清的问题,吉林省首要的任务是培育民营企业以提高产业集群的企业密度,提高竞争强度,倒逼国企改革。这方面补轻纺工业的短板是主要的切入点。符合潜在比较优势的轻工业,资金与技术的进入门槛较低,而且市场风险也相对较小,目前是吉林省民营企业最容易进入的行业。例如,课题组在走访辽源袜业园时,发现很多应届毕业的大学生在少量政府资金支持下就可以创业,并获得很大成功。吉林省通过大力补轻工业的短板对民营企业发展是非常有利的,而且空间非常大。例如,2015 年浙江省纺织业产业集群企业数目是吉林省的 165 倍,浙江省皮革、毛皮、羽毛及其制品和制鞋业产业集群企业数目是吉林省的 192 倍。[①] 中央安排了吉林省与浙江省对口合作,吉林省首要的重点便是学习浙江省支持民营企业发展这些产业集群的经验。除行政审批改革放宽市场准入之外,更重要的是政府要提供服务,营造全社会创业创新氛围,激发中小微企业发展活力。吉林省要加快提升创业孵化基地建设水平,重点打造一批"创新创业"平台,大力培育创业主体,提高创业孵化能力;着力加强中小微企业创业、融资、创新、市场、创业、人才等公共服务体系建设,建立和完

---

① 相关数据根据国家统计局官方网站相关数据测算得到,http://data.stats.gov.cn/easyquery.htm? cn=C01,2017 年 9 月 20 日。

善中小企业公共服务平台网络；加大政策扶持力度，继续实施中小企业入规升级计划、新兴产业培育行动计划、百强民营企业培育计划，提供条件，消除瓶颈限制，协助个体工商户转型升级为私营企业，小微企业转型升级为规模以上企业。按照《吉林省工业"十三五"发展规划》的目标，到 2020 年，实现"个转企"1 万户，"小升规"2 000 户。

（二）以打造五大产业集群的招商引资平台为抓手，以园区为突破口推进营商环境改革

针对吉林省外资和省外投资较少的问题，需要围绕符合潜在比较优势的产业集群及其产业链大力招商引资。2015 年外商投资企业投资总额吉林省只有江苏省的 4.50％、上海市的 5.33％、广东省的 5.47％、浙江省的 12.07％、山东省的 16.06％。主流理论认为发展中国家资本短缺，资本的回报率高，资本应该从发达国家流向发展中国家，但诺贝尔经济学奖得主卢卡斯发现，在现实中资本却从大多数的发展中国家流向发达国家。对此现象新结构经济学的解释是，如果一个发展中国家采取了违反比较优势的战略，不仅有权有势的富人从各种价格扭曲和行政干预中寻租而获得的财富缺乏合法性，而且，国内投资的资本回报率会低，资本就会外逃到发达国家或其他地区。反之，如果按照比较优势发展，资本的回报率高，富人以企业家身份从市场竞争中获得的财富具有合法性，投资的回报率高，资本不仅不会外逃，而且还会有资本流入。新结构经济学对卢卡斯谜题的这个解释在经验实证上和现实的经济现象一致。因此，在新结构经济学看来，外商投资较低的根本原因是违背比较优势的产业结构导致的潜在投资回报率低，行政干预、制度扭曲还会更进一步降低实际的投资回报率。这一新结构经济学关于资本流动的理论也适合吉林省。过去受到国家违背比较优势的重工业赶超战略的影响，除了国家和地方政府的资本投资支持之外，在本地民间资本投资不足的同时，对外来资本尤其是外资的吸引力也不足。当然，东北目前也由于过去的赶超战略对营商环境造成了不良影响。在存在过去的赶超战略遗留下来的许多缺乏自生能力需要保护补贴才能生存的企业时，为了维持社会稳定或国防安全而采用渐进改革，政府可以用工业园、经济特区等在总体营商环境不好的情况下，创造局部良好的有利发展的环境，到了资本积累、要素禀赋结构提升，原来违反比较优势的产业变成符合比较优势的产业，企业有了自生能力时再取消各种扭曲。其实，这种务实渐进的改革方式是我国在改革开放以后，总体营商环境不佳的状况下经济取得稳定和快速发展的主要原因。包括吉林省在内的东北地区不仅要补轻工业的课，而且要补改革开放的课。

随着吉林省产业结构逐步向遵循比较优势的发展战略转型，符合潜在比较优势的产业的潜在投资回报率也更高，更加容易吸引外来投资。吉林省也可以进一步采取上述方式，通过加强一批园区建设，迅速改善局部营商环境，吸引符合潜在比较优势的产业投资者。对于吉林省的大农业产业集群、大健康产业集群、现代轻纺产业集群、现代装备产业集群以及以新能源、新材料与新一代信息技术为核心的融合型产业集群来

讲,是具有潜在比较优势的产业集群,要充分利用潜在投资回报率高的市场激励吸引外来投资,同时也需要各级政府以园区为突破口加强招商引资平台建设,改进招商引资的模式和手段,提高招商引资工作的质量和效率。事实上,吉林省除了规格比较高的长春新区之外,已经有一批园区基础,可以进一步改善营商环境。例如,列入《吉林省工业"十三五"发展规划》的国家级新型工业化产业示范基地全省有8个,作为省级新型工业化产业示范基地的全省有2个。吉林省各个地市也有一批列入《吉林省工业"十三五"发展规划》省级重点特色产业园区,长春市6个、吉林市3个、四平市6个、辽源市1个、通化市3个、白山市3个、松原市1个、白城市1个、延边州4个、长白山管委会1个、公主岭市3个、梅河口1个。如果这些具体的改革工作落到实处,依托优势产业吸引外来投资并非难事。事实上,2016年吉林省实际利用外资94.31亿美元,比上年增长10.0%。其中,外商直接投资22.74亿美元,增长6.9%;外省资金7649.36亿元,增长12.0%。吉林省开始出现打破"投资不过山海关"的刻板印象的趋势。此外,吉林省目前需要通过这些园区平台,积极把握由东部沿海比较优势变化而导致的外商投资产业转移的机会,创造条件,主动引导与吉林潜在比较优势一致的外商到吉林省来投资。按照GIFF方法,如果分别转移江苏省、上海市、广东省、北京市、浙江省、山东省、福建省、天津市1%的外商投资便可使得吉林省外商投资率分别提高22.20%、18.82%、19.69%、12.22%、13.08%、12.09%、21.93%、21.29%。[①]

（三）以打造五大产业集群的产业引导基金平台为抓手,推进财政金融体制改革

对于支持实体经济结构转型升级的最优金融结构而言,吉林省有两个偏离:其一是银行业结构偏离最优结构,服务于中小企业的中小银行不足;其二是资本市场结构偏离最优,有利于分散风险、扩大融资规模的股权市场与风险投资发育滞后。一直以来,直接融资水平偏低是吉林省金融发展的短板。近年来,吉林省资本市场发展成效显著,直接融资总额快速增长。从优质企业培育到产业发展,资本市场已成为助推吉林省实体经济发展的"加速器"。2014年、2015年和2016年,直接融资总额分别为567.63亿元、1246.28亿元和3104.09亿元,增速分别为87.05%、119.56%和149.01%,但是其占全国的比例却只有区区0.52%、0.66%和1.06%,远不及其GDP在全国的比重(2%),产业发展面临的金融抑制依然比较明显。[②]

针对这些问题,在推动资本市场平台建设方面,吉林省目前已经初步有了改革机制,吉林省先后出台了《关于进一步促进资本市场发展的实施意见》《吉林省支持企业在全国中小企业股份转让系统挂牌培育行动计划(2016—2020年)》等多项改革举措。例如,发挥金融业发展专项资金的引导作用,明确了企业在A股、新三板、区域股权市

---

① 相关数据根据国家统计局官方网站相关数据测算得到,http://data.stats.gov.cn/easyquery.htm? cn=C01,2017年9月20日。

② 相关数据根据历年《吉林统计年鉴》中相关数据测算得到。

场上市挂牌的奖励标准;建立近、中、远期上市(挂牌)后备企业梯队;深入挖掘省内优势产业和特色行业后备资源企业,形成多层次、广覆盖的资本市场后备资源库,动态调整省级拟上市(挂牌)企业,引导企业选择合适的资本市场发展平台,有效降低企业杠杆率和融资成本。与此同时,推动省政府与证券行业监管部门、上海证券交易所、深圳证券交易所、银行间市场交易商协会、各主要券商的战略合作,搭建了拟发债企业和中介机构的常态化对接平台。同时,大农业和大健康产业集群对保险类金融产品也有较大的需求。按照吉林省农业现代化的目标,农业保险深度到 2025 年要达到 1%,而目前只有 0.6%。农业受到自然风险和市场风险影响较大,而广大中小型农场和农户的抗风险能力较差,尤其是培育一些新兴的农业产业时,农业保险至关重要。同时,大健康产业本身就是保险密集型行业,不但依赖于保险,而且也可以促进保险的大力发展。2016 年吉林省保险保费收入 557.12 亿元,比上年增长 29.2%。[①] 此外,围绕五大产业集群还需要针对其中的中小企业大力发展中小型银行,结合不同行业的融资需求特征鼓励金融机构提供针对性的金融服务,这方面江苏泰州的金融结构改革值得借鉴。

　　吉林省产业投融资不够活跃,需要引导各类资本进入符合潜在比较优势的产业集群及其产业链,激活资本市场,分散产业升级的风险,并通过政府产业引导基金等创新形式克服第一个吃螃蟹者的示范风险。吉林省近期可以以此为抓手推进财政金融市场改革。目前,产业引导基金是一种新兴的、对第一个吃螃蟹的人既可以产生激励又可以进行转型升级方向引导的主要市场化运作方式。截至 2016 年年底,国内共成立 901 支政府引导基金,总规模达 23 960.6 亿元,平均单只基金规模约 26.6 亿元。吉林省政府在 2015 年设立了规模为 100 亿元的吉林省产业投资引导基金。[②] 尽管体量较小,比起万亿级的长江产业投资基金,甚至比起西部成都市最近计划设立的千亿级产业投资基金非常逊色,但吉林省产业投资引导基金表现不凡,有效支持了省内现代农业、服务业、科技成果转化、战略性新兴产业等领域实体产业的发展,并发挥了重要的招商引资作用。然而,对于吉林省这五大万亿量级的产业集群,对应的需求与缺口巨大。例如,在大农业板块,最近吉林省产业投资引导基金与正邦畜牧基金签约,基金总规模 8 亿元,省引导基金出资 2 亿元,基金主要投资于正邦集团实际控制子公司正邦科技在吉林省扶余市建设的养殖场对应项目公司。正邦集团作为农业产业化国家重点龙头企业,有助于发展现代化大农业,对于推动吉林省畜牧业及上下游产业发展、解决剩余劳动力就业、变资源优势为经济优势有重要意义。据吉林省产业投资引导基金介绍,在研究了项目特点,控制好投资风险的前提下,创新设计了"银行＋引导基金＋企业"的结构化基金模式,首次在引导基金参股子基金中引入银行资本,有效扩大了基金的规模,提升了投资效率。又如,在现代装备产业集群方面,最近省产业投资引导基金正式与长春智能装备创业投资基金签约,基金总规模 2 亿元,其中省产业投资引导

---

①　相关数据来源于《吉林省 2016 年国民经济和社会发展统计公报》。

②　相关数据来源于《2016 年政府引导基金专题研究报告》。

基金出资 0.5 亿元。① 基金将位于长春新区的长春智能仪器装备产业园作为业务发展的重点区域,并面向全省的智能装备制造、新材料等领域开展投资。基金以助力长春新区招商引资、推动区域经济发展为目标,将重点支持长春智能仪器装备产业园引进省内外龙头企业,促进优质产业资本、项目、技术和人才向吉林省聚集。要打造五大万亿量级的产业集群体系,吉林省产业投资基金还需要广泛吸引社会资本,整合各级政府产业政策资金,扩大规模,提高效率。比如,吉林省目前包括农机补贴在内的大量农业补贴可以创新改革方式,整合成大农业产业引导投资基金,提高财政资金的使用效率。

(四)以打造五大产业集群的要素聚集与双创平台为抓手,推进要素市场改革

吉林省目前确实存在很多体制机制上的制约,影响了符合潜在比较优势产业集群的要素流动和供给,需要大力实施供给侧结构性改革,加快要素市场改革。吉林省在土地、能源、人力资源及自然资源等方面相对沿海地区而言较为充沛,但实事求是地讲,存在不少体制机制及政策问题阻碍了这些要素的自由流动,抬高了企业使用要素的生产成本。比如,由于国家玉米临储政策给下游加工与养殖企业带来的高成本,由于窝电给能源密集型的设施农业以及其他企业带来的高成本,由于过于苛求而不灵活的林业政策给体育运动和山地养殖等产业带来的制约,以及由于各种体制乃至社会风气导致的人才外流问题,等等。要解决诸如此类的问题,就需要加大供给侧结构性改革。

包括吉林省在内的东北地区,政府和国企尤其是央企,甚至中央直辖的事业单位都掌握了不少资源,需要深化改革创新资源供给方式,将其能量释放给本地的中小企业。与此同时,由于政府可以动用的资源有限,就需要将土地、能源、人力、资本、数据等关键资源禀赋配置给符合潜在比较优势产业转型升级方向上的先驱企业和示范区,帮助先驱企业发展成龙头企业,扩大示范效应,带动大量企业进入示范区,形成产业集群,产生规模效应。同时集结资源打造一批链接性强、形态各异的五大产业集群双创平台,培育支持中小微企业向各个产业细分领域不断延展。这些方面,吉林省各级政府已经开始布局改革。

(五)以打造五大产业集群的宣传推广跨区域合作平台为抓手,推进深化跨区域合作体制改革

吉林省虽然在这几大产业集群上具有潜在比较优势,但是受制于东北地区区位以及东北亚目前的国际地缘政治格局的影响,产业发展的区域开放空间受到很大限制。吉林省在"农业现代化""中国制造2025"与"健康中国2030"等产业层面的国家战略上具有相对比较优势,然而吉林省在"京津冀协同发展""长江经济带""一带一路"等空间

---

① 相关数据来自吉林省股权基金投资有限公司提供的相关细信息,http://www.jlpe.net.cn/jlpe/1/tin-dex.shtml,2017年9月20日。

层面的国家战略上则有相对劣势。放眼全球经济格局变迁，吉林省所处的东北亚经济圈业已成为全球经济体量最大的地区。2015 年全球 GDP 总量达 74 万亿美元，亚洲的重心又在东亚，中国、日本和韩国的 GDP 之和几乎与美国一样多。[①] 然而，由于历史因素造就的隔阂以及朝鲜问题所引发的不安，这种极不利的地缘政治格局让吉林省所处的东北亚最大的经济格局优势难以发挥。例如，吉林省最近才开始逐渐打破吉林沿边近海却出不了海的尴尬局面。因此，从战略上讲，吉林省需要发挥其在产业层面的相对优势链接全球全国克服空间层面的相对劣势。目前，最关键的抓手则是需要将五大产业集群的优势卖点推广宣传得淋漓尽致、家喻户晓，加快建设链接长白山大健康产业走廊与京津冀地区的高铁。建立通道性的跨区域产业业务实合作平台，规避区域、区位及国际地缘政治的不利影响。与此同时，深入研究吉林省与全球其他所有经济体的经济结构，找到比较优势互补之处，扩大吉林省对外开放程度。唯有如此，将吉林省的经济结构转型升级嵌入全球与全国的经济结构转型升级之中，其五大产业集群超过五万亿量级的体量才能迅速从潜力变为现实！最后，释放东北亚作为全球最大经济体量辐射区的能量，打造背靠中日韩世界最大经济体量的东北亚大湾区，释放"中日韩俄蒙朝"世界最大经济体量板块、发展层次互补性极强的区域的活力。朝鲜问题一旦解决，吉林通化市、延边州将是世界新的开放前沿，"一带一路"在东北亚地区才算真正打通。如身处内陆重庆市和郑州市就打造了庞大的平板电脑与智能手机的产业集群，是政府主动作为、克服不利区位条件、培育具有竞争优势产业集群的成功典型，吉林省可以学习参考借鉴。

　　从破解包括吉林省在内的东北困局的角度出发，可知我国未来在区域经济管理体制方面需要有大的变革，即从过去"属地 GDP 竞争"转向"经济比较优势互补的跨区域合作"。不论范围的大小，过去区域经济合作模式大都基于地理区域相邻，未来则需要鼓励具有互补比较优势的地区之间开展市场化新型对口合作。这种对口合作可以包括飞地经济、园区共建、GDP 和税收共享等改革的创新性方式。2017 年年初国务院出台的《东北地区与东部地区部分省市对口合作工作方案》，明确了辽宁省与江苏省、吉林省与浙江省、黑龙江省与广东省，沈阳市与北京市、大连市与上海市、长春市与天津市、哈尔滨市与深圳市建立对口合作关系。东北地区和东部地区开展对口合作是一种区别于对口支援（帮扶）和扶贫的新型跨地区合作模式。对口合作在政府引导带动下，充分发挥市场在资源配置中的决定性作用，促进资本、人才、技术等要素合理流动，通过市场化运作，促进生产要素和产业有序、科学转移，吸引更多的项目、投资在东北地区落地。不限于国家文件规定的对口合作范围，包括吉林省在内的东北地区各个地方与全国各地具有互补比较优势的合作机会非常多。最近我们正在按照报告的结论开发一些试点，例如正在计划推动河南省漯河市与吉林省中新食品区、通化市的对口合作，希望将漯河市庞大的食品产业集群与吉林省优质的农产品资源及中医药产业集

---

① 更多相关全球经济格局变迁分析可参见林毅夫和付才辉（2017）。

群进行比较优势互补叠加,推进河南省漯河市与吉林省大健康产业共同发展。然而,即便是这些小小的试点,也都牵扯到大量的各个层级的体制机制改革。全面深化改革,永远在路上,而非停留在口号里。

(六) 吉林省改革发展的成功案例

事实上,在吉林省有不少地方,一方面通过对失去比较优势产业的过渡性保护补贴以维持稳定,一方面因势利导发展符合潜在比较优势的新产业取得经济的蓬勃发展,并为彻底解决失去比较优势的产业的问题创造了条件,这种以局部带动整体的发展改革方式就更容易破茧重生。比如通化市,许多人把当年的通钢事件作为改革的反面例子。通化市曾是闻名东北的"钢铁城"。20世纪50年代以来,以通钢为代表的冶金业"一柱擎天",长期占全市工业总量的1/3,过度依赖冶金业让通化吃尽苦头,各种矛盾油然而生。20世纪90年代中期,通化瞄准当地盛产人参、天麻、贝母、五味子等中药材的优势,大胆探索"以药补钢"的发展新路。通化市政府成立了医药行业办公室、医药产业发展推进组,相继出台了"招商引资"和"小巨人"企业优惠政策。在发展初期,其医药品种单一、科技含量低,企业盈利能力低,产业拉动作用小。为了改变这一局面,通化市政府一方面积极提升本地研发实力,另一方面鼓励企业走出去,通过市场配置资源,借助域外力量进行研发创新。按照"不求所有、但求所用"的原则,通化市先后与"十四校三所一院"签订科技战略合作协议,并组织专家科技"巡诊",破解企业技术瓶颈。还依托重点企业和园区,吸引科研专家团队创业,并积极克服地域局限,在全国各地建立研发基地。目前,全市医药企业拥有省级企业技术中心41个、国家级技术中心3个,先后自主研发了22种国家一类、二类新药,为当地医药产业发展提供了强大的科技支撑。二十多年来,通化市医药健康产业年均增速超过20%,一个千亿级别的医药城开始在中国崭露头角。而今,通化市冶金产业增加值占GDP的比重已降至1.1%,诸多过去难以下手的改革难题迎刃而解。由于产业投资回报率提高及软硬基础设施条件改善,通化市已经打破投资不过山海关的刻板印象,2016年实际引进外省资金930.9亿元,增长约12.1%。①

这样成功的改革发展例子,还有辽源市。辽源市曾是被称为因煤而兴、因煤而立、因煤而衰的城市。20世纪90年代初,辽源的煤炭资源渐近枯竭,曾经令人羡慕的煤矿职工开始大量下岗,就业、就学、就医、住房、社会保障、生态环境等矛盾丛生。"十五"末期,该市下岗职工达14.7万人,市区实际失业率超过20%,低保人口占市区总人口的24.4%,城镇居民人均可支配收入低于全国平均水平19%,经济增长十多年徘徊在2%—4%,占城市建成区43%的采煤沉陷区无力治理。其后,辽源市以大力发展符合潜在比较优势的接续产业为抓手,推动改革发展。例如,当年为解决煤矿家属就业问题,辽源市纺织业曾十分发达,有"东北小上海"之称,但一直不受重视。在2005

---

① 数据来源于《通化市2016年国民经济和社会发展统计公报》。

年转变发展思路,建立"东北袜业园"之后,从"小、散、杂"到集群共进,从默默无闻到中国棉袜生产规模前列,东北袜业园的十年崛起见证了辽源市的转型之路。而今,辽源市从"一煤独大"的产业结构转型成装备制造、农产品深加工两大产业主导的产业结构,高精铝加工、纺织袜业、医药健康、蛋品加工、新能源等产业成为其特色优势产业,重点接续替代产业占规模以上工业比重达 73.5%,煤炭产业产值占比已不足 1%。到 2015 年,辽源市人均 GDP 为 62 090 元,是 2010 年的 1.9 倍,年均增长 17.0%。曾经那些棘手的改革难题也在发展中逐步解开。①

参 考 文 献

［1］邓绍鸿.2016 年政府引导基金专题研究报告[R].投中研报,2017-03-15.

［2］董香书,肖翔.振兴东北老工业基地有利于产值还是利润?——来自中国工业企业数据的证据[J].管理世界,2017,7.

［3］国家统计局国民经济核算司.中国投入产出表[M].北京:中国统计出版社,2016.

［4］吉林省统计局,国家统计局吉林调查总队.吉林统计年鉴[M].北京:中国统计出版社,2016.

［5］吉林省统计局.吉林省 2016 年国民经济和社会发展统计公报[R/OL].2017-3-27,http://tjj.jl.gov.cn/tjgb/ndgb/201703/t20170327_2594073.html,2017-9-20

［6］林毅夫,付才辉.世界经济结构转型升级报告——新结构经济学之路[M].北京:北京大学出版社,2017.

---

① 相关数据根据历年《辽源统计年鉴》相关资料整理。